企業組織の経済分析

ゲーム理論の基礎と応用

松本直樹

勁草書房

序　文

本書は，組織をテーマにゲーム理論を基礎から学ぼうという読者を対象としたテキストである。通常，企業組織の学習に際しては，ミクロ経済学の知識と相応の数学的準備が必要とされる。またゲーム理論の応用・展開と手を携えて発展してきたこともあり，そこではゲーム理論の理解が不可欠である。

ゲーム理論は，相互依存関係にあるプレイヤー間の意思決定問題を検討する際に使用され，社会科学において，大変有用な分析ツールとなっている。この理論については，経済学を中心として，入門書，啓蒙書からより高度な研究書に至るまで，すでに数多く国内外で出版されている。今回，本書をあえて上梓するのは，以下のような類書にあまりない企画・構成のためである。本書では，組織の経済学を学びつつ，予備知識のない読者に対してゲーム理論の基礎から中級レベルまでの基本的な分析ツールを理解できるよう工夫されている。つまり入門・基礎レベルに始まり，読み進むに従い，ゲーム理論に対する理解が深めるだけでなく，併せて組織に関わるトピックスが順次配置されており，ゲーム理論と企業理論の関連した部分をセットで提供し，相乗効果で理解を促そうというわけである。

組織の経済学とは，応用ミクロ経済学の領域に属し，ある一定の費用条件，競争条件下での生産活動を中心に，企業を取り巻く諸問題を取り扱う分野である。ただ従来より，その中身のブラック・ボックス化した構造が問題視され，その部分を明らかにすることによって発展してきた経緯を有する。つまり，企業の内部組織とインセンティブ構造を明示化しながら，企業の存在理由やその行動原理・慣行，企業の規模・範囲等を探ることが主要なテーマとなっている。本書では，そのトピックごとに必要にして十分な分析ツールの助けを借りながら，それらの一端を垣間見ることになる。

より具体的な本書の特徴は，以下のようである。ここでは非協力ゲームを中心に議論される。奇数章では，段階ごとに企業理論の理解に役立つ諸概念の説明と分析ツールの提示，および対応する例題への取り組みがなされる。続く偶数章では，直前の奇数章の内容を踏まえ，その応用問題が取り扱われる。いわば「企業組織」に関するモデル分析とその拡張である。

ただし注意していただきたいのは，本書において設定した企業理論からのテーマが，必ずしも有機的に連続性をもって並んでいるわけではないことである。有体にいえば，筆者の興味を引くトピックスを適宜ピックアップし，ゲーム理論の基礎からその発展・応用までの流れに応じて都合よく配置しながら，コンパクトに解説されているに過ぎない。その意味での包括的な書物を期待された読者には，その期待に必ずしも応えることになっていないかもしれない。しかし，本書では，少なくともほとんど予備知識をもたない読者に対しても，適宜必要な知識が提供され，結果，ゲーム理論の理解を中級レベルまでスムーズに引き上げることをねらっており，その過程で，不十分とはいえ企業理論の一視座を獲得できるのである。本書により，読者がゲーム理論における要にして簡の分析ツールをマスターし，かつ「企業組織」を理解する目を養う一助となるのであれば幸いである。

第1章では，支配戦略均衡とナッシュ均衡との間に反復支配戦略均衡を介在させ，概念上，ナッシュ均衡の理解をよりスムーズにし，その後の第2章では，特にチーム生産の問題を，戦略形ゲームにおいて関数や数値例を特定した上で，わかりやすく紹介する。第3章では，時間不整合問題を，展開形ゲームにおいて親子間，軍事衝突下の2国間，政府・企業間で示し，それぞれコミットメントとして，旅，背水の陣，小さな政府・大きな企業を用いることで解消されることを見る。第4章では，ソフトな予算制約問題と2段階説得術をほぼ同様なモデルで取り扱い，それぞれ2ケース，計4つのケースを比較対照する。第5，6章においては，戦略形ゲームと展開形ゲームの両表現方式間の関係性が主題となる。まず第5章でチームの中でのメンバーの属性に応じて，その意思決定の順番の果たす役割やゲームの均衡に及ぼす影響が論じられ，プレイヤーが主体性を発揮することが正当化されるケースはどのようなときかが示唆される。続いて展開形ゲームで成立する複数の部分ゲーム完全均衡の中からより望ましい方を戦略形ゲームとして選び出すことの可能性が示唆される。第6章では民営化問題を題材としてモデル分析が展開される。第7，8章では，その都度，利得行列とゲームの木，双方を駆使しながら，情報の非対称性下，参入阻止問題を取り上げ，ベイジアン均衡，完全ベイジアン均衡を，それぞれ順次導出することで，一括均衡，分離均衡の概念を学ぶことになる。特に第6章で，ビール - キッシュ・ゲームにおけるウオッカと参入阻止問題における阻止価格を，モデル内で果たす役割として，パラレルに位置付けている。第9，10章では，混合戦略までを考察対象として広げ，特に第10章の最後で，進化ゲームとして組織腐敗のメカニズムを議論する。第11章では労使賃金交渉ゲームにおいて交渉遅延はありえず，そこでの代替手段，交渉決裂リスク，辛抱強さ等の交渉力としての意味づけを明らかにし，最後の第12章では労使賃金交渉遅延の正当化における私的情報の果たす戦略的役割を吟味している。

最後に，本書の企画・編集にあたっては，勁草書房の宮本詳三氏にいろいろとお骨折りいただいた。厚くお礼申し上げる。なお，本書は2020年度松山大学教科書として出版助成を受けていることを申し添える。

2020年8月

松本　直樹

目　次

企業組織の経済分析

ゲーム理論の基礎と応用

第1章　戦略形ゲーム（基礎）

人間社会について言及するとき，得てして人間の野蛮さやその攻撃的側面のみを強調してしまい，毎日の社会生活や経済活動の多くがいかに協調を前提にしてつつがなく営まれているか，というごく当たり前の現実をついつい見落としてしまいがちである。しかしかと言って必ずしも日々の生活において，社会を構成する人々の多くが善良で，かつ利害を共通にしていることを意味するものでもない。むしろ人々はときに善人となり，ときに悪人にもなり，そしてときに利害を共通にしながらも，ときに対立する，という状態がより一般的であろう。本章では，このように良くも悪くも相互に影響を与え合っている状況を常態とみなし，その諸特徴ごとにケース分けした，ある種象徴的と思われる一場面を題材とし，それらにおいて個々人がどのように集団内，社会内において意思決定を行い，さらにはその中で協調関係を構築し，維持していけるものなのかどうか，を論じる。

具体的には，まず相互依存関係を表現するために戦略形ゲームと呼ばれるフレームワークで3つの均衡概念を取り上げる。さらにそれらを4つの典型的ケースについて分類，整理し，それぞれの持つ含意を明らかにする。そして最後に，ゲーム状況の中から協調関係がいかにして生成されるか，を示す。そこにおいては協調成立の条件として，ゲーム状況が繰り返し生起し，様子見なしの即応的な報復を伴い，さらには将来を重視する傾向に裏付けられていなければならないことが明らかとなる。

1. ゲーム理論とは

この後，何度も確認するように，ゲーム理論は自分の決定が他者へ，他者の決定が自分へと，それぞれ影響し合う相互依存関係を分析対象とする。そのような状況下では，他者の決定に関する何らかの予想なしには自己の意思決定すらおぼつかない。このようであるにもかかわらず，どのようにして外的な強制を伴わずに，個々人が独自の判断で意思決定を行い，そしてゲームの参加者間に内生的な拘束力を合意として引き出しうるのか，ということが問題となる。

以上を分析するために，なされるべきことはゲーム状況の正確な表現である。つまりゲームのルール（構造）がまず明確に規定されていなければならないのである。ゲームに参加する全員がそのルールについて正確な情報を持っていることを，ゲームのルールが共有知識となっているといい，その状況下でのゲームを完備情報ゲームという。この条件が満たされないとき，つまり情報の不完備性，非対称性を前提とするようなゲームは不完備情報ゲームと呼ばれる。ゲームの参加者は通常，プレイヤーと呼ばれ，そのプレイヤーのとりうる行動計画を戦略という。そしてそれらプレイヤー間の戦略の組合せに対応する利益配分の評価値を利得と呼ぶ。

このように，プレイヤーとしては誰がいるのか，プレイヤーが持つ戦略には何があるのか，対応する利得はいくらなのか，という3つの要素から構成されるものが利得行列であり，それによってゲームが同時決定される状況を表現・分析しようとするのが，所謂戦略形ゲームの特徴である。他方これら3つの要素に加え，行動決定の順序（タイミング）やその際に利用可能な情報についても明示的に扱うために，ツールとしてゲームの木を用いてゲーム状況を表現するのが，展開形ゲームといわれるものの特徴である。

展開形ゲームでは，誰が，いつ，どのような順序で，そのときどのような情報を持って，行動を決定しようとするのか，をゲームの木によって記述できるのに対し，戦略形ゲームにおける利得行列では，行動決定時点で他のプレイヤーの決定を知らないような状況（同時決定）をそもそも念頭に置いて作成されており，展開形ゲームにおいては当然明示されるべき時間の経過やその情報構造はそこでは省略され曖昧化されてしまう。その意味で戦略形ゲームを展開形ゲームの簡易版，特殊版と位置付けることもでき，そのためゲーム理論の入門としてこの戦略形ゲームから始め，後の理解を深めていくのも1つの方法ではあろう。少なくとも本章における議論に際しては，このタイプ自体の持つ上記制約は何ら支障とはならない。

2. 戦略形ゲームの特徴とゲーム状況

そこで以下，この戦略形ゲームを用いてその表現形式の具体例として４つのゲーム状況を便宜的に設定する。そこではプレイヤー間の利害関係の相違を反映して，利得行列の数値がそれぞれ異なっている。各ケースにおいて，プレイヤーはどのように意思決定を行えばよいのか，そしてどのような結果に落ち着くのか，それらを知るための手掛かりとして３つの解の概念が各ケースに順次適用され，対応する均衡がそれぞれ求められる。簡単化のためにプレイヤー数は２人，戦略の選択肢は原則２つ，最大でも３つとする。

2.1　囚人のジレンマ

ある事件に関して限りなく黒に近い共犯者（A と B）が，別々の取り調べ室で尋問を受けている。２人は証拠が不十分なため別件で逮捕されており，検事はどうしてもどちらかの自白（共犯証言）が欲しい。もし彼らがともに黙秘を通すならば別件でのごく短期の軽い刑で済む。しかしともに自白ならば本来の罪が確定し，中期程度の刑に服す。一方が自白し他方が黙秘すると，証言した方は情状酌量され，速やかに釈放されるが，逆に黙秘した方は厳罰に処されることとなる。このとき検事の立件への執念は実るであろうか。答えは YES である。結局，２人の共犯者ともに自白に終わる。彼らにとっては最悪に近い結果といえよう。自分だけが釈放されるという，やや虫がいい結果はともかく，２人にとってもう少しましな結果（別件での立件のみ）がここで得られないのはなぜか。

必ずしも取り調べ前の２人の意思の疎通が不十分であったからというわけではない。もし事前に両者が黙秘を堅く約束し合っていたとしても状況は一向に改善されえない。なぜならこの種の約束にはそもそも何の拘束力もないし，もし幸いにもどちらかがもう一方との間に交わした黙秘の約束を信じられるのであれば，なおのこと，そのとき相手を裏切れば直ちに釈放されるのであるから，結局約束は反故にされる。もちろん他方も同様のロジックを思い描くはずであるから，両者にとってより望ましい結果は実現せず，ジレンマの状況からの脱却は容易でない[1)]。

さて，ここで軽い刑というごく短期を刑期1年，本来の罪での刑という中期程度を刑期5年，速やかに釈放されることとは刑期0年，厳罰に処されるとは刑期10年をそれぞれ意味するものとし，それぞれ刑期にマイナスをつけたものが利得とみなそう。

表1.1では両者に支配戦略「自白」がある。支配戦略とは相手の出方によらず望ましい手のことで，他方で相手の出方によらず望ましくない手は支配される戦略という。支配戦略の組合せが（自白，自白）で，これがここでの均衡，つまり支配戦略均衡である。そのときの利得のペア（−5, −5）は均衡利得という。以上，囚人のジレンマとは典型的な支配戦略均衡のケースであることがわかる。

表1.1

		B 黙秘	B 自白
A	黙秘	−1, −1	−10, 0
A	自白	0, −10	−5, −5

ほぼ同じことであるが，さてこの囚人のジレンマの状況を，黙秘を協調，自白を裏切り，とそれぞれ読み替え，次のような数値の利得行列で表現してみよう（表1.1)。結果は（裏切り，裏切り）であり，ここでもパレート優位な組合せ（協調，協調）は実現しえない。それを確認しよう。AはBの協調を予想すればそのとき自らが協調を選べば利得は3，裏切りならば利得は4，他方Bの裏切りを予想すれば，そのとき協調を選べば利得は0，裏切りを選べば利得は1となり，どちらのケースでも裏切りの利得が協調のそれを上回っている。すなわちAにとって裏切りはより優れた戦略である。このような戦略を（強）

表1.2

		B 協調	B 裏切り
A	協調	3, 3	0, 4
A	裏切り	4, 0	1, 1

支配戦略という。

プレイヤーiにとって（強）支配戦略s_i^*とは

$$U_i(s_i^*, s_j > U_i(s_i, s_j) \quad \text{for all } s_j \in S_j \text{ and all } s_i(\neq s_i^*) \in S_i, \quad j \neq i, \quad i, j = \text{A, B}$$

と定義される。もし利得が明らかに勝っておらず，同等のものを含むケースでは弱支配戦略が適用されることになる。

プレイヤーiにとって弱支配戦略s_i^*とは

$$U_i(s_i^*, s_j) \geqq U_i(s_i, s_j) \quad \text{for all } s_j \in S_j \text{ and all } s_i \in S_i,$$
$$\text{with } U_i(s_i^*, s_j) > U_i(s_i, s_j) \quad \text{for at least one } s_j \in S_j \text{ and all } s_i(\neq s_i^*) \in S_i,$$
$$j \neq i, \quad i, j = \text{A, B}$$

のように定義される。そしてこれら支配戦略の組合せを支配戦略均衡という。つまりすべてのプレイヤーが支配戦略を有するとき支配戦略均衡が成立する。ここでは$(s_{\text{A}}^*, s_{\text{B}}^*)$＝(裏切り，裏切り）がそれであり，そのためにあえてパレート非効率な結果を受け入れざるをえないのである。ジレンマと呼ばれる所以である。表1.3で確認されたい。

表 1.3

		B 協調	B 裏切り
A	協調	3, 3	0, 4
A	裏切り	4, 0	[1, 1]

2.2　箱の中の豚

実験用の細長い箱の中に，大豚と小豚が入れられている。一方の端にはスイッチがあり，他方の端にはスイッチと連動して餌が出る仕組みになっている。今，2匹がスイッチを同時に押せば身軽な小豚は素早く移動し先に餌にありつけるが，やがて追いついた大豚に押しのけられ，残りをすべて取られてしまう。このようにして結果的には餌を分け合うことになる。次に小豚のみがスイッチを押すのであれば，それを予想する大豚はゆっくり反対側に移動してただ餌が出てくるのを待てばよい。すぐに駆けつけた小豚を大豚は威嚇し近寄らせない。

よって小豚は骨折り損のくたびれ儲けに終わる。逆に大豚が押す場合では今度は小豚が反対側で餌を待ち，大豚が到着するまでにその多くを食べてしまう。大豚は一部にありつけるのみであるが，それでもスイッチを押し，急いで駆けつけただけの甲斐はあるものとする。最後にともに相手がスイッチを押すことを当てにしてただ餌が出てくるのを待つ場合には，手間はかからないが取り分もないことになる。

このゲームの均衡は，実はパレート最適になってはいるものの，しかし小豚にとっては幸いなことに，そして大豚にとっては不幸にして，（待つ，押す）となり，片や餌の大半にありつける小豚，片や申し訳程度の餌に甘じざるをえない大豚，と好対照な結果に終わる。小豚には「待つ」という支配戦略があるのに対し，他方の大豚には，小豚の「押す」を予想すれば「待つ」を，「待つ」を予想すれば「押す」を選ぶというように，支配戦略を持たない。しかし小豚の「待つ」をその支配戦略として前提とし予想する限り，大豚に残された道はスイッチをもはや押すことしかないのである。小豚の「待つ」に対して大豚は強者であるがゆえにスイッチを押すことで多少なりとも餌にありつけるが，この事実がかえって大豚の「待つ」に対して「待つ」で応じざるをえない小豚以上に，大豚の立場を弱くしてしまっている[2)]。

具体的な数値例として表1.4のようになる。スイッチを押すと他方の端から餌は6個出てくるものとする。ともにスイッチを「押す」ときには，小豚が早く到着し2個を食べ，後れて着いた大豚に押しのけられ残り4個を取られてしまう。さらにそこから端から端まで走ったためともに1個分の労力を消耗するため，利得はそれぞれ1と3となる。ともにスイッチを「押さない」ときには，結局，何も得られない。小豚が「押す」，大豚が「押さない」ときには，大豚が走ることなく独占し，小豚は何も取れず，しかも走らなければならないため，−1となる。「小豚」が「押さない」，大豚が「押す」のときには，小豚が走らずに4個食べた段階でスイッチを押した大豚が到着し，小豚を押しのけるため，小豚は4，大豚は残り2個を奪うものの，走ったために−1で結局1である。

ここでは一方の大豚にはないものの，他方の小豚には支配戦略「押さない」がある。つまり逐次消去を適用し，支配される戦略を削除し考察の対象を絞り込むことができるのである。小豚の「押さない」を前提にすると大豚はスイッチを「押す」しかない。こうして，小豚の支配戦略「押さない」とそれを前提とした大豚の「押す」の組合せが実現し，均衡利得は (4, 1) となる。

表 1.4

		大豚	
		押す	押さない
小豚	押す	1, 3	−1, 6
	押さない	**4, 1**	0, 0

ここで先と同様に，小豚を A，大豚を B とみなし，さらに「押す」を協調，「待つ」を裏切りとそれぞれ読み替えて，表 1.5 の数値例で確認してみよう。

表 1.5

		B	
		協調	裏切り
A	協調	3, 3	0, 4
	裏切り	4, 2	1, 1

A は裏切りという支配戦略を持つ。裏を返せば協調というより劣った（強）支配される戦略を持つ。この（強）支配される戦略 s_i'（s_i'' に対する）の定義は

$$U_i(s_i', s_j) < U_i(s_i'', s_j) \quad \text{for all } s_j \in S_j \text{ and all } s_i'' \neq s_i' \in S_i, \quad j \neq i, \quad i, j = \mathrm{A, B}$$

である。今のケースでは i=A で，s_{A}'= 協調，s_{A}''= 裏切りとなる。ちなみに，弱支配される戦略 s_i'（s_i'' に対する）の定義は

$$U_i(s_i', s_j) \leqq U_i(s_i'', s_j) \quad \text{for all } s_j \in S_j,$$
$$\text{with } U_i(s_i', s_j) < U_i(s_i'', s_j) \quad \text{for at least one } s_j \in S_j \text{ and all } s_i'' \neq s_i' \in S_i,$$
$$j \neq i, \quad i, j = \mathrm{A, B}$$

である。

ここでのケースでは戦略がそもそも 2 つしかないので，支配戦略がある場合はそのまま残りが支配される戦略となるが（逆は逆），もし選択肢が増えた際には支配戦略がなくとも支配される戦略が見つかる場合がある [3)]。

さて採用すべきでないこの支配される戦略を A にとっての選択肢から削除する。そのため A は裏切りを選ぶことになる。他方このとき B には支配戦略，

表 1. 6

		B	
		協調	裏切り
A	協調	3, 3	0, 4
	裏切り	[4, 2]	1, 1

さらには削除できる支配される戦略すらないが，A による裏切りの選択を前提とすると，そのとき協調をむしろ選ぶべきであることがわかる。したがって表 1. 6 にて示されるように，組合せ（裏切り，協調）が均衡である。本ケースのようにどちらか一方にしか選択すべき支配戦略がなくとも（あるいは少なくとも除去すべき支配される戦略がなくとも），その支配される戦略を削除し考察すべき範囲をプレイヤー間で反復的に狭めていき，最終的に均衡が一意に求まる場合，その導出された均衡を反復支配戦略均衡という。ここでは特にプレイヤーの持つ選択肢は 2 つと限定されているため均衡の絞り込みは容易であった。もちろん実際にはもう少し手間を要することが多いであろう。

2. 3　支配の概念からナッシュ均衡へ

表 1. 7 を見ていただきたい。このゲームにはどちらのプレイヤーにも支配される戦略は存在しない。そのため戦略の支配の考え方を用いて均衡を見出しえない。それにもかかわらず，特別な知識がなくとも，もっともらしい落ち着き先・落とし所として候補に上ってくるものは，誰であろうときわめて容易に想像でき，共通するものである。それはパレート最適な解 (a_3, b_3) であり，相手の出方を度外視した単独の数値を含めても最大となっている。それがペアで得られるというのであるから，利害の対立すら本来ないはずである。しかしこのような最善でかつ自明な均衡がこれまで扱ってきた支配の概念からは，なぜ

表 1. 7

		B		
		b_1	b_2	b_3
	a_1	0, 4	4, 0	0, 0
A	a_2	4, 0	0, 4	0, 0
	a_3	0, 0	0, 0	6, 6

か求められないのである。

逐次消去が行えないこの組合せを，どのように均衡として定義し，正当化したらよいであろうか。それには，最適反応，ひいてはナッシュ均衡が有用である。まずプレイヤーのある任意の戦略に対応する自らの最適な反応の仕方を最適反応という。相手プレイヤーのある戦略 s_j^* に対する最適反応戦略 s_i^* の定義は

$$U_i(s_i^*, s_j^*) \geqq U_i(s_i, s_j^*) \quad \text{for all } s_i \in S_i, \quad j \neq i, \quad i, j = \mathrm{A, B}$$

となる。この自らの最適反応戦略と相手のそれとの組合せ (s_i^*, s_j^*) をナッシュ均衡と呼び，ここでは

$$U_i(s_i^*, s_j^*) \geqq U_i(s_i, s_j^*) \quad \text{for all } i \text{ and all } s_i \in S_i, \quad j \neq i, \quad i, j = \mathrm{A, B}$$

のように定義される。この均衡では，まず相手プレイヤーの戦略を予想し，そのときの自己の最適反応戦略を正に相手が予想しており，それに対する相手の最適反応戦略が正しくちょうど当初の自らが予想した相手の戦略になっている。この状況下では両者ともに予想が整合的で矛盾がないものとなっており，したがってともに自分の相手に対する予想とそれに応じた戦略の選択をその均衡から自らの意思で変更するインセンティブを持たない。その意味で自己充足的予想と自己拘束的合意が実現し，安定的な均衡といえよう。表1.7では $\mathrm{a_3}$ は $\mathrm{b_3}$ に対する最適反応，$\mathrm{b_3}$ は $\mathrm{a_3}$ の最適反応であり，互いが互いの最適反応戦略になっていることが確認できる。このようにして（$\mathrm{a_3, b_3}$）が，支配の概念を用いることなしに，ナッシュ均衡という合理的な組合せとして裏付けられたことになる（表1.8）。

ここでは逐次消去により反復支配戦略均衡として（$\mathrm{a_3, b_1}$）が得られ，均衡利得は（6, 1）となる。もしここでAがBに（$\mathrm{a_1, b_2}$）を提案してきたらどう

表1.8

		B		
		$\mathrm{b_1}$	$\mathrm{b_2}$	$\mathbf{b_3}$
	$\mathrm{a_1}$	0, 4	4, 0	0, 0
A	$\mathrm{a_2}$	4, 0	0, 4	0, 0
	$\mathbf{a_3}$	0, 0	0, 0	**6, 6**

表 1.9

		B	
		b_1	b_2
	a_1	4, 6	7, 9
A	a_2	5, 2	8, −1
	a_3	[6, 1]	6, 0

か。そこでは（7, 9）であり，パレート改善が見られ，もし実現すれば，特にBにとってはありがたい結果であろう。BはAを信じてb_2を選ぶべきであろうか。Aは，本当にa_1を選択するか。Bがb_2を選ぶことを予測すればむしろa_2を選ぶのではないか。そしてそのことを予測するBはb_1を選んだ方が良いことなる。こうした堂々巡りにより，結局，元の反復支配戦略均衡に落ち着くことになる。

ここでも同様に逐次消去により反復支配戦略均衡（a_1, b_1）が得られ，均衡利得は（4, 2）となる。今度はBがAに（a_3, b_3）を提案してきたとしよう。AはBの提案を真に受けてよいであろうか。Aによるa_3に対し，Bはb_2を本当に選ぼうとするのであろうか。むしろb_2を選ぼうとするのではないか。こうしてここでも堂々巡りとなり，元の反復支配戦略均衡に戻ってしまうことになる。

表 1.10

		B		
		b_1	b_2	b_3
	a_1	[4, 2]	2, 1	4, 0
A	a_2	3, 3	5, 2	3, 1
	a_3	2, 3	−1, 5	6, 4

いずれのケースにおいても，反復支配戦略には安定性があり，一見より良い組合せがあっても，堂々巡りを招き，そこでは不安定であることが確かめられた。こうしてこれまでのケースでは安定的な組合せを支配の概念により見出すことができたが，他のケースを見てみよう。

ナッシュ均衡は合理的な落しどころであり，良いイメージで受け止められがちであるが，必ずしも良い結果であるとは限らない。一見，このゲーム状況では4つのコーナーにあるセルがまず望ましい組合せに映る。特に（a_3, b_3）による右下の利得ペアは双方にとって大きな異存はなさそうである。しかし最適反応の組合せではない。b_3 に対するAの最適反応は a_3 ではあるものの，a_3 に対するBの最適反応は b_3 ではなく，b_1 であるからである。こうして（a_3, b_1）による左下に移ってみても最適反応同士とはならず，堂々巡りとなる。意外なことにここでのナッシュ均衡が，最終的には真ん中の組合せによるそれしかありないことに気づかされる。

ナッシュ均衡とは，プレイヤー間での最適反応の組合せであり，互いに戦略の最適反応を選び取った状況になっている。このことから引き出されることは，相手が前提としてこう来るなら自分はこうする。そして自分がこうするなら相手が自分の反応の前提となったやり方で来る。この意味で，ただ単に安定的となっているだけでしかない。必ずしも望ましくないような組合せの成立も可能性としては十分にありうることになる。

本来，支配戦略均衡や反復支配戦略均衡はかなり強い均衡概念であり，多くのゲームにおいてこの種の均衡を見出すことは通常できない。しかもこれらはナッシュ均衡であるための十分条件であり，実は最初からナッシュ均衡を導出することで，その均衡を得ることができていたのである。それならばなぜ遠回りをするのか。なぜ直接，ナッシュ均衡導出に言及しないのか。おそらくは入門の段階での教育的配慮として，支配の概念を取り扱っている，ともみなせるのではないか。これについては次項で再度触れたい。

2.4　チキン・ゲーム

一直線の道路のセンターライン上を，真っ正面に向き合って2台の車を走らせる。当然，どちらかが避けない限りそのままでは行き違うことはない。臆病者（chicken）は衝突を避けようと怯んでハンドルを切るに違いない。先に避けた方が chicken で負けとなる。しかし，もし強情を張って互いに譲らなければ両者にとって最悪の自体を招く。そこで戦略の組合せとして考えられるものは，相手が避けると予想すれば直進するし，避けないと予想すればやむなく避けざるをえない，という2つである[4)]。

具体的な数値例として図示すると例えばこうなる。ともに「回避」であれば引き分けで，両者は同じように何も失わず，何も得られない。ともに「直進」であれば正面衝突を招き，同じ利得－10である。一方が「回避」で他方が「直進」であれば，回避の方が負けで利得が－5，直進した方が勝ちで利得は5である。ここでは複数のナッシュ均衡が成立しうる。組合せは2通りで，Aに有利（直進，回避），Bに有利な（回避，直進）である。どちらがより現実的かはまた別の議論で，別の情報，条件が必要となる。

表 1.11

A＼B	**回避**	直進
回避	0, 0	[－5, 5]
直進	[5, －5]	－10, －10

チキン・ゲームをより吟味するため，表1.12のように戦略の名称を読み替え，これを以下のように解釈し直そう。このゲームには支配戦略が，ひいては支配される戦略がどちらのプレイヤーにも存在しておらず，しかもナッシュ均衡が（協調，裏切り），（裏切り，協調）と複数存在している（表1.13参照）。ともにパレート最適とはなっているが，それでも相手の協調を前提とする裏切りを戦略として選んだ方が，単独では最大の結果を享受でき，有利である。しかし裏切りは相手の出方により最良の結果と最悪の結果が同居している。他方，協調では最良の結果を断念せねばならないが，その代わりに最悪の結果を避けることが可能となる。

ところでこのゲームは先のケースにおける大豚が2匹いるゲームとみなすことができる。箱の中の豚では大豚が損な役を引き受けることになっていた。ここではその役は必ずしも決まっていない。上述のように相手の裏切りを予想するならば，協調の選択はやむをえず，その意味で望ましい。しかしできることなら，相手からの譲歩を引き出し，むしろ自分の方こそが裏切る立場でいたい

表 1.12

A＼B	協調	裏切り
協調	3, 3	2, 4
裏切り	4, 2	1, 1

表 1.13

A＼B	**協調**	裏切り
協調	3, 3	[2, 4]
裏切り	[4,2]	1, 1

と願っている。事前にどちらの均衡が実現しやすいか，以上の想定からだけでは定かとはなりえないのである。そうであるがゆえに，駆け引きの余地があり，そこがゲームの面白みといえる。通常この問題は混合戦略まで考慮して解くか，展開形ゲームの枠組みで部分ゲーム完全均衡を求めることなどで解決する。ここではそこまで議論を掘り下げない[5)]。

こうして見ると，箱の中の豚のケースとは，大豚がチキン・ゲームにおけるプレイヤー，小豚が囚人のジレンマ・ゲームにおけるプレイヤーにそれぞれ相当し，彼らが非対称に会し混在するゲームといえ，そしてこのことこそが弱者である小豚の立場を強く，逆に強者であるはずの大豚のそれを憫然たるものにするというパラドキシカルな結果をもたらす要因になっていたのである。箱の中の豚のケースは，その特徴として有する反復支配戦略均衡を支配戦略均衡とナッシュ均衡の橋渡しとして位置付けうると同時に，支配戦略均衡とナッシュ均衡を引き出すためのゲームにおける，プレイヤーが混在する状況としても理解されうる。このような意味で，箱の中の豚のケースを囚人のジレンマの説明からナッシュ均衡の定義へと至る手前の段階に導入・介在させることは大変意義のあることと思われる。

2.5　シカ狩り

このゲームの特徴は表1.14で確認できる。そこでは2人がシカ狩りに参加し，ともに持ち場を離れないときにのみ，獲物のシカを仕留めることができる。しかしもし狩りの対象をウサギに変更するのであれば，そのとき自分1人であっても捕獲には何ら支障ないものとする。2人にとっては協力してシカを仕留めることが最善の結果であり，次善策は目の前にいるウサギを確実に捕獲することである。そして最悪の事態は相手がウサギを捕ろうと持ち場を離れているにもかかわらず，奇特にも自らはシカを狩るという初心を貫いて，その結果シカを取り逃がしてしまうことである。しかも当然，このときウサギの捕獲を断念するという機会費用まで負わなければならない。こうして，この最悪の結果を回避しようとするがあまり，最善策による成果には目をつぶり，目先のウサギで妥協するという，やや愚かしい結末の可能性もあながち無視できないのである[6)]。

表 1.14

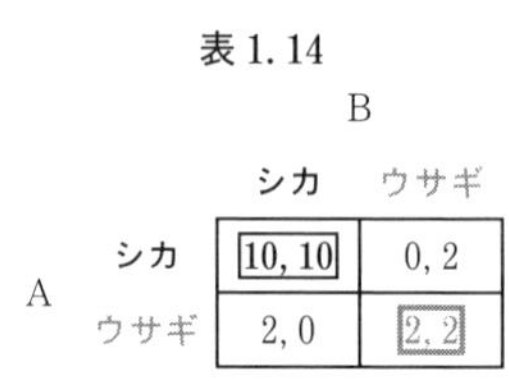

A ＼ B	シカ	ウサギ
シカ	10, 10	0, 2
ウサギ	2, 0	2, 2

具体的な数値例として図示するとこうなる。ともに「シカ」であれば，連携することで 1 頭のシカを捕まえ，そのとき計 20 キロの肉を 10 キロずつ分け合うことになり，利得はともに 10 である。他方，ともに「ウサギ」であれば，それぞれが個別にウサギを捕まえ，2 キロの肉を得ることで，利得はともに 2 である。最後にどちらかが「シカ」で，他方が「ウサギ」であれば，シカを捕まえようとした方は何も得られず利得は 0,「ウサギ」を捕ろうと持ち場を離れた方はウサギを得ることで利得は 5 となる。ここでも複数のナッシュ均衡が成立しうる。1 つは双方に有利な高位均衡（シカ，シカ），もう 1 つは双方に不利な低位均衡（ウサギ，ウサギ）である。ここでもどちらがより現実的かは条件次第となる。

表 1.15

A ＼ B	協調	裏切り
協調	3, 3	0, 1
裏切り	1, 0	1, 1

このシカ狩りゲームを表 1.15 のように戦略の名称を読み替え，これを以下のように解釈し直そう。このゲームには，やはり支配戦略が，ひいては支配される戦略がどちらのプレイヤーにも存在しておらず，先に触れたのと同様に高位均衡（協調，協調）と低位均衡（裏切り，裏切り）がともにナッシュ均衡として求められる。相手プレイヤーが協調すると予想すれば進んで協調を選ぶが，反対に裏切りを予想すればやむなく裏切りを選ぶことになる（表 1.16 参照）。本来これら 2 つのナッシュ均衡はどちらも実現しうる。しかしその可能性の程度如何は，相手の協調行動を十分に信じることができるかどうか，そして自らがどの程度リスク回避的であるのかどうかに強く依存する。今，相手の協調が当てにできず自らがリスクを避ける傾向が強いのであれば，後者の低位均衡の

成立をかなりの程度予測できる。特に狩りに参加するメンバー数が多くなった場合にも，同様にたった1人の裏切りであっても狩りの成否が大きく左右されるものとすると，やはりその種のリスクを多くの狩りのメンバーが避けようと裏切りを選択し，その結果，ますますパレート劣位の均衡の方がパレート優位な均衡を抑えて実現する可能性が高まってしまうであろう。この意味で低位均衡（裏切り，裏切り）をリスク支配的均衡と呼ぶことがある[7]。通常この問題は混合戦略まで考慮して解くか，展開形ゲームの枠組みで部分ゲーム完全均衡を求めることなどで解決する。ここではそこまで議論を掘り下げない[8]。

表1.16

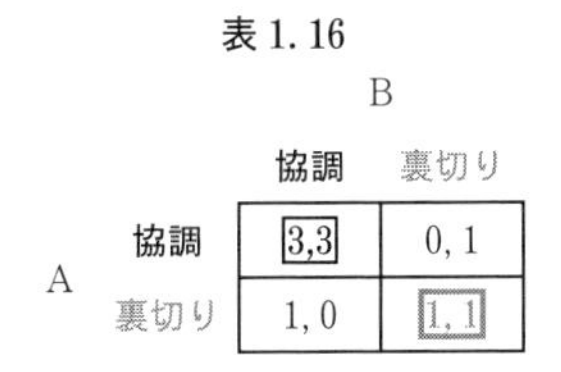

		B	
		協調	裏切り
A	協調	3,3	0, 1
	裏切り	1, 0	1, 1

2.6　諸ケースの分類と整理

囚人のジレンマ ――（支配戦略均衡）―― すべてのプレイヤーが支配戦略を持つ
箱の中の豚 ――（反復支配戦略均衡）―― 一部のプレイヤーのみが支配戦略を持つ
チキン・ゲーム｝
シカ狩り｝ ――（ナッシュ均衡）―― どのプレイヤーも支配戦略を持たない

囚人のジレンマのケースでは，すべてのプレイヤーが支配戦略を有し，その組合せを支配戦略均衡と呼ぶこと，そしてその結果がパレート非効率であることを学んだ。箱の中の豚のケースについては，ここでの唯一の対称ゲームであるが，この後に続くナッシュ均衡の説明のための橋渡し役として，囚人のジレンマ・ケースの後に，そしてチキン・ゲーム，シカ狩り，両ケースの前に介在させた。そして一部のプレイヤーのみが支配（される）戦略を有する反復支配戦略均衡のケースと位置付け，その特徴と結果を紹介した。加えてすべてのプレイヤーがともに支配戦略を有さないケースとしては，チキン・ゲームとシカ狩りの両ケースを取り上げ，それらにおいてナッシュ均衡を導き出した。

チキン・ゲームでは2つの均衡のうちどれが実現するかで，仮に最悪の結果が免れたとしても，プレイヤー間の利害はある程度対立してしまう。したがってそこに，威嚇，脅しなどの駆け引きの材料として，所謂コミットメント等の戦略的行動の余地が生まれてくる。このゲームは，公共財供給の負担を押し付け合う，所謂フリーライダーのアナロジーから貢献ゲーム（contribution game）と呼ばれることもある。他方，シカ狩りのケースでは，対角成分に対応する戦略の組合せがすべてナッシュ均衡（複数均衡）となっており，この種のゲームを調整ゲーム（coordination game）という。そこでは一見したところ利害対立はなく，逆にプレイヤー間で戦略の選択を適切に調整することによって利得をともに引き上げることが可能となる。しかしそれでもリスク支配の問題から調整の失敗が生じ，その結果，低位均衡が実現してしまうかもしれない[9]。

またこの調整ゲームには，チキン・ゲーム，シカ狩りの両ケースの特徴を併せ持つケースとして，男女の争いも挙げられる。つまりそこでは利害の対立するチキン・ゲーム的側面と利害の共通するシカ狩り的側面の両要素が含まれている[10]。

さらに焦点均衡として知られるケースも調整ゲームの一種とみなせる。そこでは慣習や共通する文化的，心理的背景から，本来無数にある均衡のうち，ごく少数の‘prominence’で‘conspicuousness’という意味で‘focal’な組合せが，特に実現しがちであることが示される[11]。

3. 繰り返しゲーム

これまで取り扱ってきたゲームにおいては，パレート最適の組合せ（協調，協調）は一部を除いて均衡として実現しないことが明らかにされた。このことを踏まえ以下では特に，囚人のジレンマとシカ狩りにおけるパレート非効率な均衡成立の問題をどのようにして解消し，結果的にプレイヤー間におけるより望ましい協調関係の生成へと導いていけるか，を議論する。

まず，ここでは孤立した１回限りのゲームではなく，同時決定ゲームが時間の経過を伴いながら何度となく繰り返し行われるものとしよう。このような状況下では，これまでと違い，将来のために今協調するという，協調のための好ましい動きが見られるであろうか。残念ながらゲームに終わりがあり，かつそれがいつであるかはっきりとわかっている場合には，ゲームが何度繰り返されようとも，そこから協調行動を引き出すことはできない。なぜなら終わりがいつであるかわかっている以上，その最後の段階では，もうその先（将来）がないため，今を犠牲にして将来の協調を求める必要がなく，したがって裏切りの選択がなされることになる。そうであればまた最後から2番目の行動が，その次である最後の行動に何ら影響を及ぼしえないのは自明である。そのため最後から2番目の段階でも裏切りが選択される。同様に最後から3番目の行動も2番目のそれに影響を及ぼしえないことになる。こうして多段階であっても有限回に留まる限り，1回限りのゲームと同様にして各段階で裏切りの選択がなされることになる[12]。これをバックワード・インダクション（後ろ向き帰納法）のパラドックスという。

それではゲームが無限回繰り返される場合はどうであろうか。このケースではそもそも最後の段階でのゲームが存在していないため，裏切りを確定させようもない。したがって将来のために今協調し，その結果，プレイヤー間に自らの（よい）評判が形成され，その当然の帰結として社会にとって望ましい協調関係が確立される道筋がなんとかついたことになる。ただしこれにはいくつかの条件が満たされていなければならない。その条件を明らかにするために，ここでは無数の想定可能な戦略の中から，特にトリガー戦略をその採用すべき戦略の候補として考察してみることにしよう。これは次のように定義される。

トリガー戦略：

最初のゲームでは必ず協調を選択し，そのとき相手プレイヤーも協調を選択しているのであれば次回のゲームでも協調を選択する。もし相手プレイヤーがいずれかの段階で一度でも裏切りを選択したのであればそのとき以降，常に裏切りを選択し続ける[13]。

つまり初対面の相手にはまず協調で対処する。そして相手が協調で応じてくれる限り，こちらも協調で答える。しかし一度，裏切られれば直ちに永久懲罰を与えるというものである。二度，三度と続けざまに裏切ることはないだろうとか，何かの間違いだ，魔が差したのだろうとか，相手の裏切り行為を決して好意的に解さず，容赦なく即座に報復する。これがこの戦略の特徴である。このような想定下では協調から逸脱するインセンティブをある程度抑制する効果がある。

しかし問題はその効果が十分に大きいかどうかである。そこで協調が適切であることの条件を求めるため，まず2人がトリガー戦略をとり合うときの割引現在価値の総計を求めてみると

$$3+\delta 3+\delta^2 3+\delta^3 3+\cdots = 3/(1-\delta)$$

であることがわかる。ただし δ はプレイヤー間で共通の将来利得の割引因子で，$0 \leqq \delta < 1$ の値をとる[14)]。次にある段階で協調から離反したときのその時点における割引現在価値の総計は

$$4+\delta+\delta^2+\delta^3+\cdots = 4+\delta/(1-\delta)$$

である。プレイヤーがトリガー戦略をとり合うことが最適であるならば，つまりトリガー戦略の組合せがナッシュ均衡であるならば，その定義より

$$3/(1-\delta) \geqq 4+\delta/(1-\delta)$$

が成立しなければならず，結局そこから

$$\delta \geqq 1/3$$

という条件が導かれる。このことは，協調関係の崩壊がもたらす将来利得減少というコストと裏切りによって得る今期のみの一時的利得増大というベネフィットを損得勘定するとき，結果的に協調を選択するには，将来の利得を比較的高く評価することのできるプレイヤーであることを要求している。またトリガー戦略の性格からいえることとして，先にも触れた懲罰の実行に逡巡しないことが重要である。この報復のタイミングを逸することは（協調，協調）の成立を危うくする[15)]。さらに，ゲームの遂行自体を放棄し，ゲームから一方的に降りてしまうことのないよう，十分な退出コストを事前に強いることも必要である。これがなければ裏切り後，直ちにゲームを降りたプレイヤーに対して何

らペナルティーを課しえなくなってしまう。隠遁生活をも厭わない仙人ではなく，社会とのかかわりなしには生きられない社会性を帯びた常識的な人物をイメージすればよいであろう。このように将来を重視する傾向，ペナルティーの速やかな実行，そしてそれらを担保する集団性，社会性，以上を協調のための必要条件とみなしておこう。

こうして3つの条件を事前に整えておくと，囚人のジレンマ状況の中ででも協調の可能性の目が出てくるのである。

①繰り返しゲーム化……ここでは無限回，ゲーム状況が発生すると考える
②報復行動……ここではトリガー戦略を採用する
③将来を重視する傾向……将来の利得には割引因子（δ）が適用される

以上の議論を表1.17で今一度，確認する[16]。トリガー戦略に加えて，非常に単純な行動計画ではあるが，極端な例として，「常に協調」をとり続けるお人好し戦略と，「常に裏切り」をとり続ける性悪戦略を取り上げ，このようにして繰り返しゲームの1期当たり平均利得で利得行列を作成する。パレート最適な結果から逸脱（ここでは裏切り）するプレイヤーには永久懲罰のペナルティーを課す。その結果，得られるナッシュ均衡には，「常に裏切り」に加え，トリガー戦略という組合せも確かに含まれるようになってくる。したがって1回限りのゲームにおいては決して成立しえなかった，プレイヤー間での協調関係の成立は，無限回繰り返しゲームの枠組みでは均衡として，少なくとも実現しうることが明らかとなる[17]。

無限回繰り返しゲームでは，無限個の部分ゲームが存在する[18]。無限の将来へと続くプレイ上ではそれらの部分ゲームにおいても上で求めたものと同様

表1.17

		B 常に協調	常に裏切り	トリガー戦略
	常に協調	3, 3	0, 4	3, 3
A	常に裏切り	4, 0	[1, 1]	$4-3\delta, \delta$
	トリガー戦略	3, 3	$\delta, 4-3\delta$	[3, 3]

にやはりナッシュ均衡が求まることから，トリガー戦略が部分ゲーム完全均衡であることがわかる。このように協調がナッシュ均衡，部分ゲーム完全均衡として成立しうること，さらにはここでは議論しないが，（完全）フォーク定理によって協調が以上の結果を含む無数の均衡として成立しうることが示される[19]。

まとめ

戦略形ゲームに中で特に4種のケースをそのゲーム論的エッセンスの性格付けとして象徴的に取り上げ，それぞれの特徴点を紹介し，均衡を導出した。その後，繰り返しゲームの枠組みで，プレイヤー間の協調の生成を導きうることを明らかにした。特に協調成立には，他面での攻撃性・暴力性といった報復活動に裏付けられていることを指摘した。次章では，以上の結果を具体的な企業の問題に適用し，議論をより掘り下げていく。

注

1）よく学生に，この種の囚人のジレンマの状況を説明して，自分ならどうするか考えさせてみると，何人かから必ず，道義的に仲間を裏切れないとか，後で仕返しされるので黙秘すると思う，などとここでの論理的帰結に対する反対意見が出てくる。しかし注意すべきは，このゲームは1回限りのプレイに意味合いが限定されており，明日以降の2人のやりとりや付き合い方といった，おそらくは続くであろう次期以降のゲーム状況からは独立しているということである。また仲間を裏切る心理的苦痛が少なからずあるとしても，それはすでに利得の数字に反映されているということも忘れてはならない。もしこの種の苦痛があまりに大きいものであれば，そのときそれを織り込んだゲームの構造はもはや表1.1のそれとは性格を大きく異にするものとなり，そこでは所謂囚人のジレンマのケースではないゲームが議論されることになってしまう。このケースに限らず，これ以降展開される諸ケースにおいてもこの点に十分留意されたい。

2）このゲームについてはMcMillan（1992）第2章，Rasmusen（2007）第1章等を参照のこと。

3)　例えば以下のゲームには，A，B 双方にとって支配戦略自体は存在しない。しかし幸い B には b_2 に対する b_3 という支配される戦略があるため，その種の支配される戦略の消去により選択肢の絞り込みが可能となり，結果，反復支配戦略均衡 (a_1, b_1) が求まる。

		B		
		b_1	b_2	b_3
A	a_1	3, 4	4, 3	3, 1
	a_2	2, 3	3, 6	4, 5

4)　このゲームについては Poundstone（1992）第 11 章や Barash（2003）第 5 章などが詳しい。

5)　混合戦略まで考慮したときには，A，B ともに，協調，裏切りの確率が，1/2 となり，またそのときの均衡利得が（5/2, 5/2）となる。本来，このような混合戦略がここでのもともとの純粋戦略均衡に追加されなければならない。このとき悲劇的な結末（裏切り，裏切り）の確率は 1/4 となる。混合戦略については本書の第 7 章，第 8 章を参照されたい。

6)　このゲームについての詳細は，先に挙げた Poundstone（1992）第 11 章，Hargreaves Heap and Varoufakis（1995）第 7 章，または Barash（2003）第 4 章を参照のこと。

7)　これについては Fudenberg and Tirole（1991）を参照のこと。

8)　混合戦略まで考慮したときには，A，B ともに（協調，裏切り）の確率（1/3, 2/3）とする混合戦略が得られ，均衡は {(協調 1/3，裏切り 2/3)，(協調 1/3，裏切り 2/3)}，その期待利得は (1, 1) である。その際，A にとって最悪である（協調，裏切り）の組合せ実現の確率は 2/9，B にとって最悪の（裏切り，協調）はやはり 2/9，（裏切り，裏切り）は 4/9，そして（協調，協調）は 1/9 となる。混合戦略については本書第 7 章，第 8 章を参照されたい。

9)　そのため，この種のゲームは 'tender trap' とも呼ばれることがある。これについては Hirshleifer and Riley（1992）第 9 章を参照のこと。そこでは進化ゲームと関連させながらこのことが議論されている。

10)　チキン・ゲームには利害の共通する部分も含まれている。もし 100% 利害が対立するならば，それは定和ゲームと呼ばれ，その代表がゼロ和のコイン合わせゲームとして知られるものである。この種のゲーム（例えば表 1.5 において戦略 a_3，b_3 を除いたもの）においては 100% の利害対立のため，純粋戦略ではナッシュ均衡を求めることができない。この点については本書の第 7 章，第 8 章を参照されたい。

11) Schelling (1960) を参照のこと。

12) ゲームが有限回であっても，その終わりがいつであるかわかっていない場合については注 14) を参照のこと。

13) トリガー戦略と同様の結論がより緩いオウム返し戦略の条件の下でも得られる。詳細は岡田 (2011) 第6章を参照のこと。ただしそこではこの戦略をしっぺ返し戦略と呼んでいる。

14) 利子率が r のとき，割引因子は離散型で $\delta=1/(1+r)$ と定義される。もしここでゲームが無限回繰り返されるのではなく，有限回で終了する可能性を含める場合には，割引因子は，1期で終了する確率を ρ，したがって来期に継続する確率を $1-\rho$ とするとき，$(1-\rho)/(1+r)$ と変更される。

15) この点に関する議論の背景は Axelrod (1984) を参照されたい。彼のその後の展開については Axelrod (1997) を参照のこと。またこの点に関連して，協調性が攻撃性の裏返しに過ぎず双方が矛盾する概念でないことが，Allman (1994) においていみじくも指摘されている。

16) 1期当たりであるため，ここでは利得の数値（総計）が $1-\delta$ 倍されている。なお，他のケースについてもパレート最適な組合せ（協調，協調）に関するトリガー戦略を考慮すれば，基本的特徴としてはほぼ同等な結果が得られる。

17) ここでは繰り返しゲームは協調の可能性を生じさせているだけで，あくまで均衡の1つとして得られているに過ぎないことに注意されたい。

18) 部分ゲームおよび部分ゲーム完全均衡については第3章を参照されたい。

19) この点の証明は Gibbons (1992) 第2章または岡田 (1996) 第6章を参照のこと。

第2章　戦略形ゲーム（応用）

前章では，利害関係の相違を反映させたいくつかのゲーム状況のバリエーションを設定し，そこでの均衡および特性を逐次検討した。そしておのおのの戦略的環境の中で，プレイヤー間の協調関係がいかにして生成するか，を論じた。本章では理解をさらに深める意味で，そこで得られた結果を踏まえながら，新たにホールドアップ問題とチーム生産問題という2つの経済学的応用上のトピックスに，この議論を適用する。

1. ホールドアップ問題

ホールドアップ問題とは契約の不完備性と資産の特殊性の両特性の作用が相まって引き起こされ，準レントの喪失リスクを招くものである[1]。契約の不完備性とは人間の限定合理性より将来起こりうるあらゆる事態に対して必ずしも契約が詳細に記載し尽くされておらず，契約に少なからず不備があるという特徴を意味する。したがってそこに恣意性が介在し，第三者に対する立証不可能という問題を発生させてしまう。さらにいえば，意図的に曖昧な部分を作り，事後的な裁量の余地を残しておくという場合すらありうる。これを故意の不完備性という。このように，完備契約の下でならば当事者同士（あるいはメンバー全員）という意味で，利得上，社会的・集団的にマイナスになることはあっても，プラスにはなりえないはずの契約の再交渉が，この不完備契約下ではほぼ不可避となってくる。

他方，資産の特殊性とは特定の相手との取引を前提とした，ある種，特化した仕様の設備や技術に起因する特徴を指す。これは必ずしも特別設計等による機械設備といった物的な意味に限定されず，むしろ相手企業特有の情報習得といった人的資産形成を念頭に置いて使われることが多い。そしてそのような資産を生み出すために事前に必要とされる投資，つまり人脈形成や機械の癖の会得に要する努力等，を関係特殊的投資と呼ぶ。この性質からいえることは，その相手との取引によってのみ高い製品価値や，ひいては高い利益（準レント）が得られるのであって，あえて異なる他の企業と取引を行えば，それによって得られるものは，大きく引き下げられた製品価値ないし利益という厳しい現実である。したがって投資コストがサンクされ，かつ他企業との取引にスイッチング・コストが新たに生じることから，現状の取引相手との関係にロック・インされ，さらにもしそこに契約上の曖昧さが存在すれば，その相手からの事後的独占力行使の危険性にさらされてしまうことになる。

図 2.1

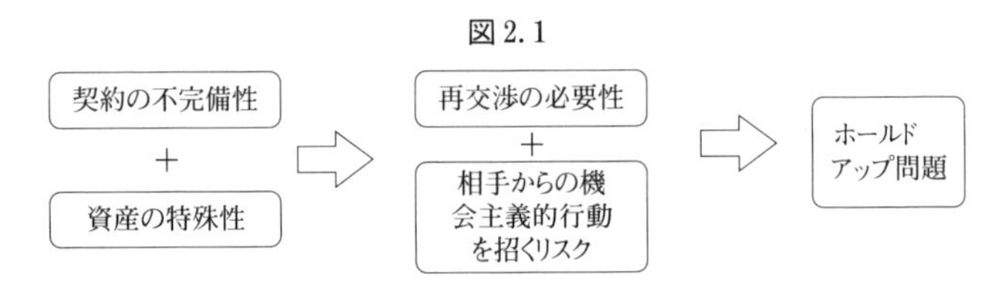

図 2.1 はこのホールドアップ問題をまとめたものである。この図で示されているように不完備契約の下で関係特殊的投資を一度実施すれば，やがて来る再交渉の場においてその相手に独占力行使の機会を図らずも提供することになる。そして交渉力が強まった相手，相対的に交渉力が弱まった自分という，正に対照的な形で苦境に立たされたわが身を実感し愕然とすることになろう。良かれと思った先行投資が互いの事後的インセンティブ構造，ひいてはゲームの構造自体をも変えてしまい，その結果，自分を不利な立場へと追いやってしまうかもしれないのである[2)]。

このようにして，共同プロジェクト自体の実施に伴う固有のリスクとは別に，取引相手からの機会主義的行動という戦略的リスクにもさらされる。この種の事後的リスクを回避するため，本来，効率的であるはずの関係特殊的投資を，申し訳程度の最低限度に留めるという過小投資を行うか，あるいは，むしろ他用途への汎用性を確保する意味でより一般的投資による使い回しの利く資産の保有を選択するかもしれない。いずれにせよ不完備契約と特殊資産によるホールドアップされる状況を避けるためとはいえ，このような消極的態度に終始す

表 2.1

		B 特殊	B 一般
A	特殊	3, 3	0, X
A	一般	X, 0	1, 1

X＝3.2→囚人のジレンマ
X＝2.8→シカ狩り

ることは効率性に鑑みて大きな社会的損失である。

以下，表 2.1 の数値例を用いて，このことを戦略形ゲームの枠組み内で確認してみよう。今，不完備契約の世界で取引前の先行投資が欠かせないものとする。選択肢として関係特殊的投資と一般的投資がある。取引相手の一般的投資を予想すれば，みすみす好んで関係特殊的投資を選んで自らを不利な立場に置くことはしないであろう（ホールドアップされる状況を最悪とみなし，そのときの利得をゼロとする)。この場合には通常一般的投資で応じることになる。問題は相手の特殊的投資を予想したときである。相手の特殊的投資に対して自らが一般的投資で応じれば，そのことは一方では製品価値をある程度低下させてしまうが，それでも他方において相手をホールドアップの状況に置くことになり，相手に対する交渉力が再交渉の場で増すことにつながる。もし後者のプラス効果が前者のマイナス効果を補って余りあるほどであるなら，X＝3.2 となり，ゲームの構造は囚人のジレンマの様相を呈するであろう。逆に前者のマイナス効果が後者のプラス効果を上回っているのであれば，X＝2.8 となり，ゲーム状況はむしろシカ狩りのケースとみなせよう[3)]。

囚人のジレンマのケースでは両企業ともに用心深く一般的投資を選び，その結果，ホールドアップされるような最悪の状況とはならないにしても，さりとて相手をホールドアップさせ交渉力を発揮する場面など望むべくもなく，むしろ折角のパレート最適の組合せ（関係特殊，関係特殊）の成立の機会をも逸してしまい，その置かれた現状を嘆き，後悔することになるであろう。

シカ狩りのケースでは，相手の一般的投資を予想するのであれば一般的投資を，特殊的投資を予想するのであれば特殊的投資を，それぞれ選択することになる。しかし相手企業が 1 社に限定されるのではなく，むしろ多数による共同プロジェクトであり，かつそのうちの１社の裏切りであってもことの成否にかかわってくる場合，そしてさらにプロジェクト参加者が十分にリスク回避的である場合には，より一層，一般的投資同士の組合せという低位均衡の方が実現してしまうかもしれない。したがってこの状況下でもやはりパレート最適である高位均衡の不成立の結果を悔やむことになろう[4)]。

このようにホールドアップ問題という個々の企業レベルでの解決策は対処的自己防衛の域を出ておらず，当該企業はもちろん，双方（社会）にとっても望ましいことではない。この種の自己防衛は抜本的，本質的解決策にはほど遠い。この問題を真に避けるにはどうすればよいのか。ここでは２つの方策を挙げることにしよう。１つは単純に考えて，両社が別会社であることが問題の原因となっているわけで，統合すればこのホールドアップ問題における疑心暗鬼を引き起こすことは皆無とはいえないものの，その可能性あるいは程度が大きく低減することはほぼ間違いないところであろう。川上・川下間の垂直的取引関係であるならば垂直統合，同一業種・産業内での水平的取引関係であるならば水平統合になる[5)]。ただし所有権にかかわる物的資産同士が十分に補完的であるとして，何らかの統合が望ましいとしても，どのように実施すべきなのか，という点についてはなお議論が分かれるところであろう。より具体的にはどちらがどちらを吸収合併すればよいのか，それとも対等合併がよいのかという問題である。１つの基準として考えられるものは，両社のうちでどちらの関係特殊的投資が価値増大により結び付くのか，どちらの関係特殊的投資がより有用なのか，という点である。つまりどちらかが特殊的投資を手控え一般的投資を行った場合に，価値をより低めてしまうならば，むしろその企業の方へ所有権を移すべきとの結論になる[6)]。

しかしこうした１回限りのゲームにおける統合といった解決方法には，需要規模がかなり小さい場合には競争を制限してしまい，市場の失敗を招くことや，モニタリング等のエージェンシー問題の深刻化を新たに発生させるなどの問題も出てくる。そこでこの点を回避するために考えられるのが，以前に行った繰り返しゲームの議論の適用である[7)]。つまりこのホールドアップ問題を引き起こしていた１回限りのゲームをここでも繰り返してプレイする構造に変更し，その下で協調関係を導き出すおなじみの手法をここでも踏襲することにしよう。

まず囚人のジレンマのケースでは，トリガー戦略をとり合うときの割引現在価値の総計は

$$3/(1-\delta)$$

であり，ある段階で離反したときのその時点における離反者の割引現在価値の総計は

$$3.2+\delta/(1-\delta)$$

である。トリガー戦略の組合せがナッシュ均衡であるためには，

$$3/(1-\delta) \geqq 3.2+\delta/(1-\delta)$$

の不等式が成立していなければならず，したがってここから割引因子δが0.1/1.1≒0.09以上という条件がこのようにして導かれる。シカ狩りのケースでも，繰り返しゲームにおいては1回限りのプレイにおけるよりも，取引相手との信頼感が醸成されて，結果的により一層，（協調，協調）の組合せが成立しやすくなるであろうことはいうまでもない。

このようにして長期的継続的取引関係を築くことにより，猜疑心に基づくホールドアップ問題の解決が図られることになる。このことは，われわれに系列や下請制といった今や耳慣れた，そして少々手垢に塗れたアナクロニズムの観のある用語・概念を思い起こさせる。とはいえ今日においても依然として下請制の原理自体は有効である。この下においては，特に部品メーカー側にとって，長期にわたる継続的な注文を受けられることのメリットは大きいであろし，加えて親会社の組立メーカーからのさまざまな情報や技術，資金の提供といった人的金銭的支援も担保できるのである。他方で，組立メーカーの方にとっては通常は取引相手として複数いるはずの部品メーカーからのホールドアップ問題はさほど深刻であるはずもないが，それでもこの種の工夫により製品共同開発に弾みがつくことは想像に難くない。さらに取引相手を長期的に選別することができ，その結果，信頼を高め合い，結び付きをより強固にもできるのである。

しかしここでもやはり系列が新規参入の障害となり，その意味で競争を制限してしまうかもしれないという恐れがある。もしこのマイナス要因の作用が大

きいと判断されうるのであれば，このような日本型経営システムに特徴的と思われるこの種の継続的な解決法においてもやはり効率上，障害が出てくることになる。

2. チーム生産問題

労働者が n 人おり（$n \geqq 2$），チームを組んである生産活動に従事する。このチーム生産により労働者が個別に生産したときよりも 1 人当たり生産量を増やすことができ，その意味で協業の利益があるものとする。そして協業の成果はメンバー間で等しく分配されることになる。しかしその際，チーム全体の生産量が判明するだけで個々人の生産に対する貢献度までは測定できないため，他人の努力にただ乗りしようというインセンティブを新たに生み，結果的にフリーライダー問題を招いてしまうかもしれない。

もしメンバー数が十分に多く，かつ自分 1 人が怠けたということであれば，そのときチーム全体に与える影響はきわめて限定的であり，自分の取り分の減少はごく僅かである。努力を怠り楽をして，その上，ほぼ同等の分配を受けられるのであれば，その結果は自らにとって望ましいものであり，そのためフリーライドのインセンティブはかなり強いといえよう。しかし状況は他のメンバーにとっても同様であり，自分が考えることは他も同じ理由で考えているはずである。結局，全員が同僚の努力にただ乗りしようと手を抜き，結果としての過小生産，過少成果を甘んじて受け入れざるをえなくなる。

このチーム生産問題に対する Alchian and Demsetz（1972）の解決策はモニター役をつけるというものである。チーム生産時の個々の貢献度は観察が容易でないことが上記のフリーライドをもたらしていたのであるから，彼らの中からモニター役を 1 人選出し，他のメンバーの作業態度を逐一観察する仕事に特化してもらう。もちろん怠けたものは何らかのペナルティーが課され，場合によっては解雇されることになる。1 人をモニター役につけることは，皆が努力することが当たり前のファースト・ベストの観点からは無駄には違いないが，他のメンバーによる最適な努力水準を引き出し，成果を分け合うための必要悪ともいえよう。しかし話はこれで終わらない。モニター役のインセンティブは十分であろうか。彼は怠けないのであろうか。もちろんモニター役をさらにモニターする役割を，また誰かに割り振ることはできるが，生産に従事する人員をさらに減らすという無駄を積み重ねることになり，しかもそのモニター役を今度はまた誰がモニターすればよいのか，という堂々巡りを招いてしまう。そこでAlchian and Demsetzは，その最終的なモニター役を所有者とし，その所有者に剰余利潤を与えればよいとした。これにより生産従事者のフリーライダー問題を防ぎながら，モニター役の怠業をも防ぐことができるのである。

この議論は階層数がさらに増えようとも，あるいは所有と経営の分離がなされていようとも，原理的には同様に成り立ちうる[8)]。最終的には株主が経営者をモニターし，剰余を受け取る。経営者以下，それぞれの階層で順次部下をモニターすることになる。いわばこれがチーム生産という協業を土台に，そこから株式会社が誕生する必然性を示しており，そのため彼らはモニター役に剰余利潤を与えない労働者管理企業という企業形態を過小評価することになる。しかし囚人のジレンマを解決するには，繰り返しゲームを適用すればよいことを知っているわれわれには，このようなAlchian and Demsetzによる解決策とは別のやり方で，労働者管理企業の存在を正当化することもできる。これにはMacLeod（1988）による議論が有用である。以下それを簡単なモデルと数値例で説明することにしよう。しかしその前に1回限りのゲームにおけるHolmstromの議論をまず検討し，その後それを踏まえた上でMacLeodによる繰り返しゲームのフレームワークを導入する。

努力水準e_iの合計に生産労働比率θを乗じたものによって，チーム全体の成果q，つまりここでは収入，あるいは別の解釈として生産物価格を1としたときの生産量が決定される。

$$q = \theta \sum_{i=1}^{n} e_i$$

チームの成果qから固定費用Rを減じ，それを平等に分配するため人数nで除する。これにより1人当たり所得yが定義される。

$$y = \frac{q-R}{n}$$

最後にこの y から個別の努力コスト v_i を減じることにより1人当たりの利得

$$y - v_i$$

が得られる。ただし，ここでは $v_i'(\cdot)>0, v_i''(\cdot)>0$ である。労働者管理企業においては，この利得を目的関数として最大化するように，チーム個々人の努力水準が選択されるものとする。

チームをそもそも形成しない場合，あるいはチームを離れ1人で自営として生産に従事するのであれば，ともに $n=1$ であり，そのとき個人の目的関数は

$$\theta e_i - v_i(e_i) - R \tag{2.1}$$

となる。ここでは努力水準は

$$\theta = v_i'(e_i^p) \tag{2.2}$$

で決定する。チームを形成し，もしメンバーが協調するのであれば，そのときの目的関数は

$$\sum_{i=1}^{n} [\theta e_i - v_i(e_i)] - R \tag{2.3}$$

であり，努力は自営のときの (2.2) 式と同等に

$$\theta = v_i'(e_i^p) \tag{2.4}$$

の水準に決定する。しかもここでは R はメンバー間で広く分担される。しかし上述のようにチーム生産においては通常この最適努力水準 e_i^p を引き出すことはできない。なぜなら他のメンバーが努力しているのであればそのとき自ら努力しようとするインセンティブは，本来ないはずであるからである。以下これを確認する。他者の努力を当てにして裏切った場合には目的関数は

$$\frac{\theta e_i + \theta \sum_{j \neq i}^{n} \bar{e}_j - R}{n} - v_i(e_i) \tag{2.5}$$

であり，そのとき努力水準は

$$\theta/n = v_i'(e_i^*) \tag{2.6}$$

で決定する。(2.4) 式と (2.6) 式を比較すると，その右辺は共通しているが，左辺がそれぞれ異なってくる。こうして，$\theta > \theta/n$ であり，かつその右辺における関数の形状より，ここでは直ちに $e_i^p > e_i^*$，ひいては $q^p > q^*$ であることが確認できる。つまり $n=1$ でない限り，各個人の努力はその最適水準を下回ってしまい，結果的にチーム生産量も最適なものを下回ってしまう。ここでの分配ルールの下では，図 2.2 においても確認できるように，$n=1$ でない限り，e_i^p と e_i^* は一致することはないのである。このようにして努力によって得た成果はメンバーで分かち合わなければならず，手抜きによって生じた損失もメンバー間で分かち合えるのであるから，チーム生産におけるただ乗りのインセンティブは非常に強いものであることがわかる。

図 2.2

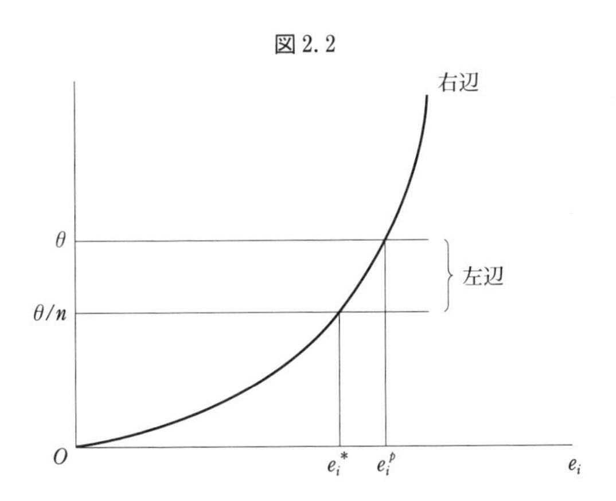

以上の理由から先にも触れたように Alchian and Demsetz では労働者管理企業の意義を否定することになった。しかし Holmstrom は，ここでの分配ルールでは予算均衡でメンバーに平等に剰余を分配し切ってしまうことになっており，その点が問題であると考えた。つまり必ずしも予算均衡を満たさなくともよいのであれば，例えば次のような不連続なインセンティブ体系が設定できることになる。任意の i に対し

$$y_i = \begin{cases} \dfrac{q^p - R}{n} & \text{if } q \geqq q^p \\ 0 & \text{otherwise} \end{cases}$$

という報酬体系からは，他のメンバーの努力水準を所与としたときの自らの努力水準の選択が観察不可能であるとのここでの想定の下にあっても，最適な努力水準 e_i^p と一致することにならざるをえないのである。もし他の努力を当てにして手を抜けば報酬ゼロを甘受しなければならない。このようにこの最適努力水準 e_i^p がナッシュ均衡として達成でき，チーム生産量も最適水準 q^p へと増大する[9]。もちろんこの種の報酬体系の履行に誰が責任を負うのか，どのようにしてそのインセンティブを付与しうるのか，という強制者にまつわる厄介な問題点を新たに指摘することもできるが，ここでは割愛する。

そこで次に，この点を回避するために，繰り返しゲームのフレームワークにおけるチーム生産下のフリーライダー発生の解決策を見てみよう[10]。ここで以下のような数値例を考える。

$$\theta = 100, \quad n = 4, \quad R = 200, \quad v_i = e_i^3/3$$[11]

このとき全員（4 人）が協調するならば $e_i^p=10$ であり，(2. 3) 式より個人の利得は

$$(100 \cdot 10 \cdot 4 - 200)/4 - 10^3/3 \fallingdotseq 617$$

となる。他方，全員が裏切りの場合ならば $e_i^*=5$ であり，そのとき個々の利得は

$$(100 \cdot 5 \cdot 4 - 200)/4 - 5^3/3 \fallingdotseq 408$$

となる。他が協調のときに自分のみが裏切るのであれば，(2. 5) 式より自分の利得は

$$[100(5 + 10 \cdot 3) - 200]/4 - 5^3/3 \fallingdotseq 783$$

であるのに対し，他が裏切りのときに自分のみが協調するのであれば，自分の利得は

$$[100(10+5\cdot 3)-200]/4-10^3/3 \fallingdotseq 242$$

である。もしこのチームを離れ自営の道を選ぶことを決断するのであれば，$e_i^*=10$ で，(2.1) 式より，その利得が

$$100\cdot 10-200-10^3/3 \fallingdotseq 467$$

となる。

以上の結果を基に，A を自分，B を他者として利得行列を作成すると[12)]，それ（表 2.2）は前章で示したものと数値こそ異なれ，正しく囚人のジレンマ・ケースに相当するものであることがわかる。ただし，退出の可否により（裏切り，裏切り）における利得の組合せの数値が異なってくることには注意されたい。しかしいずれにしてもゲームの特徴としては，他のメンバーが裏切っているときに自分1人が努力することはナンセンスであるし，また他が努力しているのであればやはりそのときも自らが努力しようとするインセンティブは持たない，という点で共通している。したがってやはり1回限りのゲームでは通常，協調関係を引き出すことはできないのである。

そこでメンバー間で相互にモニタリングをし合う無限回繰り返しゲームにおいてトリガー戦略による協調関係が成立するかどうかを検討しよう。まずメンバー同士がトリガー戦略をとり合うときの割引現在価値の総計は

$$617/(1-\delta)$$

であり，ある段階で協調から離反したときのその時点における離反者の割引現在価値の総計は他の協調下における裏切りの利得と全員裏切り時の利得の数値

表 2.2

		B	
		協調	裏切り
A	協調	617, 617	242, 783
	裏切り	783, 242	X, X

X＝467 →チームから退出できるケース
X＝408 →チームから退出できないケース

を考慮して

$$783+408\delta/(1-\delta)$$

となる。しかし離反者はもし退出が可能ならば非協調時の低利得を甘んじて受けるよりは退出して自営の道を選ぶと思われる。したがって，その場合の割引現在価値の総計は

$$783+467\delta/(1-\delta)$$

と変更される。前者に関して，トリガー戦略の組合せがナッシュ均衡であるならば，その定義より

$$\delta \geqq 0.44 \equiv \underline{\delta}$$

の条件が満たされなければならないことがわかる。同様に，後者に関しては，その条件として

$$\delta \geqq 0.53 \equiv \bar{\delta}$$

が導かれる。ここでの枠組みではもし割引因子の水準が$\delta \geqq \bar{\delta}$ならば，チームからの退出が許されているかどうかにかかわらず協調が維持される。他方，$\underline{\delta} > \delta$ならば，退出コストの高低にかかわらず，今度は協調関係が維持できないことになる。しかしいずれも退出の可否が重要ではないことに変わりはない。他方，水準が$\bar{\delta} > \delta \geqq \underline{\delta}$になっていれば，この際，退出が認められていないときに限って協調が維持されうることになる。ここでの繰り返しゲームの枠組み下では，表 2.2 に代えて表 2.3 が作成されることとなり，そしてそこにおいては間違いなく，協調解が導出されうることが確認できよう[13)]。

究極のモニター役としての所有者に剰余利潤を付与することによるチーム生産の問題解決が，このように必ずしも唯一絶対の方式ではなく，労働者管理企業によって解決を図ることも，条件次第では十分に可能となってくる。つまり，株式会社方式を目指さずとも，将来の利得を十分に高く評価することのできるチームにおいては，メンバー数がそう多くはなく，かつ退出コストが適切に設定されている等のいくつかの条件が満たされてさえいれば，チーム生産の本来

表 2.3

A \ B	常に協調	常に裏切り	トリガー戦略
常に協調	617, 617	242, 783	617, 617
常に裏切り	783, 242	X, X	$783+(X-783)\delta$, $242+(X-242)\delta$
トリガー戦略	617, 617	$242+(X-242)\delta$, $783+(X-783)\delta$	617, 617

X＝467→チームから退出できるケース
X＝408→チームから退出できないケース

の精神に則った形での労働者管理企業方式も十分に現実味を持っているのである。以上が，ゲーム理論を適用しながら，ここで確かめられたことである。したがって，少人数に制限された同質的かつ将来を志向する若いチームは，労働者管理企業的な組織形態としても十分に成立かつ存続可能となるであろう。

ま　と　め

初歩的な戦略形ゲーム理論の一応用として，ホールドアップとチーム生産問題を，関数の特定化を施し数値例を示しながら，それぞれ特徴的に取り扱った。ホールドアップ問題においては統合が，チーム生産問題においては不連続なインセンティブ体系が，それぞれ1回限りのゲームでの協調関係成立に寄与しうるが，他方で両者ともに，プレイヤー間の利害関係の長期的継続的解決が図られ，その結果，繰り返しゲームのフレームワークにおいても，やはり協調関係が成立しうることが明らかとなった。

注

1)　本章と同様な枠組みでホールドアップ問題を扱ったものに，中山・武藤・船木（2000）第2章がある。またむしろこの問題を展開形ゲームによって取り扱ったものとしては水野・新海・石黒（2002）第7章が挙げられる。

2)　ホールドアップ（hold-up）というよりも「梯子を外される」という日本語

の表現の方がこの状況により当てはまっているように思える。

3) もしA・B間でXの数値が異なる非対称なケースを認めると複数均衡でなくなってしまうかもしれない。例えば3.2に対応するプレイヤー側に支配戦略（一般的投資）が存在し，その結果，他方の本来，支配戦略を欠く2.8に対応するプレイヤーの方も一般的投資を選ぶことになる。

4) このホールドアップ問題との関連で，小林・加藤（2001）におけるディスオーガニゼーションの議論に触れておこう。そこでは意思疎通のある補完的な関係としての企業間におけるシカ狩りの状況が，個々の主たる債権者である銀行の不良債権処理先送りのため，意思疎通を欠きかつ競合的なそれら銀行間のシカ狩り的状況に変質する。その結果，そこでの本来的に低位均衡成立の可能性を強く持つシカ狩りの特徴を，より一層強めてしまうことになる。

5) ここでは得意分野や弱点が重複せず，その意味での補完的関係を構築するものであるが，往々にして競争制限的な意図からなされることが多い。

6) この基準に関するより詳細な議論としては，Hart（1995）第2章および第4章，Salanie（2005）第7章等を，邦文のものでは柳川（2000）第2章，石井（2000）第11章，伊藤（2003）第9章，中泉（2004）第2章等が参考になる。

7) しかし統合自体が，ここでの長期的継続的取引関係であるという逆の解釈も成り立ちうる。

8) それでも株主・経営者間，および経営者以下，各階層における上司・部下間の利害関係をどのように一致させ，整合的なもにのにするか，というプリンシパル・エージェント（エージェンシー）問題が，依然として残っている。特に所有と経営の分離下での株主・経営者間の利害の調整，株主利益の徹底や実現がどのように図られるべきか，といったJensen and Meckling（1976）以来の議論が，ここで本来なら問われるべきである。これらは今日におけるコーポレート・ガバナンスのあり方に関する議論にまで連なっている。以上については，Milgrom and Roberts（1992），小佐野（2001）等を参照されたい。

9) ここでは誰かが努力を怠った場合，メンバー全員の取り分が必ずしもゼロである必要はない。パレート最適な水準を下回ったときの報酬が十分に低ければ，同様の効果がもたらされることになる。また他の解決策として，次のようなものも可能である。例えばここでの R に加え，$K=(n-1)q^p/n$ 分の固定費用をメンバー毎に新たに課し，そこでの1人当たり所得を $y_i=q^p-K-R/n$ としよう。このような工夫を施すと，容易に確かめられるように，先の不連続なインセンティブ体系とほぼ同等の結果を得ることができる。

10) ここではDong and Dow（1993）のモデルを参考にした。またここでは触れていないが，チーム生産下での比較静学については，Silberberg and Suen

（2000）第15章が参考になる。

11)　より簡単に2次関数を仮定することもできるが，その場合，e_i^* と e_i^p の差が開き過ぎてしまうため，ここではあえて3次関数を想定した。

12)　この表2.2では，4人ゲームをあえて便宜上，2人ゲームとして取り扱っている。しかしながらここでは，Aを1人，Bをその他3人の代表といった単純な解釈はできない。例えばAが裏切ってBが協調する際，そこでの数値783はAのみが裏切り，Bを含め他の2人が協調しているとの想定で得られているのに対し，片やペアとなっている数値242の方はBのみが協調し，Aを含め他の2人も裏切っているとの想定で得られている。もしBをその他3人の代表と位置付けるならば，Aのみが裏切り，他の3人が協調であるため，そのとき代表としてのBの利得は，むしろ492でなければならなくなる。そういう意味では，ここではA，B以外の他の2人については非対称的な扱いとなっている。その点には注意されたい。

13)　チーム生産の概説，及び関連する日本企業・経済の諸議論については，松本（2000）を参照されたい。

第3章　展開形ゲーム（基礎）

「可愛い子には旅をさせよ」という，よく知られた諺がある。それは子供にあえて親元を離れさせ，親に甘える機会を断たせておき，その上で苦労・経験を積ませることへの教育的効果を狙ったものとして，通常は理解されているようである。しかし果たして本当にそうであろうか。それだけであろうか。本章では，展開形ゲームを理解する上で，親子間における状況を取り上げる。そしてプレイヤー間でのタイミングの差異が明示化されたフレームワーク上で，この諺の解釈と意味付けを考察する。以下で明らかとなるように，この親子間のゲームでは時間不整合性と呼ばれる現象が典型的な形で生じている。つまり親にとっての事前の長期最適計画と事後の短期最適行動との間で齟齬を来しているのである。その長短での問題解決策の食い違いを一致させるためには，戦略的コミットメントとして，子供の行動決定前に，その子供を旅にどうしても出しておかなければならないことになる。この点をまず明らかにし，次いでそれと同様の原理が働いているケースとして，背水の陣，小さな政府を順次論じ，それらのインプリケーションを確認していく。

1. 戦略形ゲームと展開形ゲーム

これまでの第1章，第2章での議論で見てきたように，プレイヤーとしては誰がいるのか，プレイヤーが持つ戦略には何があるのか，対応する利得はいくらなのか，以上3つの要素から構成される利得行列を用いて，プレイヤー間で戦略が同時決定される状況を端的に表現・分析しようとするものが，戦略形ゲームの基本的特徴であった。ただしそこでは必ずしも決定が物理的に同時である必要はない。仮にタイミングにずれがあっても，互いに相手プレイヤーがどのような決定を行ったかを知らずに自らも意思決定を行わねばならない場合には，利得の組合せに有利不利があったとしても，相手の出方については情報が同程度に不足しており，そのため少なくともプレイヤー間での情報量には差がない。その意味でプレイヤーに関して対称的な取り扱いといえる。

これら3つの要素に加え，戦略形ゲームでは曖昧化されていた行動決定の順序やその際に利用可能な情報の役割についても，明示的に描写するため工夫されたツールがゲームの木であり，それによってゲーム状況を表現・分析しようとする枠組みが，以下，本章で明らかとなる展開形ゲームの特徴となる。つまり行動決定の進行順序が導入されれば，先行プレイヤーがどのような行動決定を行ったかが情報として後続プレイヤーに何らかの形で伝達され，その行動決定に利用されうることになる。したがって順序の差が，行動決定に臨む際の情報量の多寡あるいは信憑性に影響を及ぼすかもしれない。この意味で展開形ゲームではプレイヤー間に非対称な取り扱いがなされていることになる。それゆえに構造上，相手プレイヤーの行動決定に何らかの影響を及ぼそうとするインセンティブがプレイヤー間に働き，そのためコミットメントの力を発揮しうる余地がそこに生じてくるのである。

このようにゲームは戦略形と展開形のいずれかによって表現されうるが，そのゲーム状況の特徴からその都度使い分けがなされる。以上より十分推測されるように，ゲームのルール（構造）に関して情報量に差を持つ両者間には次のような対応関係が指摘できる。つまりゲームのルール（構造）がより複雑な展開形からは1つの戦略形ゲームに書き換えがなされ，反対にゲームがより単純な戦略形からは複数の展開形ゲームへの書き換えが可能となる。ただし本章では，展開形ゲームを扱う際に，この対応関係には過度には踏み込まないことにする。

2. 展開形ゲームの特徴

ゲーム状況を展開形ゲームとして描写するためには，ここではツールとしてゲームの木を用いる。このゲームの木とは，プレイヤーごとに割り振られる決定節，その節から伸びる枝，そしてその終点に添えられる利得ベクトルから構成される。その枝はプレイヤーが行動決定の場においてなしうる選択肢を示しており，決定節上でこの枝を選ぶことを手番と呼ぶ。各プレイヤーによる手番の結果としてゲームの開始から終点までの経路（歴史）が確定し，最後に終点右横に書き込まれた数字をプレイヤーが利得として受け取ることになる。展開形ゲームではプレイヤーの戦略は，その該当する決定節すべてにおける行動を順番に指定した計画リストとなる。

以下，具体例をいくつか提示しながら，展開形ゲームの特徴とその解法を押さえておこう。そこでのキー概念は，部分ゲーム，バックワード・インダクション，部分ゲーム完全均衡，均衡経路外での意思決定，および先行プレイヤーの優位性である。これらの含意を把握するため，具体例の解説の中で順次触れていく。

図3.1のようなゲームを考える。プレイヤーA，Bの2人がゲームに参加しており，それぞれ対応する決定節が1つずつある[1]。その節にはそれぞれ2つの枝が伸びている。まずAが先行して行動決定を行う。もしそこでa_1を手番として選べば，次いでBが行動決定を行う。他方，Aがa_2の方を選べばゲームがそこで終了しBの出番は来ない。このゲームにおける部分ゲームを見てみよう。部分ゲームとは元の全体ゲーム自体を含めその内部の決定節以下の枝と終点までを指す[2]。したがってこのゲームにはゲームが開始されるAの決定節以下の全体ゲームとその後続節であるBに関する決定節以下の nontrivial な部分ゲームの2つの存在が確かめられよう。本章で取り扱われるシンプルなゲームでは，各決定節におけるプレイヤー単独の意思決定問題に還元しうるので，差し当たりプレイヤーの行動決定が各部分ゲームにおいて最適なもの

図3.1

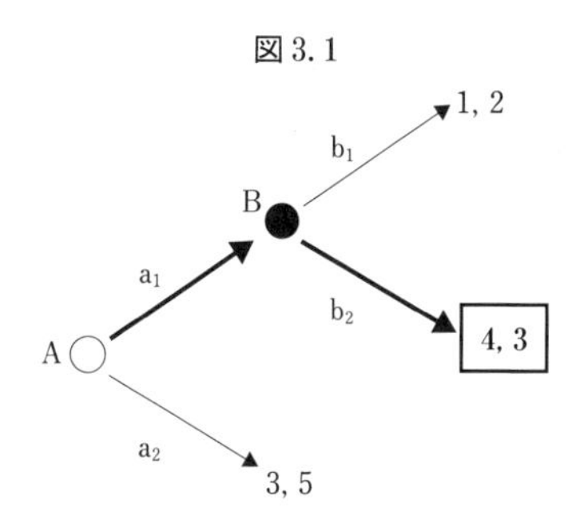

となっていることをチェックすればよい。終点に一番近い決定節におけるプレイヤーの最適行動を求め，次いでその決定を踏まえその先行節における最適行動を求める。このケースではBの手番を確定させ，その後Aの手番を確定させる。この手法をバックワード・インダクションと呼ぶ。こうして導いた解を部分ゲーム完全均衡といい[3]，ここでは図3.1の太字矢印の組合せ(a_1, b_2)によって経路が確定し，均衡プレイが実現している。そしてA，Bは均衡利得(4, 3)を得る。

このゲーム状況を戦略形ゲームとして表現すると表3.1のようになる。ここではこの(a_1, b_2)とは別に(a_2, b_1)もナッシュ均衡として同時に成立しうることが見てとれる。BはAに是非a2を選択してもらいたいはずである。そこでAがa_2を選んでくれるように，Bはb_1という選択肢をAに対する威嚇として用いることが考えられる。これが後者のナッシュ均衡正当化の根拠となる。しかし図3.1で容易に確認できるように，Bの決定節以下の部分ゲームにおいて，Bはb_1を選ぶためのインセンティブをそもそも欠いており，事前にはともかくAが一旦a_1を選択してしまった後には，むしろb_2こそを，やむなくではあるが選ぶことになる。そのことを十分見透かした上でAはa_1を選んでいる。このように前者の方がやはり自然な解釈となっている。他方，後者の均衡はb_1という信頼性に乏しい行動によって裏打ちされたa_1の決定から不自然に引き出されている。Bによるb_1という脅し（あるいは約束）を，もしAが単純に信じるのであれば，そのときBにとって幸いにもその脅しの実行には至らないが，もしそうでない場合，つまりAが脅しを信じずa_1の方を選んだ場合には，Bは苦しい決断を迫られる。この均衡上では実行したくはない脅しの実行を，このとき決断せねばならなくなる。結局，事後的なインセンティブを欠くこの種の脅しは，前言を翻して（約束を反故にして），撤回されるに決まっている。それを十分に予想できるAがそのような脅しを真に受けてa_1を選

表3.1

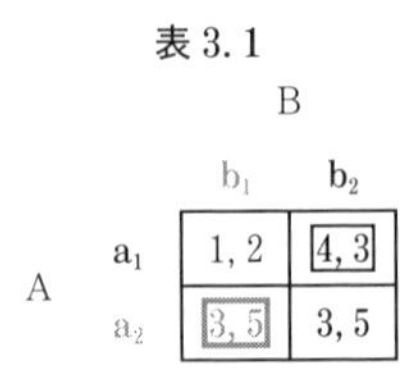

A \ B	b_1	b_2
a_1	1, 2	4, 3
a_2	3, 5	3, 5

択することは，やはり説得力なしといわざるをえない。

このような不合理なものを排除するためにも，部分ゲーム完全均衡の導出手順は有効である。またこの部分ゲーム完全均衡にまつわる，先行プレイヤーの決定前後における後続プレイヤーの行動決定へのインセンティブの変化から生じる現象を，時間不整合性（サマリア人のジレンマ）の問題と呼ぶ。この問題が本章および次章における重要な論点となる。なお表3.1より確認できるようにそもそもBにとってb_1はb_2に対して弱支配される戦略であり，そのためこのゲームで得られるものは反復支配戦略均衡(a_1, b_2)である。この組合せは正に先の部分ゲーム完全均衡そのものである。通常，部分ゲーム完全均衡でないナッシュ均衡は，本章でのように戦略の支配の概念を用いてうまく排除され，結果的に部分ゲーム完全均衡と反復支配戦略均衡は一致することが多いが，変則的なゲームにおいては必ずしもそうならない[4)]。

次に図3.2を見ていただきたい。利得を除き，このゲームの基本構造は図3.1のものと同一である。2人のプレイヤー，2つの決定節，対応する2つの枝から構成されている。そしてやはり2つの部分ゲームが存在する。ここでもバックワード・インダクションを適用すると，結果は図で確認できるように，Aによるa_2の選択で直ちにゲームが終了する，というものである。さてここでまず強調しておくべきは，Bの行動決定に関してである。ここでの結果は一見，Bの決定によらず，Aによるa_2決定のみに依拠し定まっているように思える。実際，Bにはこのゲームにおいて確かに出る幕はない。しかしBによるb_2という決定がこの結果にとっていかに重要な役割を果たしているかに気づくべきである。なぜならもし逆にb_1が選ばれているのであれば，Aはa_2に

図3.2

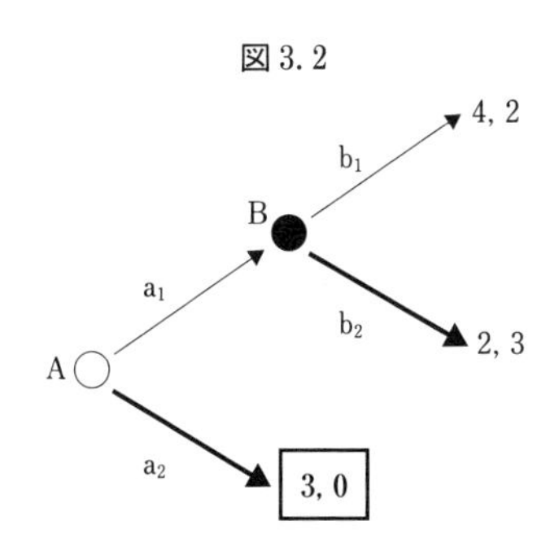

代えて a_1 をそこでは選ぶはずだからである。このように均衡プレイにのみ注目するのではなく均衡経路外での意思決定もそれと同程度に重要であるため，それに対しても目配せを怠ってはならない。したがって部分ゲーム完全均衡も単に a_2 と記述するだけでなく (a_2, b_2) とせねばならず，B による決定を省略することはできない。上述のように展開形ゲームでは，戦略は決定節すべてにおけるプレイヤーによる行動を順番に指定した計画リストであり，その組合せとして均衡が定義されるのであるから，行動決定が潜在的なもの，実現しないものであっても，欠かすことは決してできないのである。

このようにして均衡 (a_2, b_2) の組合せから導かれる結果として，均衡利得 (3, 0) が得られている。さてこの利得ベクトルでは B が極めて不利な立場にあり，しかも B ばかりではなく，A にとっても他により有利なベクトル (4, 2) が存在しているにもかかわらず，そのパレート最適解を得ることはできないのである。さてこのパレート非効率な状況からの改善はいかにして可能となりうるか。例えば B が A に a_1 を選んでもらう代わりに，サイド・ペイメントを支払うという提案はどうであろうか。仮に A が a_1 を選択すると同時に，1. 5 を見返りとして A に支払うものとする。その結果，ゲームの木は次のように書き換えられる。すなわちそこでは部分ゲーム完全均衡は (a_1, b_2) となり，利得ベクトル (3. 5, 1. 5) が求まる。十分に A にとって受け入れ可能であり，現実的な提案である。双方にとってメリットがあり，利得の数値がともに改善されていることが，図 3. 3 において確認できよう [5)]。

以上すべてのケースにより見受けられる基本的特徴は，A にとって有利な均衡が実現することである。これを先行プレイヤーの優位性という。A の戦

図 3. 3

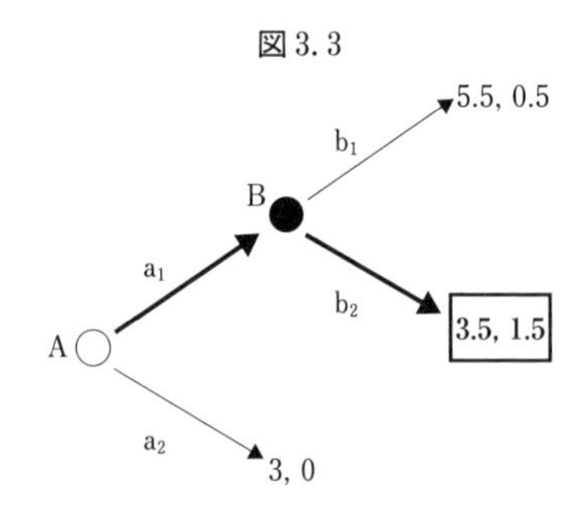

略に対するBの最適反応はこうである。BはAの選択をプリコミットメントとして受け取り，ただ事後的に対応している。Aはその行動決定ごとに，それ以降続くBの反応パターンをすべて読み込んで，その最適行動を選択する。このように先行プレイヤーにとっては，後続プレイヤーの最適反応を自らの戦略の関数として操作の対象とし，直接間接に利得の数値引き上げのために影響を及ぼしうることを考慮に入れながらの戦略決定が可能である。以上が先行プレイヤーの優位性が観察されうることの原因となっている。

3. ゲーム状況としての親子ゲーム

前節の議論を踏まえて，まず第一番目の具体例として，親子関係の一側面をゲーム状況のバリエーションと見立て考察を加える。今，図3.4のようなゲームが与えられているとしよう。子供が怠惰な生活を送るか，堅実に生きるか，をまず選択し，もし後者であればゲームはそれで終了し，子供と親，双方がともに利得1を得る。つまり子供が真っ当に生きていくのであれば，親はその子供に対して何ら行動を起こす必要がなく，ただ見守っていればよい。他方，もし不幸にして安逸を貪ってしまえば，そのとき親は何らかの対応を迫られる。選択肢は救済か勘当である。もし救済であれば親は子供の尻拭いを強いられ，かつ今後も金銭的に援助を続けざるをえず，そのため心労も少なからず伴うであろう。よってそのとき親の利得は－2となる。このとき子供は怠惰な道を選んで道楽の果てに親に救済してもらうのであるから，そこでは堅実を上回る2の利得を得る。他方，もし勘当され親子の縁を切られるのであれば，子供は怠

図3.4

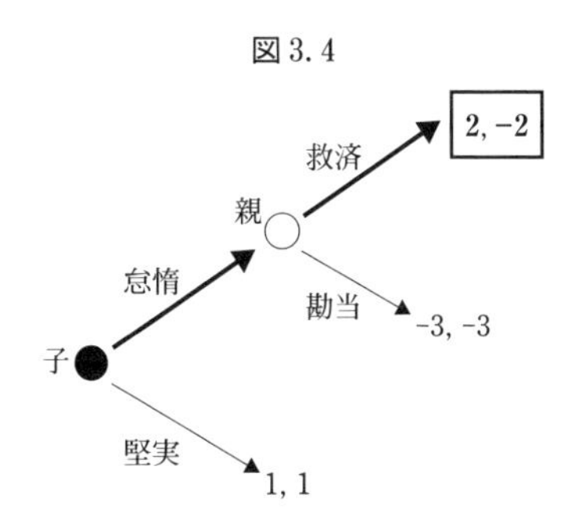

惰な暮らしの報い受けて路頭に迷うことになるかもしれない。しかし親にとってもわが子をそのような境遇に置くことは救済以上に辛く，そのため利得はともに−3である。

この状況を表3.2の利得行列において確認してみよう。そこからはすぐに気づくとおり，ナッシュ均衡として，（怠惰，救済），（堅実，勘当）の2つが得られる。しかし親にとって勘当が弱支配される戦略であることから，後者が除去されうる。また図3.4のゲームの木において明らかなように，子供による堅実の選択が親にとっての合理性を見出しかねる決定に依拠していることから，後者がやはり維持されえず排除されてしまう。したがって戦略形，展開形，いずれのゲームと解釈しても，先の複数均衡のうちで，前者の組合せの方が生き残り，反復支配戦略均衡，部分ゲーム完全均衡として，それぞれ導出されることになる。ここでも先行プレイヤーとしての子供の優位性は隠しようもない。そしてここでも時間不整合性の問題が確認できる。親にとって事前の勘当という計画は，一度，子供による怠惰が確定的となった後では，もはや実行のインセンティブは弱まり，むしろ事後的には救済のインセンティブの方が勝ってしまう。換言すると，親にとって自前の最適計画は，子供に堅実で真っ当な生き方を選ばせるため，甘えを許さず怠惰な生活には厳しく対処するという姿勢を見せることである。しかし子供が自堕落な生活を選んでしまえば，それに対する事後的なそして現実的な対応は，子供に寛容な救いの手を差し伸べること以外にはない。したがって子供はこのように妥協という対応策をとらざるをえない親の弱みを半ば見透かして，怠惰な生活を送ってみる。果たして親は救済することになる。これがここで成立する部分ゲーム完全均衡（怠惰，救済）に対する正当化の理由として想到されるものである。

このような温情が仇となる結末を親として承服しかねるというのであれば，そのことを踏まえてなすべきことは，ゲームの構造を変更するような工夫を新

表3.2

		親	
		救済	勘当
子	**怠惰**	2, −2	−3, −3
	堅実	1, 1	1, 1

たに施すことである。そのためには，直接的に子供にとって堅実を選択させることへの利得を引き上げるか，あるいは親自身に子供の怠惰に対する救済という反応を，むしろ勘当に変えるよう利得の大小関係を逆転させ，その結果として間接的に子供に堅実を選択させること，が考えられる[6)]。前者による解決策は図3.3ですでに見たところであるが，今のケースでは子供に堅実を選ばせる対価として，親から子へ0.5を上回る利得を移転させればよいことになる。しかし先の例による抽象的なA・B間での関係ならいざ知らず，この親子間でのサイド・ペイメントを用いての解決策は，あまり褒められたものではない。しかも親にとってはただでさえマイナスの利得をここでは一層引き下げてしまい，あまり割に合うやり方とはいえない。そこで以下，親による子供救済のインセンティブを解消することによって，子供の行動決定に間接的に影響力を行使する方法を検討する。

もし複数均衡をもたらすような，例えばチキン・ゲームといったゲーム状況を議論の出発点にしているのであれば，そこではどちらが先手をとるかで自分の有利な均衡実現になるかどうか直接かかわってくるため，親が先手をとるという形での解決策も俎上に載せうるかもしれないが，ここではゲームの構造上，単純に先手後手の順序を変えることはできないため，もう少し工夫が必要である。例えばその工夫例の1つが，子供の選択肢の前の段階で，子供を旅に出すか出さないかの選択権を親に与える，というものである。ここで旅とは，子供が親元を離れ，自活することを意味する。そのときゲームの木は図3.5のようになる。旅に出せば，その後続の決定節において子供は自分の生活態度を選択するが，親元を離れているため，その後は親の出番はなく，そこでゲームの終

図3.5

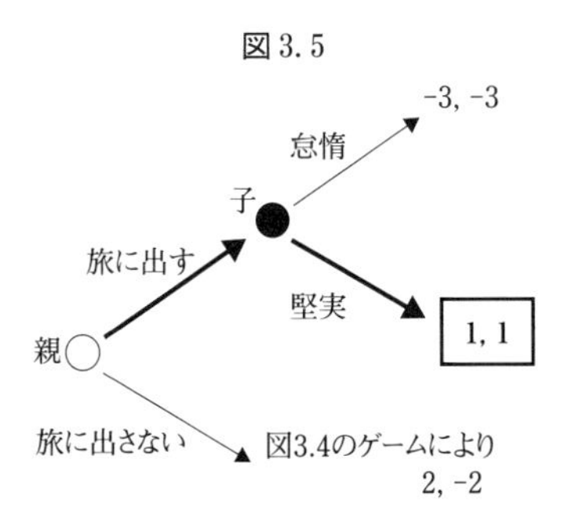

点を迎える。他方，旅に出さなければ図のゲームがそのまま以下実行される。この場合，親は子供を旅に出さず，ここでは全体ゲームに中での部分ゲームとして図 3.4 の結果からすでに示されている通りに−2 の利得を受け取ることよりも，むしろ旅に出して子供に堅実な道を歩ませ，その結果，1 の利得を得ることの方を望むに違いない。

「可愛い子には旅をさせよ」は，通常，子供に苦労や経験を積極的に積ませることの効用を説いたものであり，そのため親との同居では親に甘え頼ってしまうデメリットの方に解釈の力点が置かれている。そのためそこではどちらかというと問題の主因を子供側のインセンティブ（依存心）の側に求め，親の側のインセンティブ（過保護）が子供の自助の妨げとなっている核心部分をその含意から把握し損ねてしまう傾向にある。それに対し，ここでのゲーム論的なインプリケーションは次のようである。つまり子供が親に甘えたり頼ってきたりしたとしても，本来，親がぴしゃりと撥ねつけ，応じなければよいはずである。しかしそのようには振る舞えずに受け入れてしまう親の対応にこそ，この諺に関する事柄の本質がある。インセンティブ上，親は子供の発する SOS には NO とはいえない。そこで事前に旅に出す決定を行うことで子供からの情報を断ち，そのインセンティブ上の弱みを消している。旅に出すことが救済しないことへのコミットメントとなり，その結果として子供からの自助努力を引き出すのである。

子の親離れの前にはまず親の子離れが必要である。それがあって初めて子供が自立できるのである。もちろん子供が可愛くなければ，親の子供救済へのインセンティブはもともと弱いであろう。したがって子供は親元でも真っ当に育ってくれるかもしれない[7]。しかし目に入れても痛くないほどに可愛ければ，救済へのインセンティブは殊の外，強いものとなる。よって子供が可愛ければ可愛いほど，あえて旅に出さねばならないのである。

4. 背水の陣

以下，前節での親子ゲームの形式を同様になぞりながらも，他のゲーム状況下で時間不整合性問題の発生とその解決策を見てみよう。まず次の利得行列の

表3.3を見ていただきたい。今，プレイヤーとしてA国，B国の軍隊が相対峙している。それぞれ選択肢として戦闘，退却と2つを持ち，結果，4つの組合せが可能となる。相対する状況からともに逃げれば痛み分けで0の利得となり，自らが打って出て，相手が退けば，自国側に5，相手国側に−1の利得が得られる。最後にともに戦う場合には双方に甚大な被害−5をもたらすものとする。また容易に確認できるように，戦闘では最良と最悪の結果が同居しており，退却ではその中間の利得が得られることとなっている。このように戦略形ゲームとして記述された表3.3のゲーム状況は典型的なチキン・ゲームの様相を呈している。ここでは（戦闘，退却），（退却，戦闘）の複数均衡が成立し，もし相手が逃げると予想すれば戦い，戦うと予想すれば逃げることが，最適反応戦略の組合せとして得られ，ともにナッシュ均衡になっている。しかしながら，自国側による戦闘の方の均衡が望ましいという選好が見受けられることはいうまでもない。そして戦闘では最良と最悪の結果が同居しており，退却ではその中間の利得が保証されることになっている。

表3.3

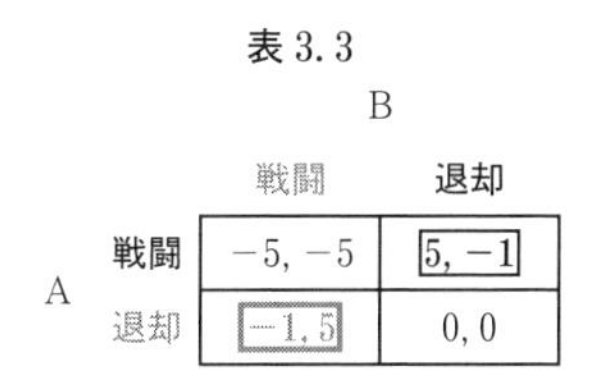

		B 戦闘	B 退却
A	戦闘	−5, −5	5, −1
A	退却	−1, 5	0, 0

さて，その均衡のうちのどちらが実現するのかを見るために，このゲームに決定のタイミングの差異を導入し，その進行順序を明示しよう。つまり表3.3を展開形ゲームとして解釈し直し，ゲームの木に書き換えることにする。先行プレイヤーの優位性の概念から，そこでの結果は容易に推察されるように，Aが先手をとればAに有利な均衡が実現し，Bが先手をとればやはりBに有利な均衡が実現する。図3.6では前者のAにとって有利な結果が部分ゲーム完全均衡｛戦闘，（退却，戦闘）｝として実現している。図3.7では後者のBにとって有利な結果が部分ゲーム完全均衡｛（退却，戦闘），戦闘｝として実現している。ここでは先行プレイヤーにはこれまでと同様，2つの枝を持つ決定節が1つ存在しているのに対して，後続プレイヤーには先行プレイヤーの選択する2つの枝に対応して，それぞれ2つの枝を有する決定節が2つ存在してい

る[8]。カッコ内における対の左のものは，先行プレイヤーによる戦闘を，右は退却を，それぞれ後続プレイヤーが情報として識別し受け取って選択すべき決定を表す。したがって部分ゲームは計3つあることに注意されたい。以上を踏まえればAのなすべきことは，Bよりも少しでも早く仕掛けて，むしろ図3.6の状況を実現することである。

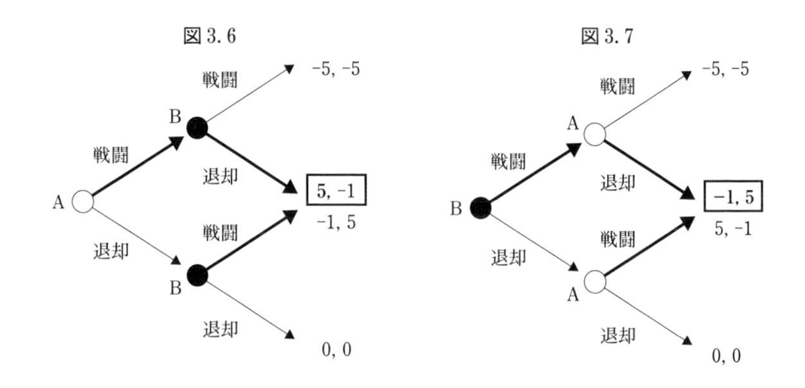

次にここで，以下のようなゲーム状況を考えてみよう。図3.8ではAはBに先んじて行動することに失敗しており，その上，Bの選択にかかわらず，退却する，図3.7に比べてAの利得が5ずつ減少している。つまりここではAが背水の陣を敷いているために，Bの出方にかかわらずAが退却することは，その兵の多くが溺死することを意味している。一見，もともと弱いAの立場がますます不利になっているように見える。しかしそれは間違いである。結果はそれによってかえって，Bが退却する場合はもちろんのこと，戦いを挑んでくる場合においても，Aは戦闘を選ぶこととなり，有利になっている。つまりBの決定にかかわりなくAは戦うしかなく，このようなAの戦闘へのインセンティブの強さを前提とする限り，もはやBはやむなく退くことになる。このケースでは，退路を断つという後続プレイヤーによる背水の陣の威力から，先行プレイヤーの優位性に反する帰結となっている。

以上，Aによる背水の陣の威力がBに対して効果的に働き，図3.7と比して図3.8上で劇的に均衡が変化することを看取できよう。しかし少々奇妙なことは，Bの決定前にすでに背水の陣が敷かれ，そのためAの利得が変化して

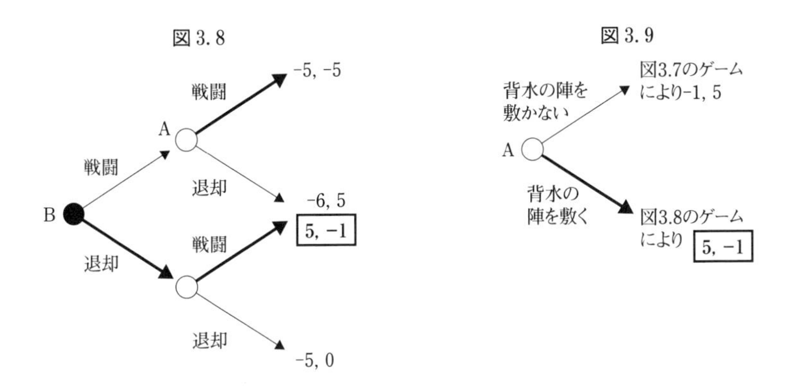

いることである。つまりここでの想定では暗黙裏に後続プレイヤーであるはずのAがBに先んじて行動することを認めてしまっている。そこで，より正確には，Bの決定前にAが背水の陣を敷くかどうかをまず決定し，その後B，そして最後に再びAが決定を下すような形にゲームの記述を変更すべきである。正確を期す意味でこの点を考慮し，図3.8を図3.9のように書き換えることにしよう。Aが背水の陣を敷かなければ図3.7のゲームがプレイされ，他方，Aが背水の陣を敷けば図3.8のゲームがプレイされる。この全体ゲーム上での均衡経路は，Aが背水の陣を敷き，Bが退却し，Aが戦闘する，となる。そして均衡利得は(5, −1)である。ここではAがBの行動決定の如何にかかわらず，戦わざるをえない状況を，まず自ら先んじて作り出し，そのためBが怯んで撤退し，その後果たしてAが戦闘を選択することになる。図3.8では曖昧に処理されていた背水の陣を構える時期が，図3.9の縮約ゲームでは時間軸上の前後関係で明確化されている。したがってAによる先行プレイヤーの優位性は明らかである。そしてAによって自らを縛って選択肢を狭める決定がコミットメントになり，Bに撤退を余儀なくさせているのである。

5. ルールと裁量

またここで別の状況を見る。今マクロ経済政策の運営が，景気動向や企業業績の善し悪しに応じて臨機応変に実行される裁量政策と，中長期の観点から設定された，ある一定のルールに基づくものとの２つに分類されるものとしよう。まずここではプレイヤーとして，政府，企業を登場させ，表3.4のように，その両者間でのゲーム状況を戦略形ゲームのフレームワークで表現することから始める。政府はルールと裁量，企業には経営努力を行うことと行わないこと，をそれぞれ選択肢として有している。

表3.4

		企業	
		努力しない	**努力する**
政府	**ルール**	−1, −1	5, 1
	裁量	1, 5	3, 3

政府は企業と消費者の総余剰（経済厚生）を利得として持ち，それを自らの最大化の対象とする。さてそのとき，裁量政策による運営には認知・実行・効果発生等にラグが伴うことから，経営努力がなされている際には，政府にとってルールに基づく政策運営が望ましい。しかし企業が努力を怠っているときは，裁量政策にはそれらのマイナス面を一部補う程度の，失業や倒産を抑制する効果が見込めるものとする。もしその際，杓子定規にルールに基づく運営がなされれば，政府にとって（企業にとっても）最悪の結果をもたらす。つまり政府にとってルール選択の際には企業の行動決定次第で最良か最悪かの両極端の結果を招く。裁量選択の際には最良の結果を断念することになるが，それでも最悪の結果は免れることになる。いずれの際にも政府にとっては企業からの努力を引き出すことができればそれが望ましいことはいうまでもない。政府にとって４つの組合せの中で最も利得が大きいものは，ルールに基づく政策運営下での企業からの経営努力を引き出すこと，次いで裁量政策の下で企業から経営努力を引き出すこと，３番目は裁量政策によって経営努力を惜しんだ企業を救済すること，そして最悪は努力なしの状態でルールに基づく政策運営下で努力を怠った企業を処することである。

他方，企業にとっても経営努力をしなければ，政府の政策運営方針次第でその最良か最悪かの両極端の結果を招く。努力をすればやはり最良の結果を断念することにはなるが，最悪の事態は避けることができる。企業にとってはいずれの際にも，つまり自らが努力するしないにかかわらず，裁量政策の恩恵に浴することができれば，それに越したことはない。企業にとって以上4つの組合せの中で最も利得が大きいものは，裁量政策によって経営努力なしで救済されることであり，次いで裁量政策の下での経営努力，3番目はルールに基づく政策運営下での経営努力，そして最悪は先に触れたように，努力なしの状態でルールに基づく政策運営によって厳しく処されることである。

以上，表3.4における政府・企業間での戦略の組合せとその対応する利得の関係を前提とすると，このゲームでは，容易に確認できるように，（ルール，努力する）と（裁量，努力しない）の複数ナッシュ均衡が得られ，そのため必ずしも対称ゲームではないが，チキン・ゲームの一バリエーションとして解釈することができる。前者の均衡利得は (2, 1) であり，政府の所望する結果となっており，後者の利得は (0, 3) であり，企業の所望する結果となっている。

この戦略形ゲームを前節と同様の手順で，意思決定の進行順序を明示して展開形ゲームに変換することにより，政府を先行プレイヤーとした図3.10と企業を先行プレイヤーにした図3.11の両ケースがそれぞれ作成されうる。そして前者においては，部分ゲーム完全均衡として {ルール，(努力しない，努力する)} が導かれ，政府にとって望ましい結果が実現する。後者においては {(ルール，裁量)，努力しない} が導かれ，企業にとって望ましい結果が実現することになる。ここでも前節と同様に，先行プレイヤーによる決定を識別して後続プレイヤーが決定を下す。また前者のカッコ内における対の左のものは，政府による裁量を，右はルールを，それぞれ企業が受けて選択する行動を表し

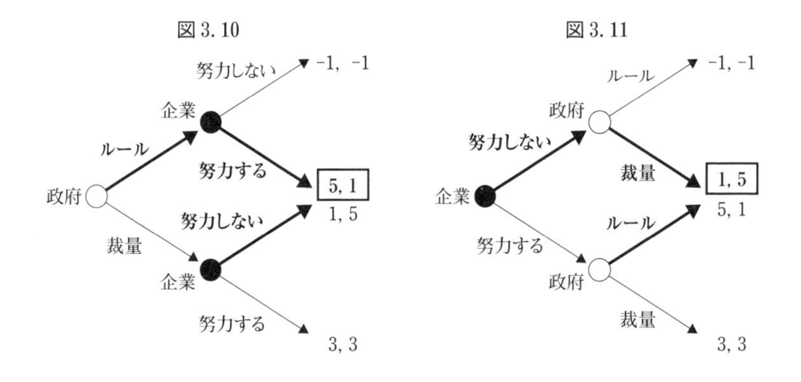

ている。同様に後者のカッコ内における左のものは企業による努力するを，右は努力しないを，それぞれ政府が受けて決定する行動を示している。したがって政府が消費者と企業の余剰を双方ともに勘案し，経済厚生を最大にするためには，前者の均衡成立こそが望ましく，正に先行プレイヤーの優位性が発揮されうるように，政府が先手をとり，事前の政策運営方針の決定（政策運営のルール化）へと機敏にコミットすることが肝要となってくる[9)10)]。

ここで図3.12で示されるように，政府にとっての「背水の陣」を考えてみる。すなわち事前に政府活動の範囲・程度を抑制し，政府支出規模を縮小するという意味での小さな政府か，その逆の大きな政府か，どちらかを選ぶものとしよう[11)]。政府が政策運営方法を決定する前のタイミングで，企業が経営努力を怠った場合はもちろんのこと，仮に努力を行っていたとしても，この種の小さな政府を事前に選んでいれば，裁量行政を実施の際には政府の利得を2だけともに引き下げるものとする。理由はこうである。企業が努力を怠ったときには，このような小さな政府下における裁量政策であっても，多少の失業や倒産の発生を食い止めることにはつながるであろうが，むしろ権限や予算の裏付けをそもそも欠いているはずのそのような小さな政府が，あえて自由競争市場に介入することに伴う経済的混乱，法解釈等を巡る国会・政府内での意見調整・軋轢等による政治的コストが発生する。より一般的には市場からの反発や不信を招き，政府の信頼・評判を引き下げることなどに伴うその他諸々の社会的コストの増大が不可避となる。2だけの利得の減少分が以上の事柄を反映し

図3.12

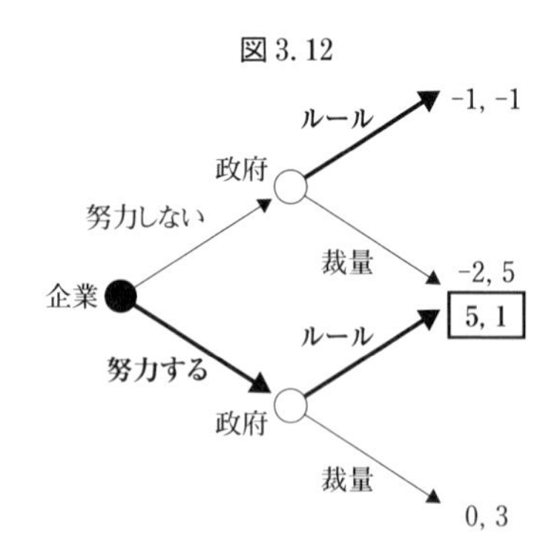

ている。

実際ここでは，後続プレイヤーである政府は，企業の決定にかかわらず，ルールの方を選択することになる。そのことを先読みできる先行プレイヤーの企業は，経営努力の方を選択せざるをえない。こうして小さな政府という形態が前節での背水の陣とまったく同様の役割を果たし，ここでもコミットメントとして機能していることがわかる。

しかしここでも図3.8と同様の問題点を指摘できる。後続プレイヤーである政府の利得が企業の努力水準の決定前に変化することをここでは前提としているが，それを正当化するためには，その変更の理由が単に偶発的なものとして政府に受け入れられていると解釈するほかなく，今一つ現実味を欠いた想定といえよう。それでも納得はできるかもしれない。しかしその利得の変更が，もし政府が何らかの行動を事前に起こしたことによって生じているというのであれば，話は別である。プレイヤーの行動決定のタイミングを明示的に取り扱うゲームの木として，これは明らかに正確さを欠く記述といえよう。つまり本来であればまず先行プレイヤーとして政府が，企業に先んじて，その利得変更を引き起こす行動決定の場を，ゲームの木に盛り込むべきであったのである。

その状況は図3.13において示されている。そこでは政府が，大きな政府か小さな政府かをゲームの開始される節においてまず決定する。それを受けて，もし前者であれば図3.11のゲームが，後者であれば図3.12のゲームが，それぞれプレイされる。この縮約ゲームでは結果的に政府は小さな政府を選択することが確認できよう。そして小さな政府を事前に選択してしまうことによって，ルールに基づく政策運営が担保され，そのため企業から経営努力を引き出すことに成功している。

小さな政府とは，国営企業であれば民営化を，民間企業であれば規制緩和・

図3.13

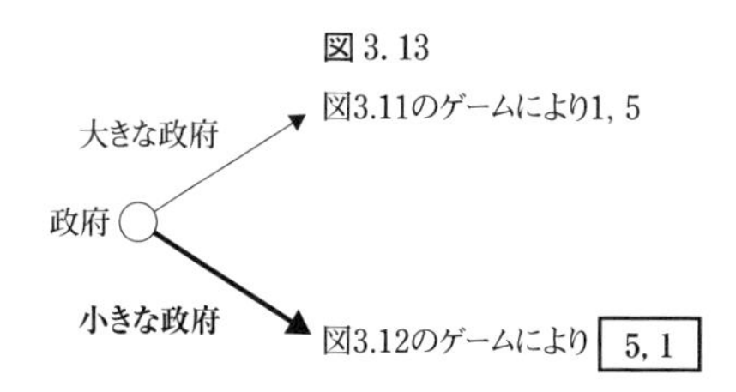

撤廃を意味する。それによって当該企業を政府の恣意的な介入・干渉の及ばない市場経済へ追いやって，そこで競争メカニズムにさらし，自発的に経営努力を促すことを意図している。これは「可愛い子には旅をさせよ」と基本的に同じ原理に基づいている。企業側に政府にとって自らが重要であり，手厚い保護育成の対象である，との自覚があれば，その政府からの救済を当てにして経営努力を惜しむ傾向（所謂モラル・ハザード）を本質的に色濃く持つことになる。もちろん政府がそのような形での救済を拒めればよいが，事前にはともかく，一度努力を怠った企業に対して事後的にそのような拒絶のインセンティブは持ち合わせてはいない。そこで政府が自ら関与できる分野，裁量の余地を事前に狭く限定し，さらには救済のための予算自体をも削減した上で，虎の子の企業をあえて自らの手の届かない所（市場経済）へ追いやり，努力を怠った企業の事後的救済という禁じ手行使の芽を未然に摘んでいるのである。

誰しもが（政府を含めて）頭の中では，企業へ過度の干渉（過干渉），過剰な保護育成（過保護）は慎まれるべきことを理解はしている。しかし政府にとって，企業倒産の危機を前に手をこまねいていることはインセンティブ構造上，きわめて困難である。そこであえて企業の政府離れの前に，まず政府の企業離れをこそ，事前に心を鬼にして押し進めるしかない。そうして企業との間に距離を設け自らが関与しうる余地を狭めておくことが，結果的に企業の自立を促し，競争力を高めることにつながるのである。これこそが政府の真になすべきことであり，ここで得られた最も有益な教訓である。

次に同様の手法で，逆に企業にとっての「背水の陣」を考えてみる。企業には2つの選択肢が与えられる。すなわち，規模を拡大し，市場や地域経済に及ぼす影響を事前に高めておく大きな企業というやり方，その逆の小さな企業のままでいるというやり方，のどちらかを選ぶものとする。政府がルールと裁量のどちらかの政策運営方針を選ぼうとも，企業が経営努力を行った場合には企業の利得を3だけともに引き下げるものとする。この点は図に示され，また以下のようにも説明できる。規模が大きくなればなるほど，機敏に立ち回ることができず，また官僚主義が蔓延り，責任の所在も不明確となり，甘えも発生する。事なかれ主義が横行し，リスクと変化を嫌うようになる。困難に際しても小田原評定とばかり結論を先送りし，一致団結して問題に対処することができない。このような理由による利得の低下が禍いし，ルールに基づく政策運営方針に対して真剣に努力を払うという対応ができなくなるのである。

図 3.14

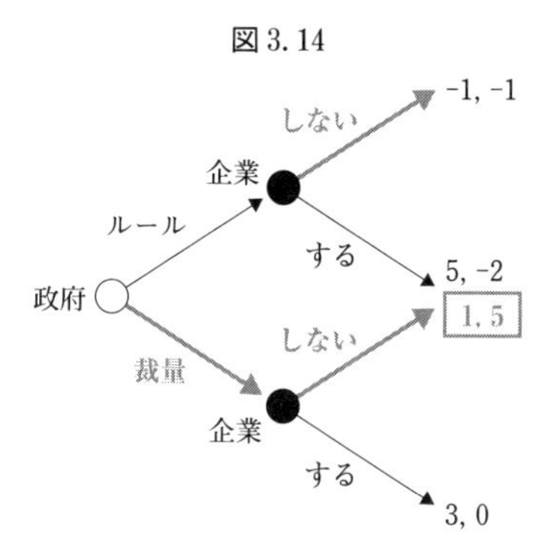

ここでは実際，後続プレイヤーである企業は，政府の決定如何にかかわらず，努力しない方を選択することになる。そのことを先読みできる先行プレイヤーの政府は，あえて裁量の方を選択せざるをえないことがわかる。「大きな企業」が「小さな政府」とまったく同様の効果をもたらし，ここでもコミットメントとして機能している。そして皮肉にも大企業病というある意味のデメリットが企業にとっての「背水の陣」となり，仮に政策運営方針決定に関して政府によって先手を取られたとしても，企業にとってはその下で努力しないことが支配戦略となり，結果として政府からの妥協を引き出し，自らに有利な均衡を実現させうるのである。これがここでの“Too Big To Fail”の1つの解釈となる。

図 3.15

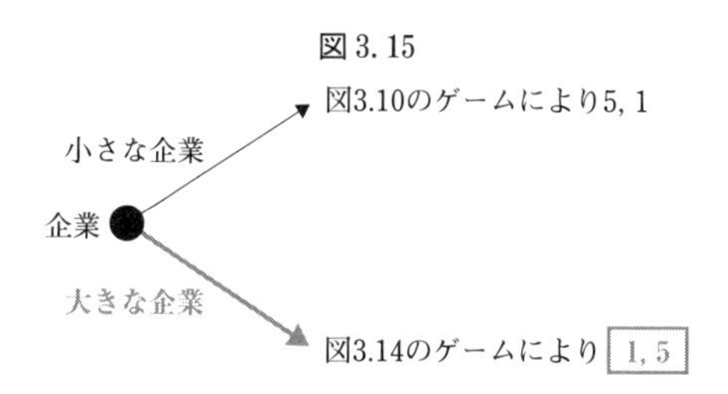

しかしながら，ここでも図において，成功プレイヤーとしても企業が，政府に先んじてその利得変更を引き起こす行動決定の場を，ゲームの木に書き込む手間を惜しんではならない。その状況は図において示されている。そこでは企

業が,「小さな企業」か「大きな企業」か,をゲームの開始される節においてまず決定する。それを受けて,もし前者であれば図のゲームが,後者であれば図のゲームが,それぞれプレイされる。この縮約ゲームでは2つのケースを含みながら,結果的に企業は「大きな企業」を選択することが確認できよう。こうしてここでは大きな企業を事前に選択してしまうことによって,政府側に対し,最良に基づく政策運営方針を強いることに成功している。

ま　と　め

本章では,「可愛い子には旅をさせよ」という諺の趣旨をゲーム理論的に解釈するため,まずゲームの木を用いながら,特に親側のインセンティブ構造に焦点を当て,典型的な時間不整合性問題を議論した。そこでは事前に子供を旅に出すことが,親のインセンティブ上の弱みを解消し,その結果,親にとって望ましい均衡に変更可能であることが示された。また同じ原理が,軍事的緊張やマクロ政策運営決定のゲーム状況においても,成立していることを見た。そして背水の陣や小さな政府,大きな政府といったプリコミットメント[12]を手段として用いることが,軍事的弱小国や政府,企業にとって望ましい結果をもたらしうることにも言及し,それぞれのゲーム状況において戦略形ゲームと展開形ゲーム間の関連性を意識しながら,時間不整合性問題に対する解決策を逐次,提示した。今後は,以上の手法による分析をソフトな予算制約という問題と2段階説得術の解釈に対しても同様に適用し,ここでの議論をより一層掘り下げていく。

注

1) 本章では基本的に2人ゲームを用い,各決定節での選択肢も2つに留めている。

2) 単なる定義の問題ともいえるが,元の全体ゲームをtrivialな部分ゲームとしてその個数に含めないこともある。ここでは全体ゲームも部分ゲームとしてカウントしている。

3) より一般的には次のとおりである。まずバックワード・インダクションによ

って後続プレイヤーBの戦略を求めよう。Aの任意の戦略 s_A に対する最適反応戦略 s_B^* の定義は

$$U_B(s_A, s_B^*) > U_B(s_A, s_B) \quad \text{for all } s_B(\neq s_B^*) \in S_B$$

である。そこでの一意の解をまず仮定して，BのAに対する最適反応関数を $R(s_A)$ とおくと，このBによる反応を踏まえれば，先行プレイヤーたるAにとって最適行動は，部分ゲーム完全均衡の結果として

$$U_A(s_A^*, R(s_A^*)) \geqq U_A(s_A, R(s_A)) \quad \text{for } s_A \in S_A$$

のように求まり，部分ゲーム完全均衡は $(s_A^*, R(s_A))$ と定義されることになる。次節以降のゲームの段階数が増えたケースでも同様に考えればよい。

4）例えば本章で導かれる部分ゲーム完全均衡は，戦略形ゲームで表現することにより，すべて反復支配戦略均衡となっており，またその際，後続プレイヤーの支配される戦略の削除から始まることが容易に確かめられる。例えば図3.6を利得行列に書き換えると次のようになる。まず先行プレイヤーA側には支配（される）戦略を見出すことはできない。他方，後続プレイヤーB側には戦闘 戦闘，戦闘 退却，退却 退却はすべて，退却 戦闘の支配される戦略であることがわかる。したがって，一旦これらを削除すると，Aによる選択は戦闘だけに絞り込まれることになる。これを同様に第4節の議論と併せて確認されたい。その反例については，例えば武藤（2000）第3章を参照のこと。本書では第5章の図5.6がそうである。このような部分ゲーム完全性と戦略の支配の両概念間におけるより厳密な関係については，Fudenberg and Tirole (1991) を参照されたい。

		B			
		戦闘 戦闘	戦闘 退却	退却 戦闘	退却 退却
A	戦闘	−5, −3	−5, −3	5, −1	5, −1
	退却	−1, 5	−1, −1	−1, 5	−1, −1

5）このようなサイド・ペイメント等を通した交渉問題を考察対象とするとき，それを協力ゲームと呼ぶ。以下明らかとなるように，この点は考慮から外し，本章では事実上，非協力ゲームに議論を限定することになる。

6）繰り返しゲームによる解決策も他に考えられるが，本章ではこのケースを含め繰り返しゲームの枠組みは取り扱わない。また注7）とも関連するが，複数の子供（エージェント）を持つことも，解決策として十分に説得的であろうし，親から子への移転所得としての遺産を考慮することも，ある想定の下では家族

全体の利得最大化に寄与しうることが知られている。これらの点の議論もここでは割愛する。

7) たった1人の子供を可愛いと思うのであれば，親はその子には好かれたい，そして嫌われたくないと願うであろう。ましてや不幸な目には決して遭わせたくないはずである。その感情が一人っ子を持つ親の弱みであり，そのことが子供に付け入られる隙となっている。しかしもしどうでもよい子供であると感じられるのならば，親はその子には毅然とそして適切に対応できるため，仮に親元に置いておいても，子供は自助に目覚め堅実に生き，その後しっかりした大人に成長することになる。

8) 本章では先行プレイヤーの決定を識別できる完全情報ゲームの展開形が主として取り扱われており，そのためここでは複数の決定節が含ま（結ば）れるような情報集合は存在しない。したがってここでは行動決定の場としての決定節と情報集合との区別について，特に意識する必要はないことになる。

9) この種の議論を，梶井・松井（2000）第3章では石油業法の運用を巡って，花輪・小川・三隅（2002）第8章，伊藤（2003）第10章では日銀による金融政策，日銀法との関連で，それぞれ簡潔に展開している。特に中央銀行の信認に関する後者の先駆となった研究については，Kydland and Prescott（1977），Barro and Gordon（1983b）があり，サーベイが井澤（1995）にまとめられている。また時間不整合性問題を広くマクロ経済政策の枠組みで論じたものとしては，Mankiw（2015）がわかりやすい。以上の時間不整合性とコミットメントとの関係をもう少し広く論じたものには，清水・堀内（2003）第5章が挙げられる。

10) 注6）ですでに触れたように，本章で繰り返しゲームは取り扱わないが，無限回繰り返しによって金融政策運営のルール化を論じたものとして，Barro and Gordon（1983a）がある。またちょうど参入阻止ゲームにおけるチェーンストア・パラドックスの解決策として，既存企業のタイプを分け，参入企業がそのタイプを正確に知らないとする不完備情報ゲームのフレームワークで論ずることができるのと同様に，ここでも政策当局のタイプを分け，民間企業を情報劣位に置くという情報の非対称性を導入することによって問題を捉え直すことができる。この点についてはRomer（2000）にて，関連文献を含め簡潔にまとめられている。

11) 経済に占める政府規模，あるいは経済の政府依存度は次のような数値によって計られることが多い。1つには，租税および社会保障負担の合計の国民所得に対する比率によって示される国民負担率，あるいは一般政府固定資本形成と政府最終消費支出の合計のGDPに対する比率である。他には人口1000人当たりの公務員数なども挙げられる。以上，詳細は三橋・内田・池田（2002）等を参照されたい。この後のより新しい版では，小さな政府と大きな政府との比較の色合は薄れてきている。

12）子供を旅に出すこと，背水の陣，小さな政府，これらすべてが，それぞれのゲーム状況の中で非可逆的なコミットメントの役割を果たしている。このことは，既存企業が他企業による参入決定前の段階で戦略的に生産能力拡大の決定を行う原理と，基本的に同一である。これについては松本（2000）を参照されたい。そこでは混合複占をも視野に入れて参入（阻止）ゲームが議論されている。

第4章　展開形ゲーム（応用）

前章で，ゲーム状況を記述する上での展開形ゲームの手法を学んだ。そこでは「可愛い子には旅をさせよ」として知られる諺の趣旨の解釈を手掛かりに，3種のゲームにおいて典型的に生じている時間不整合性の問題点をそれぞれ浮き彫りにし，展開形ゲームの特徴の理解を深めた。

例えば親子ゲームでは，親にとっての事前の長期最適計画と事後の短期最適行動との間で齟齬を来している。この時間不整合性の基本的なインセンティブ構造をまず踏まえ，事前に子供を旅に出すことがコミットメントとして機能し，親のインセンティブ上の弱みをうまく解消して，その結果，親にとって望ましい均衡に変更可能であることを示した。また同じ原理が，軍事的緊張やマクロ政策運営決定のゲーム状況においても，ほぼ同様な形で成立していることを見た。つまり背水の陣や小さな政府というプリコミットメントを手段として用いることが，軍事的弱小国や温情主義の政府にとっても望ましい結果をもたらしうることに言及し，さらには戦略形ゲームと展開形ゲーム間における関連性を意識しながら，これら時間不整合性問題に対する具体的な解決策を逐次，提示した。

本章での目的は，以上のような前章での展開形ゲームによる分析パターンを，ソフトな予算制約問題と2段階説得術に対して適用し，展開を試みることで，これまでの議論における手法と含意を，より一層掘り下げていくことである。ソフトな予算制約問題に対しては，特に企業家と債権者の規律付けに関して，従来の時間不整合性に加え，情報の非対称性をも同時に取り扱いながら議論することになる。また2段階説得術に対しては，それぞれ常識から論理的に導かれる結論が直感的理解によるものとは大きく異なりうること，またその場合，あえてその下で一貫性を得るためには，どのような条件を付加すればよいのか，さらにはどのようにモデルを修正すればよいのか，といった観点から，議論を進めていく。

1. ソフトな予算制約問題

前章で見た親子ゲームのエッセンスを踏まえ，親にとっての時間不整合性問題と，親による救済を当てにした子によるモラル・ハザード問題に，以下では情報の非対称性という側面をも考察の対象として加えることにし，ソフトな予算制約症候群として知られる現象を併せて全体的に論じたい。

このソフトな予算制約症候群とは，不採算企業が債権者からの救済により予算制約が事前に決定された固定的なものからソフト化されてしまうことをそもそも指している[1)]。親子ゲームでの子供を企業家，親を債権者とみなし，かつ子供の選択肢の「堅実」を「努力する」に，「怠惰」を「努力しない」に，親の選択肢の「勘当」を「清算」に，そして最後に「救済」を「再融資」にそれぞれ置き換えると，そこで得られる合理的な均衡は（努力しない，再融資）である。ここでも先行プレイヤーの優位性から，企業家が債権者からの再融資という救済策を当てにして，プリンシパルたる債権者の期待する経営努力を企業家が惜しむという，エージェントによるモラル・ハザードを招くことになっている[2)]。この論点に，情報非対称下でのセレクション・メカニズムによって品質の良いものが排除され，逆に劣ったものが残ってしまうという，所謂セレクション問題（レモン問題）をも同時に考慮し，議論する。以下，ソフトな予算制約問題の特徴を簡単なモデルで明らかにする[3)]。

企業家はアイディアとプロジェクトを実行するノウハウを持っているが，資金の裏付けを欠いている。他方，債権者は資金を有しているが，プロジェクトの実施に直接携わることはできない。このように企業家と債権者は資金を貸借することで補い合い，その意味で利害の共通する一側面を有していることがわかる。両者の関係から3つの期間を設定する。まず第0期において企業家は債権者に融資を依頼し，プロジェクトに要する資金を調達しようとする。資金は1期当たり1単位を必要とする。債権者は依頼されたプロジェクトを審査し，その採算性からその採択の可否を判定する。そのプロジェクトには収益性の高いものと低いものの2つのタイプが存在する。しかし債権者はこの段階では企業家ならば当然知っているはずのこれら採算性に関する情報を正確には認識することができず，収益性の高低の確率分布のみを知っている。その意味で彼らはプロジェクトの質に関して情報劣位の立場にある。

続く第1期に新規融資が実際になされ，直ちにプロジェクトが開始される。この段階の期首で初めて債権者に優良なプロジェクトであるかどうかが判明する。しかし優良なプロジェクトでなくとも，この期において企業家が適切な水準の努力を投下すれば，その期末には優良なプロジェクトと同等の結果を得る。この点に関しては債権者にとっても観察可能であり，確実にモニタリングできるのもとする。他方，収益性の低いプロジェクトであるにもかかわらず，企業家が努力を惜しんだ場合には，債権者に2つの選択肢が与えられるものとする。1つはプロジェクトを中止させ[4]，破綻処理により第1期末時点で清算価値を得るという手続きであり，2つ目は追い貸しを行うことでプロジェクトを第2期にも継続させ，企業家に一部でも債務を返済させるというやり方である。後者の場合，債権者に対してその期末に，追加融資分を上回っているが，新規融資分を合計した額には達しないという意味で，不十分ながらも債務が返済される。以上の関係は表4.1で確認されたい。

表4.1

<table>
<tr><th>第0期</th><th colspan="2">第1期</th><th>第2期</th></tr>
<tr><th>債権者</th><th>自然</th><th>企業家</th><th>債権者</th></tr>
<tr><td rowspan="4">融資する</td><td rowspan="3">低収益</td><td rowspan="2">努力しない</td><td>追加融資</td></tr>
<tr><td>清算</td></tr>
<tr><td>努力する</td><td></td></tr>
<tr><td>高収益</td><td></td><td></td></tr>
<tr><td>融資しない</td><td></td><td></td><td></td></tr>
</table>

本節では以下，資本主義経済と社会主義経済の両ケースに分けて[5]，それぞれ対応するゲームの木を作成する。

1.1　資本主義経済

これは債権者が銀行のケースであり，プロジェクトのための資金提供者として新規融資を実施するかどうかの決定を行う。また低収益のプロジェクトに対して企業家が努力を怠った際，やはり銀行が再融資を行うかどうかの決定を行うことになる。表 4.1 をこのケースに対応させ，そのゲームの木を描写したものが図 4.1 である。まず第 0 期において一番左の節でゲームが開始され，そこで銀行が新規融資を実施するかどうかを決定する。先に触れたように債権者である銀行はプロジェクトのタイプを事前に知りえず，平均的な収益の見込みのみを把握している。もしその収益の見込みが十分な額に達しなければ新規融資実施は断念され，銀行，企業ともに，利得はゼロとなる。幸いにしてその見込みが基準を上回れば融資がなされ，それを受けて仮想プレイヤーである自然 N により次期においてタイプが決定され，銀行に対してその情報が伝達される。

図 4.1　資本主義経済

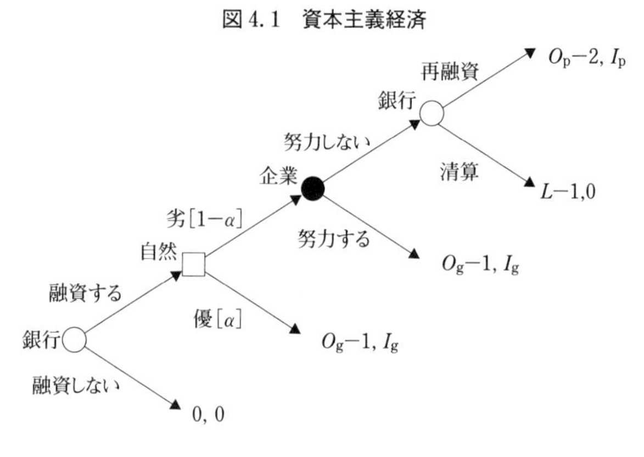

この第 1 期でプロジェクトが優良なタイプであれば（この確率を α とする），銀行に O_g-1，企業に I_g の利得がそれぞれ確定する。他方，質の劣ったプロジェクトであれば（確率 $1-\alpha$），次の節に移行し，そこにおいて今度は企業家が経営努力を行うかどうかを選択する。もしそこで彼が努力すれば，銀行に O_g-1，企業に I_g と，優良なプロジェクトと同等の結果にそれぞれ帰着する[6)]。もしそこで企業が十分な水準の努力の行使を怠れば，もともとが質の劣るプロジェクトであるため，採算を下回る結果に至らざるをえない。このとき銀行の対応策には 2 つの選択肢がある。1 つは収益をあげることができない以上，直ちに企業の残余資産を清算し，その分配に預かることである。そのときプロジ

ェクトの清算価値をLとし，それと融資資金との差額を銀行の利得（$L-1$）とする。企業は収益もあげられず，存続もできないので，このとき利得はゼロとする。

2つ目は追加融資（この1単位の追加で計2単位分）を行い，プロジェクトをもう1期続けさせ，第2期において追加分の資金を超えるある程度の収益O_{p}を獲得できるようにし，そこから債務を返済させることである。このケースでの銀行の利得は$O_{\mathrm{p}}-2$となる。企業は努力を怠り，追加融資によって救済されるので，I_{p}だけ利得を得るものとする。このときO_{p}が2単位分の資金を賄って余りあるほどであれば，銀行には待つ甲斐があることになってしまい，そこではソフトな予算制約とはただ単に待てるか待てないかの問題になってしまう。そこで2を下回る程度の不十分な収益しかないことにしよう。プロジェクトが優良でなく，しかも企業家が努力を怠ったことがわかった時点では，すでに1単位の資金が投入されてしまっており，したがって第1期末の再融資決定時にはその費用はサンクされている（サンク・コストの発生）。ここで融資を打ち切り，直ちに資金を回収することは，少なくとも追加融資に伴うコストを上回る1単位以上の収益を企業家が得る芽を摘むことになる。このように銀行は清算も再融資も本来であればともに行いたくはないはずであるが，清算価値が十分低いのであれば，とにかくプロジェクトを完了させて，追加融資の資金はこえるだけの収益をまず得ることの方を，やむなく選ぶかもしれない。

銀行はゲームの開始される最初の節において，以上のことを踏まえて新規融資の可否を決定する。銀行にとって自らの再融資による企業家救済のインセンティブの強さとそれを見越した企業家によるモラル・ハザードの傾向を先読みすれば，αの水準が十分に低い場合には新規融資を実施すべきではない（逆は逆）との結論に至る。

1.2　社会主義経済

これは債権者が政府のケースであり，政府が企業家の持つプロジェクトに対して新規融資を行うかどうかを決定する。前項と同様に，表4.1を今度はこのケースに沿った形でゲームの木を用いて描写してみよう。図4.2のように一番左の節でまず政府が新規融資を行うかどうかを決定する。政府の融資姿勢は銀行のそれとは異なり，サンク・コストのみならず温情主義が新たに加味される。つまり採算や収益という金銭的な利得のみならず，企業における非金銭的要因も含めて自らの利得として持ち，その合計した値を最大化の対象とする。政府は第0期においてプロジェクトのタイプを知ることができず，その確率分布とひいてはその平均値のみがわかっているに過ぎない。したがってもしαが低く収益の見込みが必ずしも十分でなければプロジェクトに対する新規融資は実行されないことになる。このとき政府，企業ともに，利得はゼロとなる。

図4.2　社会主義経済

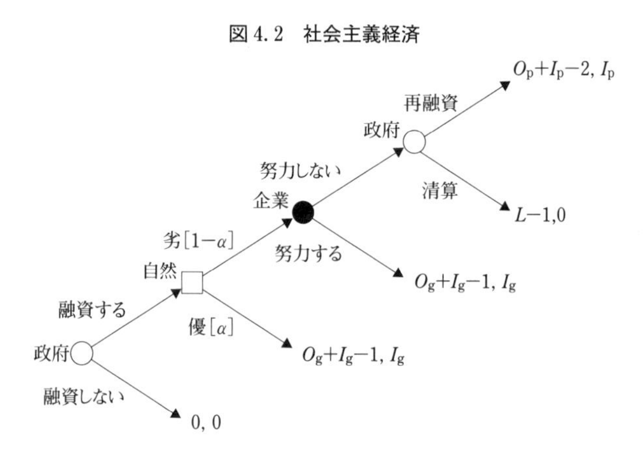

もし融資に値すると判断されれば，第1期に融資がなされプロジェクトが実施され，そのときに初めて自然Nによりタイプが判明する。収益性の高いプロジェクトであれば，政府には銀行のそれとは異なり，企業の利得を加えてO_g+I_g-1，企業にI_gの利得が，それぞれ与えられる。他方，収益性の低いプロジェクトであれば，次の節で企業により経営努力がなされたかどうかで利得が変わってくる。もし努力を惜しまなければ政府，企業ともに，高収益のプロジェクトと同等の結果が得られる。他方，努力を惜しめば低収益のプロジェクトである以上，採算がとれず，結果は次の節での政府の決定に委ねられる。その対応については，もし政府が清算の手続きに入ればプロジェクトは第1期で中止され，収益はまったく得られないことになる。したがってそのとき企業の利得にはゼロが対応する。そして政府の利得には清算価値と融資資金の差額$L-1$が対応する。他方もし追加融資を行って企業に対して第2期においてもプ

ロジェクトの継続を許せば，そのときは政府には O_p+I_p-2，企業には I_p の利得が，それぞれ与えられる。ここでも事前に融資した1単位の資金はサンクされてしまっており，追加分の資金1を超えていれば，合計2単位未満の不十分な収益であろうとも，デフォルトを防ぎ，プロジェクトを継続させた方が望ましいと判断されるかもしれない。しかしここでは政府の利得には温情主義のため救済される企業における非金銭的利得も含まれている。後はそれらと清算価値との大小関係次第である。

最後に政府がゲームの開始される最初の節において，以上のことをすべて踏まえ，新規融資の可否を決定する。政府にとって自らの再融資による企業家救済と，それを見越した企業家によるモラル・ハザードの傾向を先読みすれば，α の水準が十分に低い場合には新規融資を実施すべきではない（逆は逆）ことになる。

1.3　資本主義・社会主義両経済の比較

さてこれでソフトな予算制約問題全般を論じるための準備がほぼ整ったことになる。ここでのソフトな予算制約症候群は

条件1　債権者が追加融資するインセンティブ問題，
条件2　条件1を前提としたとき，企業家が経営努力を怠るモラル・ハザード問題，
条件3　情報の非対称性により債権者にとってプロジェクトの優劣の区別がつかず，条件1と条件2を前提としたときであっても新規融資が正当化されてしまうセレクション問題，

のすべてが揃ったときに発生する。資本主義経済，社会主義経済，それぞれのケースに対して上記諸条件を具体的に求め，その後両者間で比較してみよう。

ケース1　資本主義経済（サンク・コストのみのケース）

このケースではプロジェクトが第1期に優良でないと判明した時点ですでに1単位の資金を融資しており，その意味で費用がサンクしてしまっている。こ

の効果のみを考慮に入れると，以下の条件が成立するときにソフトな予算制約問題が生じる。

条件 1–1　$O_p - 1 > L > 0,$
条件 1–2　$I_p > I_g > 0,$
条件 1–3　$\alpha(O_g - 1) + (1-\alpha)(O_p - 2) > 0 \quad \Leftrightarrow \quad \alpha > (2 - O_p)/(O_g - O_p + 1) \equiv \alpha^*.$

条件 1–1 により銀行にとって追加融資のインセンティブを持つ。かつ条件 1–2 によりそのようにして救済されることを知っていれば，企業家は努力するインセンティブを持たない。さらに条件 1–3 から α が十分に大きければ，（純）金銭的利得がプラスとなり，銀行による救済と企業家によるモラル・ハザードを前提とし，かつ情報の非対称性によりプロジェクトの区別がつかずに，結局，新規融資が正当化されてしまうことになる。

ケース 2　社会主義経済（サンク・コストと温情主義のケース）

このケースでは債権者が上述のサンク・コストに加え，温情主義の観点から企業家の利得水準をも念頭に置いている[7]。この際には以下の条件が成立するときにソフトな予算制約問題が生じる。

条件 2–1　$O_p + I_p - 1 > L > 0,$
条件 2–2　$I_p > I_g > 0,$
条件 2–3　$\alpha(O_g + I_g - 1) + (1-\alpha)(O_p + I_p - 2) > 0$
$\Leftrightarrow \quad \alpha > (2 - O_p - I_p)/(O_g - O_p + 1 - I_p + I_g) \equiv \alpha^{**}.$

条件 2–1 により政府にとって追加融資のインセンティブを持つ。かつ条件 2–2 によりそのように救済されることを知っていれば，企業家は努力するインセンティブを持たない。さらに条件 2–3 から α が十分に大きければ（純）社会的利得がプラスとなり，政府による救済と企業家によるモラル・ハザードを前提とし，かつ情報の非対称性によりプロジェクトの区別がつかずに，結局，新規融資が正当化されてしまう。

これら両ケースを比較すると，以下のようなことが確認できる。まず債権者が自然および企業家の決定前に新規融資を決定するため，債権者が銀行であろうと政府であろうと，先行プレイヤーの優位性を発揮できる[8)]。そしてその後，条件1と条件2から低収益のプロジェクトを持つ企業によるモラル・ハザードを招くことがわかっていながらも，優良なプロジェクトの可能性が十分に見込めるとき，つまり自然が決定する優良プロジェクトである確率αが，資本主義経済においてはα^*，社会主義経済においてはα^{**}を，それぞれ超えているときに初めて，第0期の時点で信用が供与される。したがってαが低く債権者にとって本当に不利な状況下では，もはや事後的に生じる企業家のモラル・ハザードを看過できず，債権者はわが身に降りかかるそのようなソフトな予算制約問題発生前に，先行プレイヤーとして融資をとり止めることができる。

このようにソフトな予算制約問題の深刻化を未然に防ぐための基準であるαの水準が，両経済間で異なっている（α^*とα^{**}）のである。この銀行による新規融資の基準と政府による基準の大小関係を以下比較してみる。そのためには両経済に共通するその他の想定を，ここで設けて確認しておくことが便利であろう。

高収益のプロジェクトによる金銭的利得（O_g-1）がプラスであれば，債権者にとって短期で債権を回収できることになる。当然そのとき社会的利得（O_g+I_g-1）もプラスである。したがってここではその十分条件である$O_g>1$を仮定しておく。

仮定1　$O_g > 1 \Rightarrow O_g+I_g > 1$

他方，低収益のプロジェクトによる社会的利得（O_p+I_p-2）がマイナスであれば，政府にとって非金銭的利得を考慮しても，2単位分の資金がコストとして，自らの利得を上回ることを意味する。そうであれば当然金銭的利得（O_p-2）もマイナスである。したがってここではその十分条件$O_p+I_p<2$を仮定しておく。

仮定2　$O_p+I_p < 2 \Rightarrow O_p < 2$

仮定1よりα^*，α^{**}ともに，1を下回り，かつ仮定2より非負であることが明らかである。そこで次に$\alpha^*-\alpha^{**}$を求めると以下のようである。

$$\alpha^*-\alpha^{**}=\frac{I_g(2-O_p)+I_p(O_g-1)}{(O_g-O_p+1)(O_g-O_p+1-I_p+I_g)}$$

分母は仮定1と仮定2よりプラス，分子も仮定1と仮定2および条件2よりプラスである。よって$1>\alpha^*>\alpha^{**}>0$であることがわかる[9)]。すなわち銀行による新規融資実施の基準が政府によるそれよりも厳しく，その意味で資本主義経済の方が，よりハードルが高いものとなっている。換言すると社会主義経済ではより低いαのもとでも融資が正当化されてしまうのである。この結果は，条件1-1と条件2-1を比較すれば，左辺の大小関係から銀行よりも政府において，より企業への追加融資のインセンティブが強いことからも，ある程度は推察できることである。つまり政府はプロジェクトが継続されることによって確保される雇用や地域経済安定といった社会全体への目配りが必要であることから，企業の救済に傾きがちとなることがわかる。

しかしこれをもって直ちに資本主義の方が望ましいとは断定できない。なぜならそこではセレクション問題の深刻化の側面が問われていないからである。つまりそこにおいて社会主義経済より多くの割合あるいは確率で優良なプロジェクトが存在したとしても，情報の非対称性のために銀行が一部の採算の合わないプロジェクトを事前に排除できない以上，優良なプロジェクトに対しても同様に十把ひとからげにして融資が認められないことになり，その際，すべてのプロジェクト立ち上げが断念されてしまうかもしれないのである。資本主義経済には融資に関してハードルが高いだけに，逆にこの問題は社会主義経済以上に深刻となる。この点にも注意を向ける必要がある。

1.4　モデル拡張

ここでプロジェクト間あるいは企業間にわたる相互作用の影響を考えよう。つまり取引関係でのスピルオーバー効果を議論に含めると，1社のデフォルトからその取引先における売掛金や未収金が取り立て不能となり，資金繰りが逼迫し，本来の健全企業までもが収益性低下を余儀なくされる。そしてさらにこのような企業間での連鎖が，他の優良な取引先にまで次々と拡散してしまうのである。この種の外部不経済の効果まで考え合わせるとき，複数の関連する企業群に融資を行っている債権者は，問題企業の処理を一層怠り，予算制約のソフト化を強めてしまうであろう。

長引く不景気で有望な貸出先が限られているときも同様である。つまり有望なプロジェクトが第1期末の時点で十分に存在していれば，新規融資が失敗であることが判明した後，そのプロジェクトを見限って直ちに破産手続きに移行し，その有利な代替的プロジェクトに対して融資を実施することができる。このような選択肢を欠く場合にはこれまで見てきたように古い劣ったプロジェクトに拘泥せざるをえず，やはり問題企業の処理を避ける根強い傾向を持つことになろう。

また債権者の資金力の多寡もハード化の議論に際して重要である。そもそも追加融資のできないほど十分な資金力を欠く債権者が，収益性の低いプロジェクトであるにもかかわらず，一旦かかわったプロジェクトを継続させたいと思うのであれば，融資を引き継いで（追加融資をして）くれる他の債権者を見つけるしかない。しかし回収資金がシェアされることを考えれば，このような奇特な債権者を捜し出すことが決して容易でないことは想像に難くない。結果的に収益性の低いプロジェクトには見切りをつけ，破産処理に移行せざるをえず，そのことを十分に予測できる企業家は結果的に効率的な投資行動を果たすことになる。他方，資金力が追加融資可能なほど潤沢であれば，これまで見てきたように，企業家の規律付けには甘く作用してしまう。このような意味で，銀行などの大口債権者よりも小口ではあっても多数の一般投資家を育てるような成熟した信用市場の整備は，救済しないという債権者による事前の宣言に関するクレディビリティーを高め，予算制約のハード化に寄与するであろう[10)]。

政府（金融監督当局）には金融システムの安定に対する責務があり，そのため銀行破綻を避けるインセンティブはことのほか強いものとなってしまう。そのため預金保険を原資とする基金を設置し，金融破綻の連鎖を防止し，さらには預金者だけでなく，より積極的に貸し手自体をも保護してしまう。このことが貸し手の有限責任を招き，貸し手側が過度のリスクを負うことにもなる。あるいは政府からの補助金を引き出すために貸し手サイドによるレント・シーキング活動を活発化させてしまうかもしれない。これらが，もし資本主義経済において政府を新たに登場させた場合のインプリケーションとなろう。

このように事後的に政府の関与する余地が大きければ大きいほど，ますます貸し手のモラル・ハザードを招く救済へのインセンティブを強化してしまうことから，むしろ救済しないことにコミットするために，政府は裁量権や予算を欠く小さな政府や，都市間競争に導くための地方分権化をこそ志向すべきとの結論に達することになる。逆説的には無能で役立たずの政府こそが望ましく，政府に対してまだあれこれ期待する向きの存在しているうちは，ソフトな予算制約問題を解決し，真のリストラや経営努力を引き出すことはできないともいえるのである。

1.5 小　括

サンク・コストや温情主義に基づく債権者による救済が，資金の借り手である企業家のモラル・ハザードの原因となりうることを，ソフトな予算制約問題という。本節ではこの問題を，前章において示された親子ゲームを引用しながら，時間不整合性の観点から，資本主義経済よりも社会主義経済において，よりその問題が深刻なことを示した。他方で，特にプロジェクトの収益性に関する情報の非対称性を同時に考慮した場合に，資本主義経済においてもセレクション問題の深刻化を招いてしまい，より大きな非効率をもたらしていることを明らかにした。

2. 2段階説得術

前節ではソフトな予算制約問題の特徴を明らかにした。本節では同様の枠組みで，2段階説得術の含意を取り扱う。

ここでの説得のための交渉はちょうど2段階に及ぶものとする。つまり，第1段階において仕込み・仕掛けが第1要求の形でまず出され，第2段階において真の狙いが第2要求として明かされることになる。通常，このような相手に対しての迂回的な働き掛けが，なぜか真の狙いを果たす上で有効とされる。ここではその具体例として，特に以下の2つの方式を検討する[11)]。

ドア・イン・ザ・フェース（DITF）：

これは聞き入れられそうにないほどの過度の要求を要求者がまず提示しておいて，実際に相手に拒否させた後で本当の要求を持ち出すという説得術である。要求される者がときとしてこの種の要求を飲んでしまうのは，続けて要求を断ることを申し訳なく思う傾向を持つからである，とされる。

フット・イン・ザ・ドア（FITD）：

これはまず同意せざるをえないほどの過小な要求提示からスタートする。要求者は一旦，この同意を得ておいて，その後に要求水準を引き上げる。そうすることで本来，拒否すべき要求であっても，要求される者は受け入れてしまう。このことの理由は，引き上げられたものであっても，要求を一度認めた後では断りにくくなるものであるから，とされる。

これらの説得方法は一見もっともらしく感じられる。しかし確かに一面の真理を含んでいるとは思えるが，それでもなぜそこでは要求者は直接的な物言いはせず，あえて回り道をしながらも首尾よく要求を通すことができるのかが，その論旨において必ずしも明確ではない。いずれの説得術も効果をもたらす過程において，ともに何かしら心理的な側面を重視し，結果的に要求者から見て有利に要求を押し通すことになっているが，通常の議論においては，形式的に見て，厳密に正当化される根拠に立脚したものとはなっていないことが多いのである。

そこで以下においては，2段階の説得術において得られる結果がその前提となりうる諸条件からどの程度，論理的に導かれたものであるか，特に要求される側の優柔不断さがどの程度厳密にモデルの中で説明ができるのか，を具体的に検討したい。

ここでの状況下では要求者は直接的な要請の仕方をせず，必ず迂回的な要求パターンをとる。そこで仮にその最初の要求が本来念頭にある水準よりも大きい場合と小さい場合に分けておこう。当然，前者がDITFに，後者がFITDに，それぞれ該当することになる。過大な要求に対しては拒否をせざるをえないし，過小な要求には同意するに如くはない。この違いが要求される立場にある者にそれぞれ異なった経路で影響を与える。しかしこの相違点にもかかわらず，二度目の要求にはともに屈しやすく作用し，結局は同意を与えることとなる。例えばDITFは明らかに当初から第1段階で拒否を受けることを想定した上で過大な要求を行っており，他方，FITDは要求水準にはこだわらずとにかく一旦同意を得ることを意図して控えめの要求水準が設定されている。これら2つの説得術はこの第1段階での方向性に関する対称的な行動にもかかわらず，いずれにせよ第1要求に対する対応の仕方が既成事実となり，その作用でその後に要求される者に不利な状況が作り出され，そこに再度要求が突きつけられることとなっている。

問題は，通常の2段階説得術における説明では，第1段階での要求が第2段階での同意にどのように結び付くのか，つまり最初の試みが次の段階における両者の関係にどのような影響を及ぼしているのかが，少々早分かりに安んじていないか，という嫌いが残ることである。そこで第1要求と第2要求との関係に焦点を当て，第1要求が交渉に与える効果，特に要求される者に生じる心理上の効果を，選好の変化として明示的にゲームの木に反映させよう[12)]。ただし，差し当たりここでは完全情報ゲームの状況を念頭においてモデルを設定する。

まずAを要求者，Bを要求を受ける者とする。この後，ケースごと個別に議論するが，モデルの仮定として，Aが抱いている本来の妥当な水準から乖離した要求であれば，それ以降もう一度，同様のゲームが両者間で繰り返されるとする。その結果，2段階の説得構造がちょうど2段階交渉ゲームの構造に合致することになる。しかし一見した所，同じであっても，利得には当然，上述の通り，心理的な観点からの変更が加えられなければならない。それがここでの2段階説得術が有効となるための重要な論点である。

2.1 DITFのケース

まずDITFのケースからとりかかろう。あえて過大な要求を提示し，拒否を得てから本来の要求への承諾を強いる。これがDITFのシナリオである。ここでは一旦過度な要求を断られた後の方が直接的に要求されるより同意を得やすい，との想定が前提とされている。なぜか。1つにはその返報性，つまり要求水準を引き下げてくれたという相手の妥協に対して報いたいと思う気持ちを挙げることができる。また同じ効果が罪悪感，つまり第1要求を拒否したことに対して申し訳ないという思いからも生じると説明できるかもしれない。他に知覚のコントラストといって，第1要求を下回った分を儲けととる効果や，第1要求により心理上の変化が生じ，第2要求を妥当なものと捉えてしまうフレーミング効果などの存在も指摘できよう。

さてここで図4.3を見られたい。Aがまず過度の要求か中程度の要求のいずれかを選ぶ。中程度の要求が彼の本来の要求である。もしこの本来の要求を提示すればBの対応如何にかかわらずAが再提示することはない。他方であえて過度の要求を行う際，もしBがこれを受け入れる（YES）のであれば，Aとしては何ら不服はない。本来の要求を超えるものに対して同意を得る限りは，それ以上の高望みはしないものとする。それで交渉は終了である。問題は過大な要求を拒否（NO）された場合である。その際においてのみ，先のゲーム状況がもう一度だけここで繰り返されるものとする[13]。

図4.3

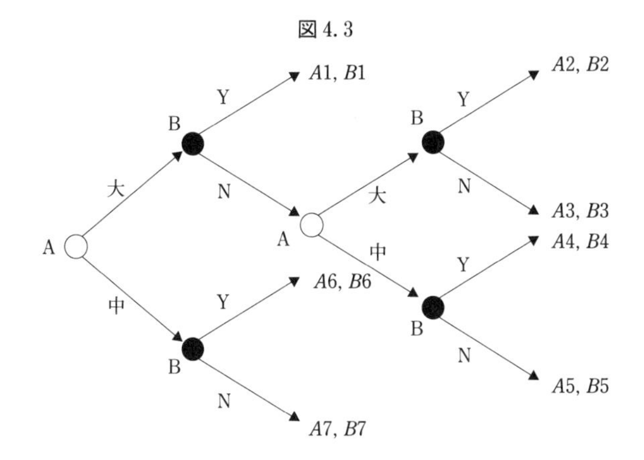

このようなゲームのセッティングで，DITFが均衡経路として成立するであろうか。そして特にBの心理面に作用し，結果，両者の交渉上の力関係に影響を及ぼすことをどの程度合理的に説明できるであろうか。以下，ゲームのフレームワーク下で具体的に検討する。

そのためにはまず利得の大小関係の評価をまず定めておく必要がある。もちろんできるだけ支持を受けやすいという意味での，常識的かつ最大公約数的な選好順序を前提としたい。要求者のA，要求される者のB，それぞれの選好順序として考慮すべき点は，

A：要求の実現度，要求実現の速さ，要求に伴うコスト
B：強いられる負担の程度，結果確定の速さ，要求の断りやすさ

となろう。以下ではこれらに関してある想定をおき，大小関係を整理してみる。Aについては，まず要求実現の程度，その速さ，および要求コストのどれを優先するか，であるが，ここでは何より増してより大きな要求が実現すればするほどより望ましいものとする。そしてもし実現する要求水準が同じならば，より速く実現する方が望ましいとし，もし時間が同じならば要求に伴うコストが低い方が望ましいものとする。同様にBについては，強いられる負担の程度の軽さ，結果確定の速さ，および要求の断りやすさのどれを優先するか，であるが，強いられる負担は低ければ低いほど望ましいものとする。そしてもし負担が同じならば確定までの時間が短い方が望ましいものとし，もし所要の時間が同じならば要求を断りやすい方がより望ましいものとする。

このときAの選好順序は

$$\mathrm{A}: A1 > A2 > A6 > A4 > A7 > A3 \fallingdotseq A5$$

が成立することになる。$A3$ と $A5$ の大小関係については，図々しい要求をあえてすることの精神的負担度と本音とはいえ，やや控えめの要求を断られることのショックとの兼ね合いで決まるため，ここでは確定しないでおく[14)]。ただし，ここでは便宜的に近似記号を用いているが，厳密には $A7$ をともに下回っている限りは，$A3$ が $A5$ を大きく上回っていてもよいし，下回っていてもよく，いずれにせよ以下の結論に相違点は生じない。他方，Bの選好順序は，

$$\mathrm{B}: B7 > B3 > B5 > B6 > B4 > B1 > B2 \tag{4.1}$$

となる。

これら不等号で表された利得の大小関係を踏まえ，図4.4のような均衡が導

かれることになる。先に触れた理由から，第2段階でのAの決定が確定しえなくなるが，仮にここで2度目のAの出方がわからなくとも，*B*3, *B*5がともに*B*1を上回っているため，このこと自体は第1段階でのBの意思決定には何ら影響を及ぼさないことに注意されたい。むしろここでは第1段階でのAによる要求の程度がいずれのケースであっても，Bは必ずNOを選択し，かつ*A*7が*A*3, *A*5をともに上回っているため，均衡経路が直ちに確定する。Aが中程度の要求を提示し，Bが直ちに拒否するというものである。この経路はDITFで想定されていた結果とは大きく異なっている。以上，ここでの常識に基づいた選好順序の下では，残念ながら第2段階でのYESを導きえないことがわかる。

図4.4

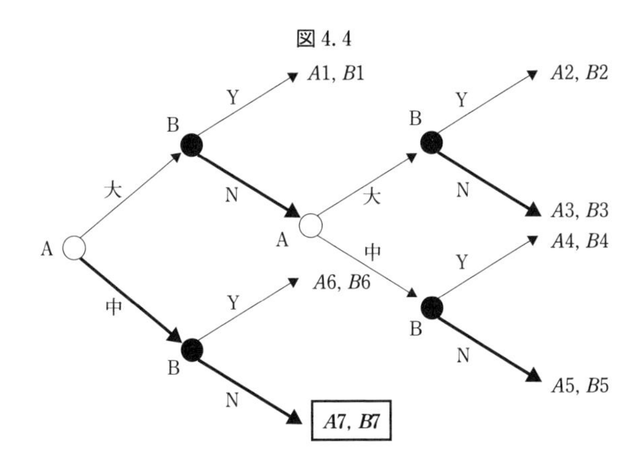

DITFとは本来の要求を控え，あえて過大な要求を行い，一旦拒否させた上で本来の中程度の要求に切り替え，同意を得るというものであった。ここで確定する経路上では，明らかに第2段階で中程度の要求に対して相手の同意を得ることにはなっていない。まずこの点が両者の不一致となる理由の1つといえる。そこで常識と思えた先の想定の一部を修正したい。ここでDITFが成立しないことの理由は，少なくとも一度NOを言った後にAが提示した中程度の要求を断ること（B5）がそれを受け入れること（B4）よりも望ましいためであるから，これを逆転させればよいことになる。このDITF成立を阻害する問題の要因に対する対応として，この変更がちょうど，人は続けて断ることを申

し訳なく思う傾向を図 4.3 に反映させることになっている。このようにして両者の大小関係を逆転させ ($B4>B5$), 連結不等式 (4.1) を (4.2) のように修正する。

$$\mathrm{B}: B7>B3>B6>\underline{\underline{B4>B5}}>B1>B2 \tag{4.2}$$

果たして，DITF が成立するためのインセンティブ構造になっている。図 4.5 に見られるように，確かにここでは修正により DITF を均衡経路として成立させることに成功したことになる。

図 4.5

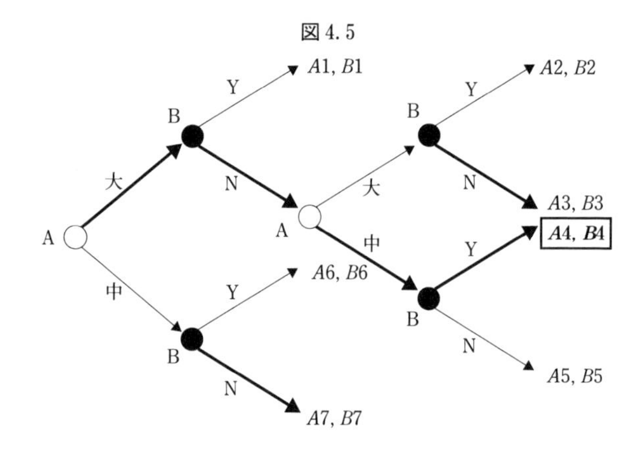

このように，まずは DITF に関して念頭に置かれている想定を加味することで，常識を前提とした推論と直感的理解とがうまく結び付くことが確認できた。

2.2　FITD のケース

次に過大な要求を提示する代わりに過小な要求を提示する FITD のケースを見てみよう。過大な要求が拒否を得るためのものであったのと対照的に，ここでの過小な要求はまず一旦相手の同意を得るためのものである。このことがどのようにして最終的に中適度の要求への同意をもたらすことにつながるのか，以下，明らかにしたい。

ここでは図 4.6 に示されているように，まず A が過小な要求か中程度の要求のいずれかを選ぶ。やはり先のDITFと同様，中程度の要求が彼の本来の要求であり，もしこの要求を提示すればBの対応如何にかかわらずAは再提示せず，交渉はそこで終了する。また過小な要求を行う際にも，もしBがこれを拒否するのであればAはこれ以上の提示をせず交渉を中止する。問題はBがこの過小な要求を受け入れた場合である。このときに限りAがもう一度，過小，中程度のいずれかの要求を行い，先のゲーム状況がそこで繰り返されるものとする[15]。

図4.6

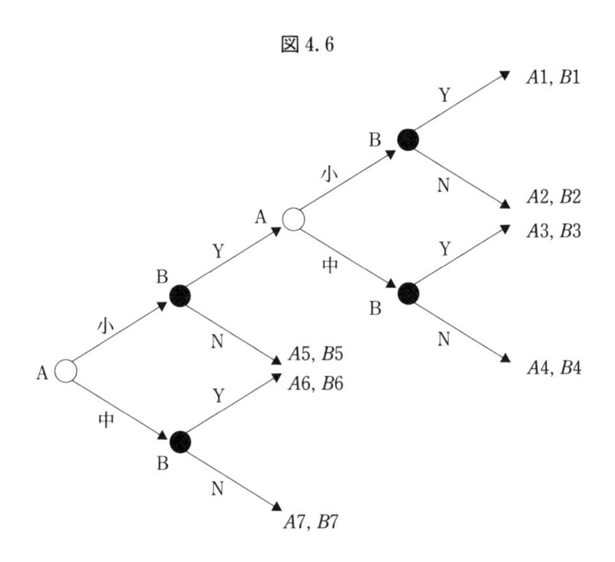

さて，ここでなすべきことは，やはり常識的かつ最大公約数的な選好順序決定である。先のDITFと同様にAを要求者，Bを要求される者とするとき，彼らの選好順序として，Aについては，要求の実現度，要求実現の速さ，要求に伴うコストを順次適用し，Bについては，強いられる負担の程度，結果確定の速さ，要求の断りやすさを順次適用し，優先順位をつける。つまりAにとってはより大きな要求が実現すればより望ましいとし，実現する要求水準が同じならば，より速く実現する方が望ましい。そして時間が同じならば要求に伴うコストが低い方が望ましいとする。他方，Bにとっては，強いられる負担は低い方が望ましいし，負担が同じならば確定までの時間が短い方が望ましい。

そして所要の時間が同じならば要求を断りやすい方がより望ましいものとするのである。これらを考慮すると，Aの選好順序は

$$\mathrm{A}: A6 > A3 > A1 > A5 \fallingdotseq A7 > A2 \fallingdotseq A4 \qquad (4.3)$$

である。ただし，DITFのときと同様に考えて，$A5$と$A7$および$A2$と$A4$のそれぞれ大小関係については，控えめの要求を断られることのショックとあからさまな本音の要求をすることの精神的負担度との兼ね合いで決まるため，やはりここでも確定しないでおくが，先と同様の理由で便宜的に近似記号を用いていることに注意されたい[16)]。またBの選好順序は

$$\mathrm{B}: B7 > B5 > B4 > B2 > B1 > B6 > B3 \qquad (4.4)$$

となる。以上，これら不等号で表された利得の大小関係を踏まえることでゲームの均衡経路が導かれる準備が一応，整ったことになる。

それでは図4.7を見られたい。ゲームの結末からバックワード・インダクションにより推論すると，まず明らかなことは，Aが再度要求を提示する際に，Bは要求水準が小中のいずれであってもNOを告げることである。FITDとは本来の要求に代えて，あえて過小な要求を持ち出し，一旦同意を得た上で本来の中程度の要求に切り替え，再度同意を得るというものである。しかしながらそもそもここでは当初の単純な選好順序(4.4)の下で，容易に図に示されるように，第2段階での中程度の要求に対して，相手の同意を得てはいない。つまり少なくともゲームの結末ではBにFITD成立のためのインセンティブが適切に与えられていないことになる。

そこで前提となっていた選好順序の想定を一部修正したい。ここでFITDが成立しない要因は，一度YESを言った後にAがエスカレートさせた要求を断ること（$B4$）がそれを受け入れること（$B3$）よりも望ましい点にあるので，要はこの点を改めるのである。もともとFITDの想定では，一度要求を認めた後では断りにくくなる傾向を前提として，シナリオの正当化が説明されているようである。その条件がここでは，ちょうど両者を逆転させてB3＞B4とすることに，正に対応している。したがってBに関する選好順序は

図 4. 7

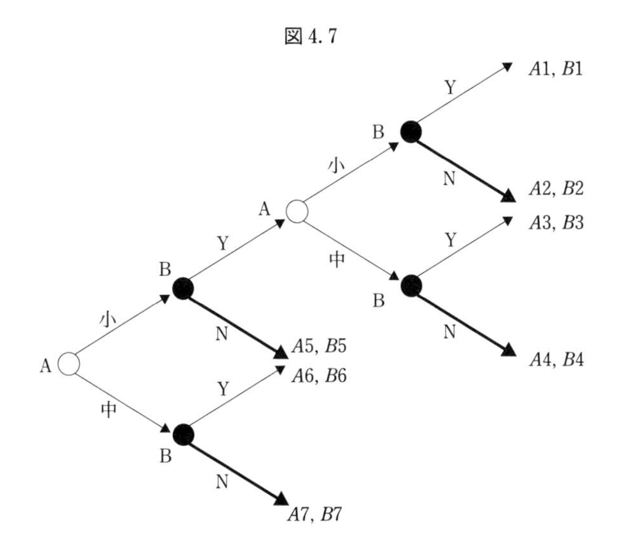

$$\mathrm{B} : B7 > B5 > B1 > B6 > \underline{\underline{B3 > B4}} > B2 \qquad (4.5)$$

のように修正されることになる。残るはこの (4. 5) での修正をゲームの木に反映させることである。ただその際，$B4$ のみを $B3$ の後方に移行させることはできない点に注意されたい。$B2$ との比較においては，要する時間が同じである以上，要求をより断りやすいのは明らかに $B4$ の方だからである。そこでより好ましい $B4$ とそうでない $B2$ との間の $B4>B2$ の関係を維持したまま，(4. 5) での順序を $B3>B4$ としている [17)]。

さてこの選好順序の修正により，果たして FITD が均衡経路として成立するか。図 4. 8 において示されているように，第 2 段階での A によるいずれの要求に対しても B は YES と答えている。そのことを織り込んで A は中程度の要求を提示することになる。第 2 段階で A の目論見通りに，FITD のシナリオが成立するかに見える。しかし問題はその前の B の意思決定にある。B は A によるこの過小な要求に YES を言うであろうか。迂闊にも同意を与えた場合，その後のエスカレートされた第 2 要求にさらされることが自明である。しかもここでは完全情報ゲームである以上，最初に過小な要求を受け入れてしまうと，A がその後に要求水準を引き上げてきたときに断りにくくなることまでもがわかっているので，その前の段階で後の災いの芽を断っておけばよいのである[18]。そして実際のところ，図 4.8 ではそうなっている。しかし残念ながらそれでは FITD にならない。このままでは FITD が依然として成立しえない以上，B にとってあえて過小な要求を受け入れることがここで妥当となるためには，さらに想定を一部修正しなければならない。DITF のケースとは異なり，このケースではシナリオ正当化のため，通常なされる理由を選好順序に反映させるだけでは十分ではなく，それ以上の何かが必要とされるのである。

図 4.8

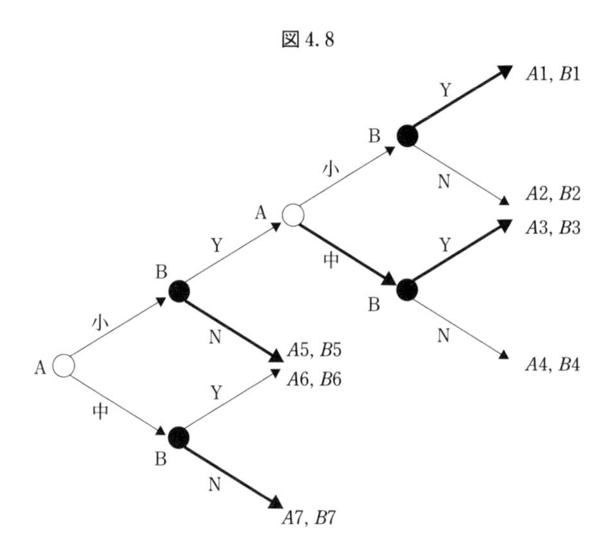

ここでは $B5>B3$，つまり最初に過小な要求を断ること（$B5$）が 2 度目に中程度の要求を受け入れること（$B3$）よりも望ましいという点が問題となっている。どうするか。そこでこの大小関係を逆転させ（$B3>B5$），B にとっての選好順序を

$$\mathrm{B} : B7 > B1 > B6 > \underline{\underline{B3 > B5}} > B4 > B2 \tag{4.6}$$

としてみよう。幸い，このとき，図 4.9 において示されるように，間違いなく所望の FITD 経路が成立している。しかしその代償として，(4.6) においては

不合理といってよいほどのプレイヤーの思慮の浅さを想定しなければならなくなる。つまり，この条件が想定しているBの選好にはかなりの不合理な点が含まれてしまう。Aによる控えめな要求に一度同意を与えると，その後，新たなより厳しい要求を突きつけられ，そこで苦渋の選択を迫られ押し切られることがわかっているのに，なぜ事前にBは即座に毅然とした態度で拒めないのか，釈然としないのである。これが非合理的な点である。

図4.9

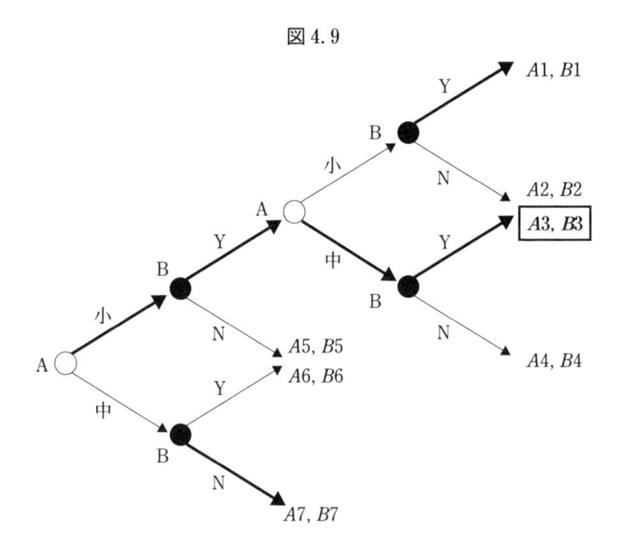

2.3　情報の非対称性導入によるFITDの再解釈

そこでBの心情を読み解く必要が出てくる。辻褄を合わせるには，Bはおめでたい，騙されたがっている，トラブルに巻き込まれたがっている，善人ぶりたい，被害者面をしたい，自己欺瞞者であるなど，特別な人物像を想定しなければならなくなる。いずれも合理的なプレイヤーとしてはかなりのこじつけととられかねない無理な想定である。そこで視点を変えよう。つまり無理な想定を置き，常識とは掛け離れた形でBの選好順序に修正を施すよりも，ここでの自然な解決策は，むしろゲームに関する完全情報の想定を外すことである。つまりここでは最初の段階ではBには知りえないものの，Aには善悪の2タイプがあり，仮に善人であった場合，その後，要求水準を引き上げることはなく，過小な要求の実現で十分に満足するものとする。そして悪人であった場合のみ従来の想定のとおりの行動パターンが見られるものとしよう。

情報の非対称性導入の下ではゲームの木は次のように変更される。図 4.10 を見られたい。第 1 段階で過小な要求がなされた後，自然 N が両タイプのいずれであるのかの確率的な選択をする。善人である確率は α，悪人である確率は $1-\alpha$ とする。

図 4.10

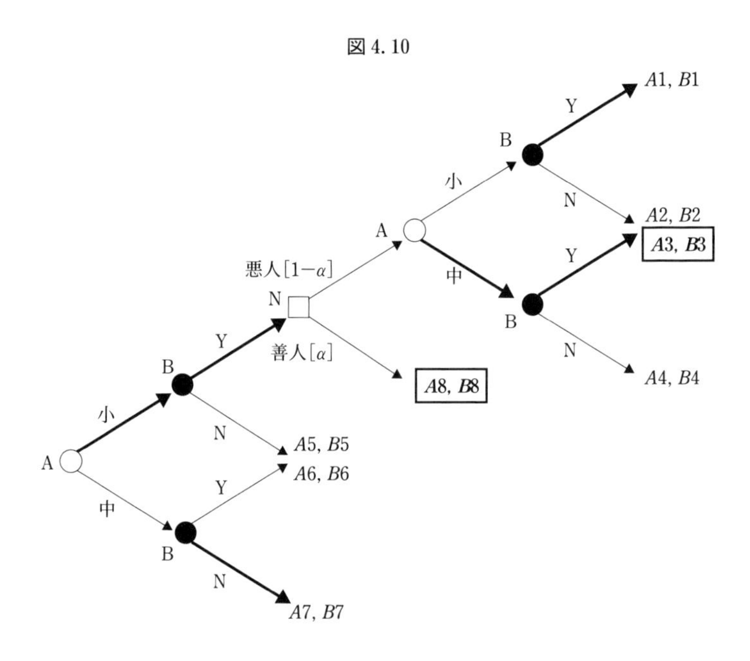

善人の場合の選好順序は

$$善人\ \mathrm{A}：A6 > A8 > A7 \fallingdotseq A5$$

とし，悪人についてはこれまでと同様に (4.3) 式が成立するものとする。B については (4.4) 式を維持するが，新たに

$$\mathrm{B}：(1-\alpha)B3+\alpha B8 > B5, \quad B8 > B5 \tag{4.7}$$

をそれに追加しよう。これらの不等式 (4.7) のうちの前者においては，左辺が

示す第1段階で過小な要求にYESを言うことによる利得の期待値が，右辺の示すNOを言う場合の利得を上回っていることを表し，後者では，基本的にはBが善人であるAに対して小さな親切をしたがっていることを表している。

この下で均衡経路を見出してみると，Aが悪人であったためにAによる過小な要求が通った後に，再度，悪人と判明したAによる再度の提示が中程度の要求水準に引き上げられ，それに対してもBが同意する様が示されている。その結果を踏まえると，当初Aのタイプを知りえなかったため，最悪，過小な要求への同意が苦渋の決断を迫らされる結果を視野に入れつつも，十分に善人の可能性を高く見込んでいた場合には，

$$(1-\alpha)B3+\alpha B8 > B5,\quad \text{つまり}\ \alpha > (B5-B3)/(B8-B3)$$

の成立する限り，あえてBは最初にYESを選び，その結果としてFITDの現象が見て取れることになる。またここではこの不等式と$B5>B3$は矛盾せず，両立しうることも併せて確かめられる。したがって先の解決策とは異なり，ここでは必ずしも$B5$と$B3$の大小関係を逆転させなくともよいのである。

Aが善人であれば最初の段階においてそもそも過小な要求で十分なはずであるし，また悪人であればその後要求水準をエスカレートさせる目的で，やはり一旦は過小な要求を試みる。もちろん残念ながらこの後者の場合には，Bは要求を受け入れてしまったことを後に後悔することになる。しかし事前には十分に大きなαの確率がこの行動を正当化することになっていて，シナリオとしては論理的には矛盾しない。

このようにして常識に沿った形でモデルの抜本的な変更を施すことにより，FITDが均衡経路として成立し，論理的にも正当化しうることが確かめられた。このことから，ゲーム理論を通して，常識を反映した選好順序と交渉の帰結に関する直感的理解とがうまく結び付けられた，といえよう。

2.4　両説得術に関する解決策間の程度の相違

最後に残ったのは，なぜFITDがDITFに比べてその成立のハードルが高くなってしまったのか，を明らかにすることである。DITFにおいてはそこでの直感的理解と整合的な形で，一度過大な要求を拒否した後にAが修正して

提示した中程度の要求を再度断ることがそれを受け入れることよりも辛い，という想定をモデルに追加することが，ちょうど必要とされる均衡成立要件となっていた。しかしながら，他方でFITDの成立要件としては，一度過小な要求に同意を与えた後にAが引き上げた要求を断ることがそれを受け入れることよりも望ましいというように，FITDのシナリオで想定されている前提をただ単純に加味するだけでは，依然として不十分となっているのである。そのため合理性を欠く想定を無理にでもさらに追加するか，あるいは不完全情報ゲームに修正するかしなければならなかった。この差はどこに起因するのであろうか。最後にここで，この種の疑問に答えることにしよう。

これまでの説明でも一部触れてはいるが，それには，Aが当初の狙いである中程度の要求とは異なる要求水準を提示したときに，それを受けてBがそれぞれの戦略のシナリオ通りの経路を選ぶか，それともそれに反した選択をするのか，そのインセンティブの程度をそれぞれ比較してみるとよい。DITFの場合，Aがまず過大な要求を提示する。DITFの経路としてはBはNOを選択し，その利得は最終的に$B4$となるが，あえてそれに反した選択をすれば利得は$B1$である。この$B1$が(4. 2)式において選好順序として相対的に魅力に乏しいため，ここでのゲームの枠組みの中でのDITFのシナリオ成立を比較的容易なものにしている。

他方，FITDの場合では，Aの本来の要求の程度を下回る過小の要求に対して，シナリオ通りではYESとなり，結果，利得は$B3$となるが，それに反したNOの選択の際には利得が$B5$である。これは(4. 5)式の選好順序においてかなり高く，有利な選択肢として位置付けられている。これがここでのゲームの枠組み内でのFITDの成立のために，かなり無理で不合理な想定をあえて置くか，完全情報ゲームを離れるかしなければならなくなった最大の要因である。

このように，Bの当初の選好順序において，シナリオ成立という意味での均衡経路外での意思決定の結果が，相対的にどの程度有利かどうかを鑑みれば，この点こそが両ケースの取り扱いの差をもたらしていることが理解できよう。

2.5 小　括

本節では，2段階説得術のうちの代表的なものとしてドア・イン・ザ・フェースとフット・イン・ザ・ドアをそれぞれ取り上げ，ともに条件付きで意味のある戦略となりうることを理論的に明らかとした。一見した所，常識から引き出された結論が直感的理解と合致しなくとも，そこでは常識的な判断が必ずしも誤っているわけではなく，むしろ感性に沿った形でモデルに適宜変更を施すことにより，DITFとFITDがともに均衡経路として成立し，論理的にも正当化しうる説得術であることが確かめられるのである。

このように本章において，心理学的な要素を含んだ戦略であっても，ゲーム理論のシンプルなフレームワークの中において，その常識を反映した選好順序から議論を始め，最終的に所望の結論へと導くことができた。また，FITDの方がDITFよりその成立要件が厳しく，通常の議論でなされる以上の「何か」が新たに必要となることをも示した。

ま と め

本章では，まずソフトな予算制約問題が，時間不整合性の観点から資本主義経済よりもむしろ社会主義経済において，より深刻なことを示した。しかしながら，他方では資本主義経済においてもセレクション問題の深刻化を招いてしまい，そこでは社会主義経済以上に大きな非効率をもたらしていることをも明らかにした。

次いで，2段階説得術としてドア・イン・ザ・フェースとフット・イン・ザ・ドアの両戦略をそれぞれ取り上げ，ともに意味のある均衡戦略となりうることを検討し，成立のために条件を導出した。その上で，後者は前者に比べてその成立の条件がより厳しくなることに言及した。

注

1） ソフトな予算制約問題自体はKornai（1986）を，その現象に直接間接関連する諸問題のサーベイは，Dewatripont and Roland（2000），Maskin and

Xu（2001），あるいは Maskin and Simonovits eds.（2000）における諸論文を，それぞれ参照されたい。邦文では伊藤・小佐野（2003）第12章において，地方分権と中央集権システムの比較で企業行動が論じられている。

2）このように債権者・企業家間にはエージェンシー関係が成立しており，本来，プリンシパル・エージェント問題が生じうる。

3）Dewatripont and Maskin（1995）のモデルを修正した Berglof and Roland（1998）の基本モデルに基づきながら，ここではさらに修正し，ゲームの木上で新規融資の決定節を明示化している。

4）このとき企業家は第1期において収益をまったく生み出すことはできず，債務不履行となる。

5）ここでの資本主義経済のケースを資本主義経済下における民間企業のケース，社会主義経済のケースを資本主義経済下における国営企業のケースと，それぞれ読み替えて解釈することもできよう。

6）実際は努力コストを要するはずであるから，その値を利得から差し引くべきであろうが，努力コストの水準はここでの結果に直接影響しないため，無視できる水準であるとみなして考慮はしていない。

7）企業家と債権者間におけるソフトな予算制約問題発生の要因としては，これらサンク・コスト，温情主義以外に，インサイダー・コントロールの存在を挙げることもできる。これについては Li and Liang（1998）を参照のこと。

8）先の親子ゲームでは子供が先行プレイヤーであり，事前に子供を作るかどうかという決定は親の選択肢にはなかった。そのため旅に出すという工夫がコミットメントとして必要とされた。ここでは親に相当する債権者には企業家によるモラル・ハザードを回避するため，先行プレイヤーとして事前に新規融資を差し控えるという選択権が与えられている。

9）仮定より α^* は1を下回っているので，α^{**} はその α^* から分子，分母ともに I_p を差し引き，さらに分母に I_g を加えたものであるから，$\alpha^* > \alpha^{**}$ の大小関係成立はほぼ自明である。

10）このような意味での信用市場の整備によって大きな収益が期待できるが，長期間にわたる償還を強いる融資に対してはかえって逆効果となる。これについては Dewatripont and Maskin（1995）を参照のこと。

11）ドア・イン・ザ・フェースとフット・イン・ザ・ドアのそれぞれの説得術については，Cialdini et al.（1975），Freedman and Fraser（1966）がそれぞれ嚆矢となっている。後者に関しては Burger（1999）も示唆に富む。関連した他の説得術についても併せて知りたい向きには，例えば Cialdini and Goldstein（2004）を参照されたい。また邦文のものとしては，Cialdini（2001）の訳本が利用できる。また印南（2001）もわかりやすい。

12）意思決定の際に，合理性を考慮しながらも認知科学，特に認知心理学の影響を加味したものとしては，よく知られるように行動経済学がある。本章もその種の取り組みの1つとして位置付けることもできよう。この種の先行研究のまとめについては，Wilkinson（2008），中込（2008）を参照されたい。また特にゲーム理論との関わりについてはCamerer（2003）を参照されたい。

13）このとき一度断られているにもかかわらず，依然としてこの段階においても過大な要求を選択肢に含めている点は，以下のようにして正当化されうる。1つにはそのまま再度図々しく同じ要求を繰り返すととることである。他には，本当に拒否で良いのかどうかを念のため確認してきているととるというものである。最後に，多少は要求水準を引き下げてはいるが，事実上過大な要求と同一とみなせる程度の下げでしかないととるというものである。ここではこれらのうちのいずれかであると解釈されたい。

14）これは，分析の焦点を第1要求への対応の仕方がBの心理面に作用する点に合わせたいためで，Aについては，なるべく一般性を保持しておきたいという理由による。また後に明らかとなるように，このこと自体は選好順序の修正前後のいずれにおいても，均衡経路の確定には何ら影響を及ぼさない。

15）ただしここでは，一旦過小な要求に同意を与えていても，中程度に引き上げた後に拒否された場合に，先の合意の内容も御破算となると想定している。もし第1段階での合意がその後の拒否にもかかわらず維持される場合には，(4.3) 式における $A5 \fallingdotseq A7$ と $A2 \fallingdotseq A4$ の大小関係に逆転が生じることになる。しかしながら，その場合でも，ほぼ同様の議論が成立する。また過小な要求に同意を与えているにもかかわらず，この段階において依然として過小な要求が選択肢として含められているのは，念のため合意内容を再確認しているからというものと，ここでは多少，要求水準を引き上げてはいるものの，事実上過小な要求と同一とみなせる程度の上げに留まっているから，とのいずれかであると解釈していただきたい。

16）ここでも以下取り組まれる選好順序の修正の際のいずれの場合にも，均衡経路の確定には影響を与えないことになる。

17）しかしながらこの修正はあまり均衡経路の確定に影響を及ぼしえない。第2段階でのAの要求水準がいずれであろうと，その前の段階でAの過小な要求をBは拒否するからである。つまりAによる過小な申し出をBが受け入れた後でのAの出方がどうであろうと，その後のBの利得はすべて $B5$ を下回っているので，ここでのBの意思決定に際して特に問題にはならない。

18）ホールドアップされる状況がわかっているなら，それを避けるために事前に他の安全策を選べばよい。そのため図 4.8 では，A による中程度の要求への切り替えに対する渋々の同意という決定は，均衡経路外でなされることとなっている。

第5章　戦略形ゲームと展開形ゲームの関係（基礎）

ゲーム状況を分析する際，時間がどう扱われるかで表現は変わりうる。時間を明示的に考慮しないときとあえてそれをするとき，戦略形ゲームと展開形ゲームにそれぞれが対応する。またプレイヤー間で意思決定に順番がない同時手番ゲームと順番のある逐次手番ゲームと，それぞれ性格付けることもできよう。分析しようとするゲーム状況に応じて使い分ければよい。ときどきで取り扱いやすい方を選ぶということもありうるかもしれない。

本章では第3章の中で一部議論した戦略形ゲームと展開形ゲームの両表現方式間の関係性を改めて取り上げ検討する。まず前半で，チームの中でのさまざまなタイプのメンバーにとっては，先手かどうかというゲーム状況によるタイミングの差異により，その順番の果たす役割やゲームの均衡，そこでの利得にどう影響するかを論じる。ケース分けしたうえで，プレイヤーが主体性を発揮することが正当化されるケースはどのようなときかを示唆することになる。具体的には，同時手番ゲームにおける均衡があるプレイヤーを先手とした逐次手番ゲームにおいて大いにパレート改善が図れることを明らかにする。

さらに後半の内容については次の通りである。通常，展開形ゲームを戦略形ゲームに書き換えた場合，そこにおいて得られるナッシュ均衡の中に合理性を欠いた戦略の組が存在しうる。その比較において合理性を反映した組として部分ゲーム完全均衡が正当化されることになる。展開形ゲームにおけるバックワード・インダクションより戦略形ゲームにおいて存在する複数のナッシュ均衡の中から望ましい組合せを選び出すわけである。しかしながらここで展開しようとするストーリーでは議論が逆となる。どちらが告白するかという駆け引きの状況下で逐次消去を駆使しながら展開形ゲームにおいて存在する複数の部分ゲーム完全均衡の中から望ましい方を選び出すことのできる可能性を示唆することになる。

1. 監督による選手起用法問題

地域や組織を考えるとき，当然平均的な人間が多数を占めるはずである。そのボリュームゾーンの厚みを考慮するとき，平均的な人々がどのように振る舞うかは看過できない問題であろう。ここでの問題意識は，ごく平均的な人間が組織の中でどういう扱われ方になるのか，それは当事者にとって，そして組織にとって，どの程度望ましいものなのか，もし望ましくないのであれば，それを避けるために何を心掛けるべきか，どう振る舞うべきなのか，を順次，考えてみることである。付随して，この議論の最後のところで若干の関連問題についても取り上げることにする。

今，とあるスポーツチーム内の選手と監督間で，次のような問題に直面するものとする。選手はその能力の如何にかかわらず，レギュラーとして試合に出場したいものの，監督の方針には縛られることなく，自分中心に勝手気ままなプレーをしたい。監督は選手に自らの方針に従ってほしいものの，仮にそうでなかったとしても，選手の能力が高ければ高いほどレギュラーから外すことはできなくなるし，逆に従ってくれてはいても選手の能力が低いのであれば外さざるをえないとの判断になる。

さて，それではそれらの中間にあるごく平均的な選手に対して，監督はどのような起用方針で臨めばよいであろうか。当該選手の能力は高くも低くもない。そのため起用の是非に，監督の方針にいかに忠実でありえるかどうかが決定的に重要となってくる。監督はその選手が自らの方針に従うときレギュラーから外さずに起用し，従わないときには外すという判断基準となる。にもかかわらず皮肉なことに，同時手番ゲームおよび監督を先手とする逐次手番ゲームにおいては，選手の能力が低いケースと同一の結果を招いてしまう。そうならないよう，能力が平均的な選手として新たなより望ましい結果を得るためには，選手自らが監督に先んじて意思決定を行う必要がある。能力の低い選手との違いを明確にできるかどうか，平均的な選手にとっての差別化戦略として，受け身にならずにまず先手を打てるかどうか，という主体性の発揮こそが欠かせない。

以上を簡単なモデルで確認することが，ここでの主眼点である。

1.1　選手と監督の立ち位置の想定

選手にとって，①チーム内でルールや方針に縛られず，勝手気ままに振る舞いたいとは思うものの，同時に②実際に出場機会を得た上で，チームに貢献して活躍できることもそれ以上に重要なはずである。監督にとっても同様に，③試合に勝つためには能力の高い選手をスターティングメンバーで起用し，劣る選手をそこから外すことが定石ではあるものの，④仮に優れたプレイヤーであっても，指示に従わずにチームの和を乱し，戦術にも合わないなどといったような事例では，あえて起用しないことが妥当となるかもしれない。その意味で，自分の方針等への適不適も選手起用の理由には十分になりうる。こうして想定するケースにおける選手と監督，それぞれが2つの異なる判断材料（選手にとって自己中心的であることの代償としてスタメンを外されるか，逆にチームに貢献するよう監督に従えるか，つまり①と②の兼ね合い[1]と，監督にとっては選手能力の程度と従順かどうか，つまり③と④の兼ね合い）に応じて，利得の大小関係が変わりうる。ここでの想定は以下の通りである。

選手の能力が高いケース（ケース1），低いケース（ケース2），平均的なケース（ケース3），いずれにおいても，該当する選手の選好順序は共通しており，数値に至るまでまったく同一であることに，特に注意が必要である[2]。つまり能力レベルにかかわらず，選手にとっては，起用され，かつ自由にプレーすること（従わない，外さない）が最善で，起用かつ従うこと（従う，外さない）は次善，外され，かつ従わないこと（従わない，外す）が三番目，最悪は外され，かつ従うこと（従う，外す）になっている。結論を一部先取りすると，指示に従わないことが支配戦略となり，自己中心的な選手を念頭に置いてはいるものの，外されないことが利得順位の上位2つを占めており，順序関係として選手にとって起用こそが最重要な関心事となっている。なお自明であるが，括弧内のペアとなっている行動は，選手，監督の順となっており，以降，踏襲される。以上をまとめると次の通りである[3]。

（従わない，外さない）>（従う，外さない）>（従わない，外す）>（従う，外す）

他方，監督にとっては，まずケース１において，選手が指示に従ってくれ，起用すること（従う，外さない）が最善で，選手が従わないにもかかわらず起用すること（従わない，外さない）が次善，従うにもかかわらず外すこと（従う，外す）が三番目，そして最悪は選手が従わず，外すこと（従わない，外す）である。このように監督にとって当該選手を外すことなく起用することが，利得順位上の上位２つを占める。

（従う，外さない）＞（従わない，外さない）＞（従う，外す）＞（従わない，外す）

次にケース２においては，選手が指示に従おうとも外すこと（従う，外す）が最善で，選手が従わないため外すこと（従わない，外す）は次善，選手が従い，その選手を起用すること（従う，外さない）が三番目，最悪は従わないにもかかわらずに起用すること（従わない，外さない）である。このようにここではレギュラーから外し起用しないことが利得の上位２つとなる。

（従う，外す）＞（従わない，外す）＞（従う，外さない）＞（従わない，外さない）

さらにケース３においては，選手が指示に従い，かつその選手を起用すること（従う，外さない）が最善，従うもののレギュラーとしては外すこと（従う，外す）は次善，従わず外すこと（従わない，外す）は三番目，最悪は従わないにもかかわらず起用すること（従わない，外さない）である。選手からの「従う」を得ることが，ここでの監督の利得の上位２つとなる。監督は忠誠心を重視し，選手が指示に従うなら起用するが，従わないなら外すというメリハリの利いた起用法となっている。

（従う，外さない）＞（従う，外す）＞（従わない，外す）＞（従わない，外さない）

こうして，監督の方は，選手に自分の指示や方針に従ってほしいものの，結局，そこでの選手の出方にかかわらず，ケース１で起用，ケース２で外すことになり，ケース３においては忠実に従ってくれる場合に限り起用することとなる[4)]。以上の点は後に図表に基づきながら再度説明する。

最後に付随した関連問題として，選手の能力が平均的であるために，監督の選好順序がケース３のようであることに加えて，今度は選手側の選好も監督のそれと同様にメリハリを有する状況に変更を加える（ケース4)。つまり，そこでは選手が，起用されるなら指示に従い，外されるなら勝手にやりたいという傾向を有するケースである。選手の利得順位は，指示に従い，かつ起用されること（従う，外さない）が最善，従わないにもかかわらず起用されること（従わない，外さない）が次善，従わずに外されること（従わない，外す）が三番目，最後に最悪は従うにもかかわらず外されること（従う，外す）である。

（従う，外さない）>（従わない，外さない）>（従わない，外す）>（従う，外す）

ケース3とは異なり，このケースでは選手と監督の扱われ方が対照的となっており，その際，均衡や結果がどうなるかが最後のところで考察される。

上述の4つのケースそれぞれにおいて，同時手番ゲームの場合および逐次手番ゲームの設定で選手と監督がそれぞれ先手の場合の3パターン，計12パターンを，以下，順次検討する。4つのケースごとに，同時手番，2つの逐次手番，それぞれのゲーム状況における均衡および均衡経路がどう変わるか，逆に変わらないか，を確認しておき，その上で比較・検討することが，ここでのトピックの狙いを果たすための重要な作業となる[5)]。

1.2　選手の能力が高いケース（ケース1）

まず選手の能力が高いケースから始める。ただし選手の選好順序はその能力にかかわらず基本共通しており，数値に至るまで同一である。選手にとっては，起用され，かつ自由にプレーすること（従わない，外さない）が最善で，起用かつ従うこと（従う，外さない）は次善，外され，かつ従わないこと（従わない，外す）が三番目，最悪は外され，かつ従うこと（従う，外す）になっている。

（従わない，外さない）>（従う，外さない）>（従わない，外す）>（従う，外す）

他方，監督にとっては，このケースにおいて，選手が指示に従ってくれ，起用すること（従う，外さない）が最善で，選手が従わないにもかかわらず起用すること（従わない，外さない）が次善，従うにもかかわらず外すこと（従う，外す）が三番目，そして最悪は選手が従わず，外すこと（従わない，外す）である。

（従う，外さない）＞（従わない，外さない）＞（従う，外す）＞（従わない，外す）

同時手番ゲーム

このケースのゲーム状況を以下のような同時手番ゲームとして捉えよう。

表 5.1

		監督	
		外す	外さない
選手	従う	−1, 0	1, 2
	従わない	0, −1	2, 1

直ちに確認されるように，双方が支配戦略を有している。まず選手は監督に起用してもらいたいものの，基本，勝手気ままにプレーしたい。監督の出方にかかわらず「従わない」が支配戦略となっている。他方，監督の方においても，選手に指示に従ってはほしいものの，もし仮にそうでなかったとしても，その選手が有望選手なら抜擢せざるを得ないし，チームに欠かせない中心選手なら重用せざるをえない。「外さない」がやはり支配戦略である。

表 5.2

		監督	
		外す	**外さない**
選手	従う	−1, 0	1, 2
	従わない	0, −1	[2, 1]

このケースでゲーム状況を同時手番ゲームとみなす場合，プレイヤーそれぞれに支配戦略があり，支配戦略均衡（従わない，外さない）が成立する。逐次手番ゲームとして解釈した場合，結果が変わるかどうかがここでの関心事である。早速以下で確認する。

逐次手番ゲーム

このケースのゲーム状況を逐次手番ゲームとして捉える。したがって順番のあるゲームとなる。まず選手を先手とする。

選手がまず左端の始点に置いて「従う」と「従わない」のどちらかを選択する。その後，監督の手番はそれぞれに対応した手番において「外す」と「外さない」という行動を選択することで4通りの戦略を持つ。監督が先手のときはちょうど逆の関係となる。以下，それぞれのケースをバックワード・インダクションで解くことになる。

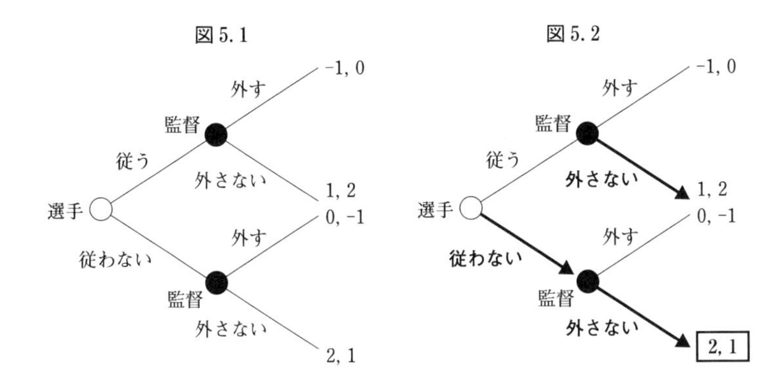

図5.1　図5.2

今度は監督を先手とする。

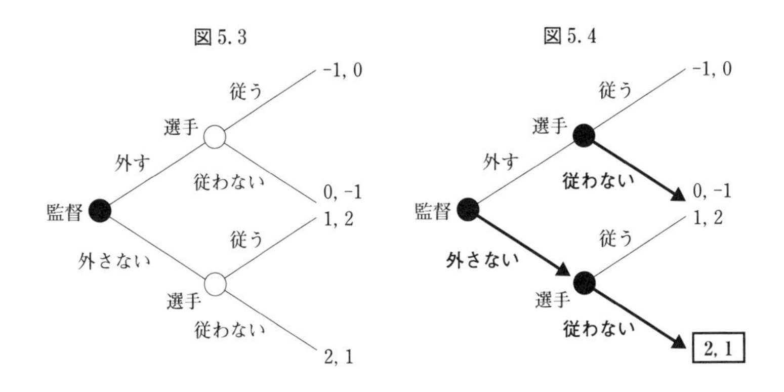

図5.3　図5.4

ゲームの木において容易に確認できるように，それぞれ部分ゲーム完全均衡は，選手を先手とするときに｛従わない，（外さない，外さない）｝，逆に監督を先手とするときには｛（従わない，従わない），外さない｝である。ただし後者においても前者と同様，また利得ペアと同様，左が選手，右が監督に対応させていることに注意されたい。どちらを先手とする逐次手番ゲームであっても，そのゲームの結果は同時手番ゲームにおける支配戦略均衡のそれと何ら変わるところはない。このとき，均衡はロバストであるということができ，このときわざわざ併せて検討するメリットはやや小さいかもしれない。

1.3　選手の能力が低いケース（ケース 2）

次に取り上げるのは選手の能力が低いケースである。選手の選好順序はその能力にかかわらず，ここでも共通しており，数値に至るまで同一となっている。

（従わない，外さない）＞（従う，外さない）＞（従わない，外す）＞（従う，外す）

他方このケースでは，監督にとって選手が指示に従おうとも外すこと（従う，外す）が最善で，選手が従わないため外すこと（従わない，外す）は次善，選手が従い，その選手を起用すること（従う，外さない）が三番目，そして最悪は従わないにもかかわらずに起用すること（従わない，外さない）である。

（従う，外す）＞（従わない，外す）＞（従う，外さない）＞（従わない，外さない）

同時手番ゲーム

このケースにおいてもまずゲーム状況を次のような同時手番ゲームとして捉えることから始める。

表 5.3

		監督	
		外す	外さない
選手	従う	−1, 1	1, −1
	従わない	0, 0	2, −2

選手はここでもレギュラーから外れずにいることを重視はするものの，監督の出方如何にかかわらず，その方針には基本，従いたくはなく，自由気ままさを失うことを望まない。攻守所を変え，監督の方においてもやはり，選手が従わないときにおいてはいうまでもなく，仮に従うときであってもチームに貢献できない選手は戦力外として切らざるをえない。

表5.4

		監督 外す	監督 外さない
選手	従う	−1, 1	1, −1
選手	従わない	0, 0	2, −2

こうして，やはりこのケースについても，同時手番ゲームにおいてはプレイヤーがともに支配戦略を持つことになっている。ただし先の支配戦略均衡（従わない，外さない）に対し，ここでは支配戦略均衡（従わない，外す）が成立することとなっている。

逐次手番ゲーム

このケースにおいても先と同様，同時決定のゲーム状況をあえて逐次手番ゲームとして解釈した際においても，支配戦略均衡と同じ結果となりうるかどうかを，以下，選手が先手の場合から順次，確認していこう。

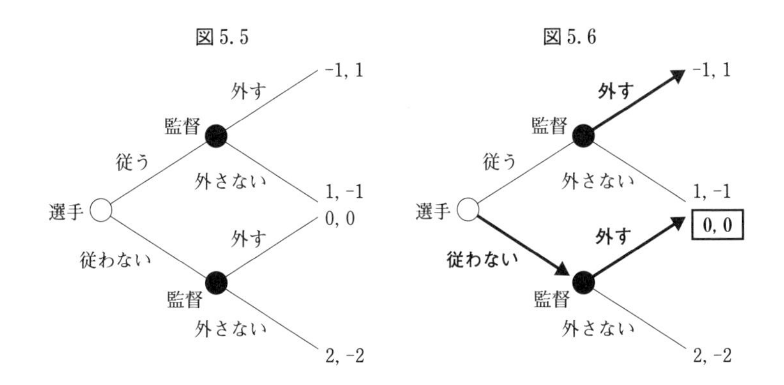

今度は監督が先手である（図5.5, 5.6）。

部分ゲーム完全均衡は，選手を先手とするとき｛従わない，（外す，外す)｝，監督を先手とするとき｛(従わない，従わない)，外す｝である。このケースにおいても先のケース1と同様，どちらを先手とする逐次手番ゲームであっても，結果はその同時手番ゲームとして成立する支配戦略均衡と何ら変わるところがない。選手はレギュラーから外されたくはないものの，監督の方針には従いた

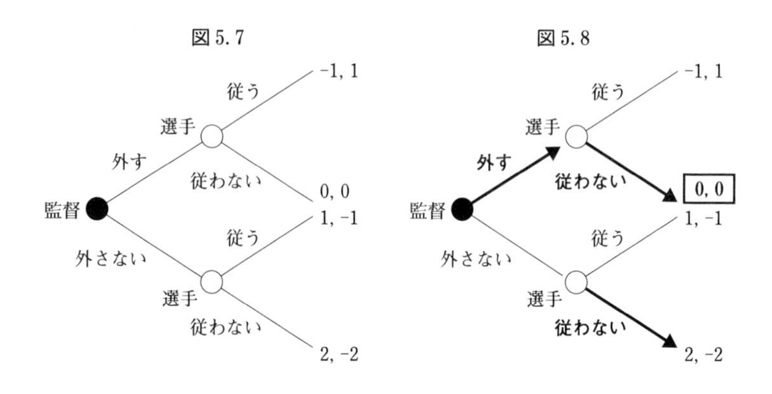

くない。監督は監督で，選手には自分の方針に従ってはほしいものの，能力の低い選手をレギュラーから外す他ない。ケース 2 と同様，タイミングの役割はここでも重要視されえず，したがって逐次手番ゲームとして別途，検討を要するほどの意味合いは，やはり少々薄いかもしれない。

1.4　選手の能力が平均的なケース（ケース 3）

ここでは選手の能力が高くも低くもない平均的なケースを扱う。選手の選好順序はその能力にかかわらず，ここでも共通しており，数値に至るまで同一となっている。

（従わない，外さない）>（従う，外さない）>（従わない，外す）>（従う，外す）

他方，監督の選好順序については，選手が指示に従い，かつその選手を起用すること（従う，外さない）が最善，従うもののレギュラーとしては外すこと（従う，外す）は次善，従わず外すこと（従わない，外す）は三番目，最悪は従わないにもかかわらず起用すること（従わない，外さない）である。監督は忠誠心を重視し，選手が指示に従うなら起用するが，従わないなら外すというメリハリの利いた起用法となっている。

（従う，外さない）>（従う，外す）>（従わない，外す）>（従わない，外さない）

こうして，監督は，忠実に従ってくれる場合に限り当該選手を起用することとなる。

同時手番ゲーム

ここでもまずゲーム状況を以下の同時手番ゲームから始めよう。

表 5.5

		監督	
		外す	外さない
選手	従う	−1, 1	1, 2
	従わない	0, 0	2, −1

選手は自分本位にプレーすることを好み，「従わない」が支配戦略になってはいるものの，それと同時に，ベンチ入りし出場メンバーから外されず，出番があることをより重視する。この点はこれまでの想定をそのまま踏襲している。他方，監督側に，能力の高い選手には出番を作り，低ければその機会を与えないという支配戦略は，本ケースにおいてもはやなくなっている。平均的な選手に対しては条件付きとなり，選手の出方を前提としたときに必ずしも一択とはならない。つまりここでの監督の意向の特徴として，忠誠心が重視され，新たに選手が自分の方針に従うことを改めて強く求めるようになる。そして，指示に従うときその選手をレギュラーから外さずに起用し，そうでないときにはビジネスライクに外すというように，是々非々である。選手の出方に応じて態度を変え，ある種，メリハリのある起用法となっているのである。

表 5.6

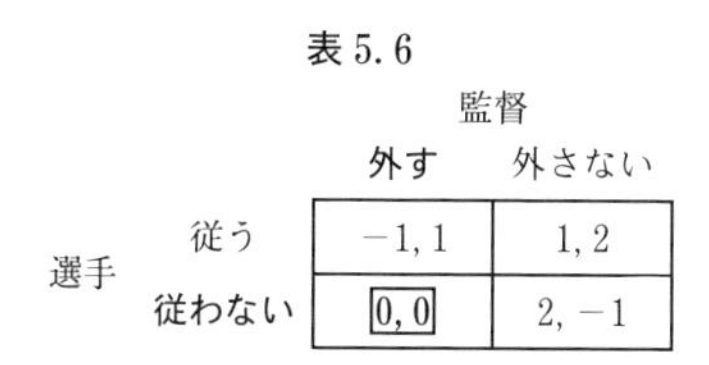

		監督	
		外す	外さない
選手	従う	−1, 1	1, 2
	従わない	0, 0	2, −1

こうして，このケースにおいては支配戦略が一方の側にしかなく，逐次消去により反復支配戦略均衡が成立することとなる。選手は平均的な能力を持っており，十分に戦力となりうるはずである。当該選手は出場機会を求める気持ちも持ち合わせており，監督の意向に沿うことができるであろうか。しかしながら監督は選手が指示に従うのであれば起用したいと考えているにもかかわらず，

ここでの利得構造では選手の側がその期待に応えられず，結局，能力が低いケースと同一の均衡，同一の結果となっている。チームを率いる監督にとっても残念な結果であると同時に，平均的な能力を持っていながら低い選手と同じくくり，同じ扱いとなっていることから，選手の立場からも納得のいかない状況である。当然ながら是が非でも改善を図りたいところであろう。いずれの側からどのように働きかければよいのであろうか。平均的な立ち位置の選手は，果たして戦力として認めてもらえるのであろうか。この点を以下，検討する。

逐次手番ゲーム

順序のあるゲームとする。以下，選手が先手の場合から順次，確認していこう。

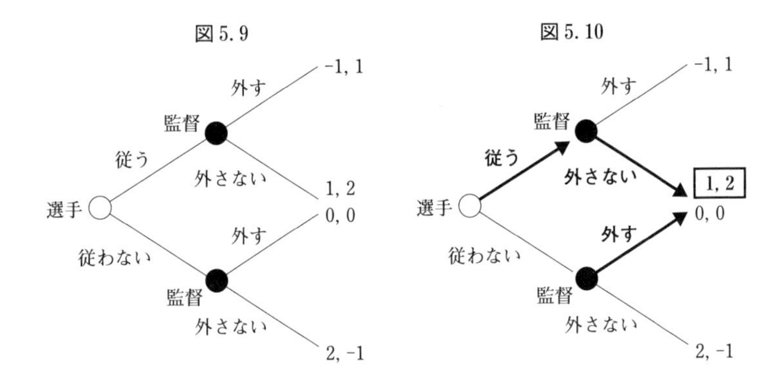

ここでも手順としてはこれまでのケースと同一のものを適用する。バックワード・インダクション解を求めると，部分ゲーム完全均衡は {従う，(外さない，外す)} である。同時手番ゲームのそれと大きく質的に異なる結果となっている。選手にとって，先に見た通り，「従わない」が支配戦略ではあるものの，後手である監督の 2 つの手番における選択を行動の組として読み込むと，監督の方針に従いつつ外されないことと，従わずに外されることとの両者を天秤にかけた判断となる。前者の利得は 1，後者の利得は 0 であり，比較の上，結局，支配される戦略の「従う」が当該選手によって自発的に選ばれることとなっている。一見，意外な結果に驚くかもしれないが，理由としては，反復支

配戦略均衡上で選手が得る利得を「従う」の選択により上回る可能性の有無が決定的に重要である。幸いここにはその道が確保されており，条件は満たされている。意外なことに支配される戦略があえて選択される結果となる所以である。平均的な能力を持つ選手を戦力として活用でき，チーム力を高めることでパレート改善が図られている。

今度は監督が先手である。

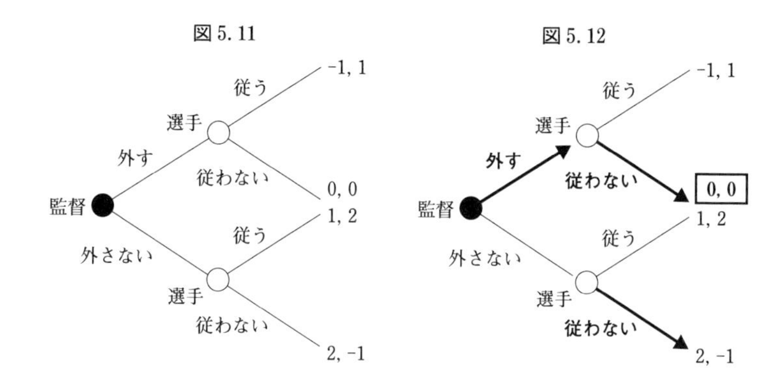

監督を先手とするときの部分ゲーム完全均衡は {(従わない，従わない)，外す} である。選手の能力が平均的なケースについては同時手番ゲームと監督を先手にした逐次手番ゲームにおいて，いずれも選手は監督の指示に従わずレギュラーから外されるという，先の選手の能力が低いケースと同一の結果となってしまう。逐次手番ゲームであっても，監督が先手であってはケース2の状況を脱却できないのである。選手を先手としたときに初めて選手により「従う」という支配される戦略の選択肢があえて選ばれ，先と異なる均衡経路が成立しうることになる。指示待ちにならず，先んじて監督にアピールする，旗幟を鮮明にするといった選手の側からの主体性がここでのキーとなっているといえよう[6)]。

1.5　その他のケース（ケース4）

ここで初めて選手の側の選好に大きく修正を加える。選手の能力が平均的であるために，監督の選好順序がケース3のようであることに加えて，今度は選手側の選好にも監督のそれと同様にメリハリを有する状況に変更する。つまり，そこでは選手が，起用されるなら指示に従い，外されるなら勝手にやりたいという傾向を有するケースである。選手の利得順位は，指示に従い，かつ起用されること（従う，外さない）が最善，従わないにもかかわらず起用されること（従わない，外さない）が次善，従わずに外されること（従わない，外す）が三番目，最後に最悪は従うにもかかわらず外されること（従う，外す）である。

（従う，外さない）＞（従わない，外さない）＞（従わない，外す）＞（従う，外す）

監督については，上で述べたようにケース 3 と同じである。

（従う，外さない）＞（従う，外す）＞（従わない，外す）＞（従わない，外さない）

こうして，このケースでは選手と監督の扱われ方が対照的となっており，その際，均衡や結果がどうなるかが最後に考察されることになる。

同時手番ゲーム

ここでもまずゲーム状況を同時手番ゲームから始める。利得行列は次のようである。

表 5.7

		監督	
		外す	外さない
選手	従う	−1, 1	2, 2
	従わない	0, 0	1, −1

選手の側の選好に初めて大きな修正が加えられたこととなる。このケースにおいては，もはや支配戦略はない。監督に起用してもらえるなら指示に従いチームに貢献したいと思っているが，もしそうでないなら勝手に振る舞いたいと思っている。他方，監督は指示に従う選手を起用し，そうでない者を外す。どちらも相手の出方次第で戦略を切り替え，その意味で両者の扱いは対照的なものとなっている。

両プレイヤーに支配戦略がなく，もはやナッシュ均衡しか存在しえないことになる。しかも注意すべき点は，ここではナッシュ均衡が複数存在することに

表 5.8

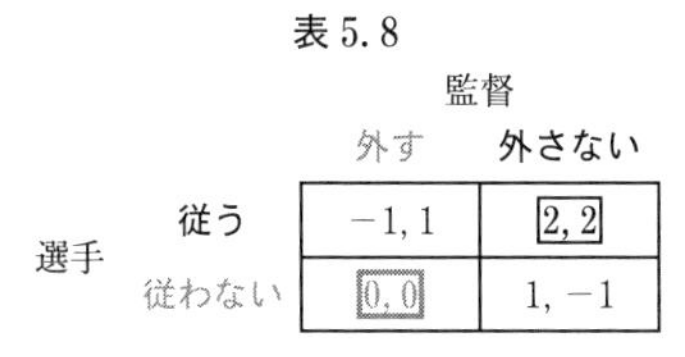

		監督	
		外す	外さない
選手	従う	−1, 1	2, 2
	従わない	0, 0	1, −1

なっていることである（複数均衡）。一方は高位均衡，他方は低位均衡である。各自確認されたい。

逐次手番ゲーム

以上を踏まえ，これまでと同様，このケースにおいても逐次手番ゲーム化することで，結果を同時手番ゲームのそれと比較してみる。まずは選手が先手をとる場合である。

図 5.13　図 5.14

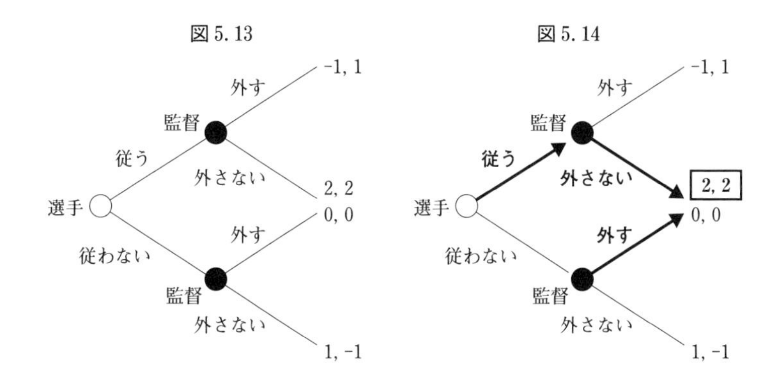

次に監督が先手をとる場合である（図 5. 15, 5. 16）。

それぞれ部分ゲーム完全均衡については，選手を先手とするときに｛従う，（外さない，外す）｝，監督を先手とするときには｛（従わない，従う），外さない｝である。先に触れた同時手番ゲームでは複数均衡が該当することとなり，高位均衡と低位均衡が併存していた。どちらがより現実的かは，別の条件，別の情報が必要とならざるをえない。逐次手番ゲームにおいては，幸いにもどちらを先手としたときであっても，低位均衡ではなく高位均衡の方が成立する。バックワード・インダクションで解けば，手番ごとの後手による行動を踏まえ，

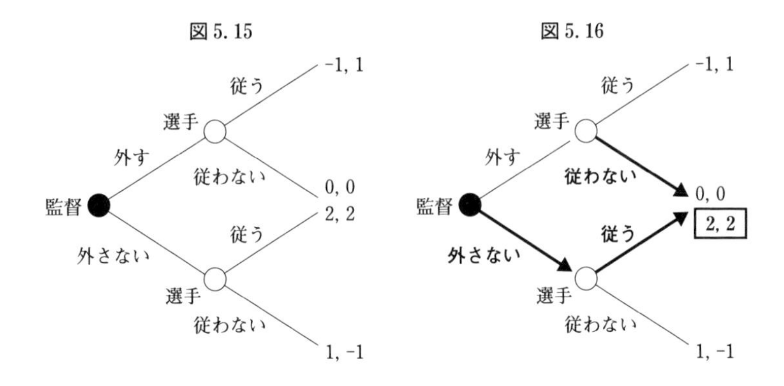

先手には低位均衡を成立させる選択は正当化されえず，またそれを受けて後手が先の行動からあえて外れるインセンティブはない。ゲームを逐次手番化するメリットが双方にあり，その意味で利害は一致している。勇み足になろうと気にせず，どちらかが前に踏み出せばよいことになる。

1.6 小　括

ここでは戦略形ゲームと展開形ゲームの表現方式間の関係性の内，特に同時手番ゲームと逐次手番ゲームのそれぞれ異なる設定の下で，監督による能力の異なる選手の起用問題を分析した。同時手番ゲームにおいて，監督は平均的な能力の選手に対して指示に従うのであれば積極的に起用したいと考えているにもかかわらず，選手の側がその期待に応えられず，結局，能力が低いケースと同一の均衡，同一の結果となっており，選手と監督の両者ともに最悪ではないものの，セカンド・ワーストに陥っていた。他方，選手を先手とする逐次手番ゲームにおいては，初めて監督が選手を戦力として活用でき，かつ選手も監督の意に沿う貢献ができ，セカンド・ベストの利得を享受することとなった。両者ともにチーム力を高めることでパレート改善が図られているのである。つまり脱却には選手による主体性の発揮が欠かせないのである。

2. 告白ゲーム

ここでも戦略形と展開形，同時手番と逐次手番，利得行列とゲームの木の関係を考える。ただ，先のトピックで取り上げた同時手番ゲームと逐次手番ゲームとの単純な比較ではなく，ここでは逐次手番ゲームから得られた部分ゲーム完全均衡を踏まえ，次に逐次手番の特徴を活かしながら新たに構成された利得行列上で，再度均衡を求め，両者の差異を順次，確認することとなる。通常，こうした展開形ゲームの戦略形ゲームへの書き換えの際，そこにおいて得られるナッシュ均衡の中に合理性を欠いた戦略の組が存在しうる。その比較において合理性を反映した組として部分ゲーム完全均衡が正当化されることになる。戦略形ゲームにおいて存在する複数のナッシュ均衡の中から，展開形ゲームにおけるバックワード・インダクションよって望ましい組合せを選び出すわけである。しかしながら以下，ここで展開しようとするシナリオでは議論が逆となる。駆け引きの状況下で逐次消去を駆使しながら展開形ゲームにおいて存在する複数の部分ゲーム完全均衡の中から望ましい方を，今度は戦略形ゲームにおいて絞り込み，単一均衡として選び出すことのできる可能性を示唆することになる。

ここで新たに取り上げるのは，告白ゲームである[7)]。意識し合っている両思いの二人にとって，首尾よく交際をスタートさせるには，まずどちらかが告白するという形で一歩を踏み出せるかどうかにかかっている。告白に伴う駆け引きの様相を交互提案交渉と捉え，このゲーム状況を議論しながら掘り下げていく。設定として告白できる回数次第で，誰が告白することになるか，双方の利得はどうなるのか等，ゲームの性格と結果は変わりうる。特にここでは告白のチャンスが３回のみ許されているときに，２通りのプレイが無差別で経路として並立する。結果として当の二人には２つのシナリオが起こりうることになる。すぐに告白がなされる場合と最後までそれがなされない場合である。そこで一旦ゲームの木における各手番での行動の組を反映させた利得行列を作成することにより展開形ゲームの特徴を戦略形ゲームに変換する。ゲームの木において存在が確認された複数の均衡経路が利得行列においては単一均衡として見出されることとなる。こうして戦略形ゲームとして表現し，同時手番ゲームのフレームワークに落とし込んだ際，ときに複数均衡の単一化が図られうる一例となっている。最後にここでの情報の非対称性の存在しない状況下で生じる戦略的遅延の問題についての直感的な解釈も併せて行う。

2.1　ゲーム状況としての想定

この告白ゲームとは次のように想定されるゲーム状況である。まず，①ある二人が意識し合っており，両思いであることは互いに気づいている[8)]。②交際をスタートできれば，それぞれ2の利得を得る。つまりは基本，どちらかが動くだけ，働きかけるだけでよいことになる。逆に，③お互いが牽制し合ってそれすらできなければ，それぞれ−1の利得となる。どちらかがただ一歩を踏み出す勇気があれば実ったはずの交際のチャンスをふいにしたという後悔とそこでの機会費用の存在を反映させている。ここで動くこと，一歩踏み出すこととは，有り体に言えば告白のことで，それにはコストが1だけかかるものとしている。告白する側には，その告白自体に伴う手間と勇気，そして首尾よく交際を始めることができた後，二人の間での交渉力を下げる効果を負うためである。両者にはともに告白という「ババ」を押し付け合うインセンティブを有し，状況はその駆け引きを展開する交互提案交渉の場と位置付けられる。最後に，④告白先送りに伴うコストは無視できるほど小さい。したがって交際遅延費用はゼロである。そもそも二人にとって交際できるかどうかが重要であり，それが叶わなければともに上で触れた利得を引き下げる有形無形のコストがかかるものの，その交際を始める時期が多少早まるか遅れるかについては，ここでは互いに重要視されないものとする。

以上の想定から構成される告白ゲームを，そこで許されている告白の回数に応じてケース分けを行う。1回のみがケース1となる。2回がケース2，そして3回がケース3である。それぞれ対応するゲームの木において，バックワード・インダクション解を求め，その後は利得行列に一旦転換し，その上で再度どのような種類の均衡がその利得行列上のどこにおいて成立するのかを，逐次議論する。具体的には，まず各プレイヤーに支配戦略があるかどうか確かめ，一方にあればそこにおいて支配される戦略の方を逐次消去していく。どちらにもなければナッシュ均衡かどうかをチェックする，という手順となる。次に，こうして得られた同時手番ゲームにおける均衡が，もともとの逐次手番ゲームにおけるそれと比較することで，どう変わるか（逆に変わらないか）を確認する。

結局のところ，その点ではケース１と２のどちらにおいても差異がなく，ゲームの木と利得行列とでは同一の結果となる。またケース３においては，そもそもゲームの木上で均衡経路が２つ成立し，プレイがどちらに行き着くかは，別途検討せねばならない問題となる。それに対し利得行列上では最初から１つのみである。つまりゲーム状況をどちらで表現し分析するかで，複数の均衡を１つに絞り込めるようになり，ゲームの結果が変わってしまうという結末となりうるのである。

こうして逐次手番ゲームから得られた部分ゲーム完全均衡を踏まえ，次に逐次手番の特徴を活かしながら新たに構成された利得行列上で，再度均衡を求め，両者の差異を順次，確認することとなる。ゲームの木における各手番での行動の組を反映させた利得行列が作成され，そのため，形式的には行列上で同時手番でありながら，さながら後手のプレイヤーが先手による行動の選択肢ごとに適宜，行動を選び取るかの態で均衡を求めうる。しかし両ツール間で差異は依然，存在しうるのである。

2.2　告白のチャンスが１度のみの場合（ケース１）

まず双方合わせて告白のチャンスが１度限りのケースから始める。先手はＡであり，そのＡのみに告白のチャンスが許されている。Ｂはその諾否を決める。このケース１のゲーム状況を展開ゲームとして捉え，ストレートにゲームの木で表現すると次の通りである。

展開形ゲーム

Ａは先手として告白するかしないかをまず選択する。告白しなければ，ゲームはそこで終了である。他方，告白すれば，次にＢの出番が来る。その手番上で，Ｂは告白を承諾して交際を始めるか，断って交際しないかを選び，そこでゲームが確定する。このゲームの木にバックワード・インダクションによ

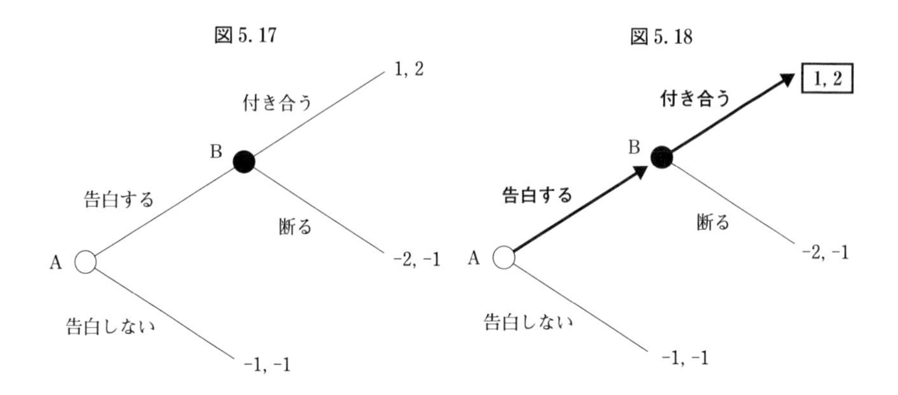

り部分ゲーム完全均衡を反映させてみると次のようになる。

こうして直ちに部分ゲーム完全均衡（告白する，付き合う）が成立し，均衡利得（1, 2）を得ていることがわかる。A にしか告白の機会は許されておらず，そのため A はその機会を見送って B にその行使を強いることが叶わない。A が動くしかない。A が苦渋の決断をして告白し，B が受け入れ，付き合いを始めることとなる。このことは告白した A には不利に，待ちの姿勢の B には有利に働く。

次はこのゲームの木を利得行列に変換の上，均衡を求めよう。

戦略形ゲーム

ゲームの木の情報を利得行列に落とし込む。ゲームの木では A と B それぞれが 1 つずつ手番を持っていた。A にとっては告白するかどうか，B にとっては A による告白の後に断るかどうかである。両プレイヤーは 2 つずつの戦略を有し，その組合せにおいて対応する利得ペアを書き込むことになる。

表 5. 9

		B 付き合う	B 断る
A	告白する	1, 2	−2, −1
A	告白しない	−1, −1	−1, −1

直ちに確認されるように，A には弱い意味ですら支配戦略がない。他方，B

には「付き合う」という弱支配戦略が存在する。反復支配戦略均衡（告白する，付き合う）が成立し，均衡利得（1, 2）を得る。先の逐次手番ゲームにおける結果と同一であり，何ら変わるところはない。

表 5.10

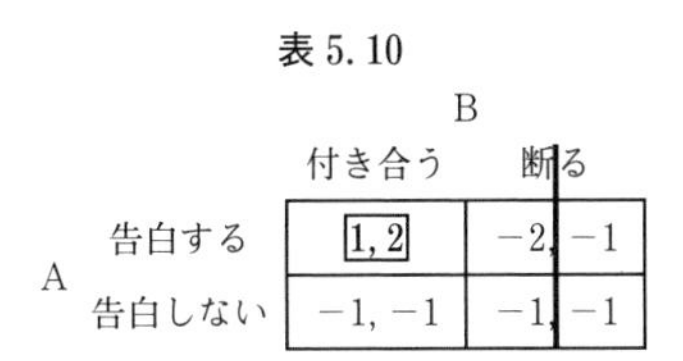

		B	
		付き合う	断る
A	告白する	1, 2	−2, −1
	告白しない	−1, −1	−1, −1

2.3　告白のチャンスが２回ある場合（ケース２）

次に取り上げるのは双方合わせて告白のチャンスが２度あるケースである。先手はＡであるものの，そのチャンスを生かさずパスすれば，Ａに代えて今度はＢが告白の機会を得る。こうしてＡがまずそのチャンスを持ち，告白すればケース１と同様，Ｂの判断に委ねられる。もし告白しなければ，チャンスはＢに移る。そこで告白がなされれば，今度はＡの判断に委ねられる。逆にＢまで告白しなければ，交際することなくゲームは終了となる。こうしてそれぞれ手番を２つずつ持つことになる。

展開形ゲーム

以上の関係をそのままゲームの木に表すと次のようになる。

図 5.19

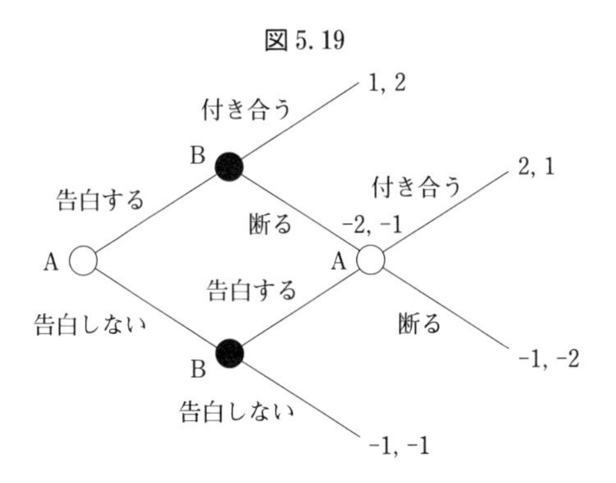

先と同様，ゲームの木にバックワード・インダクション解をそのまま反映させる。

図 5. 20

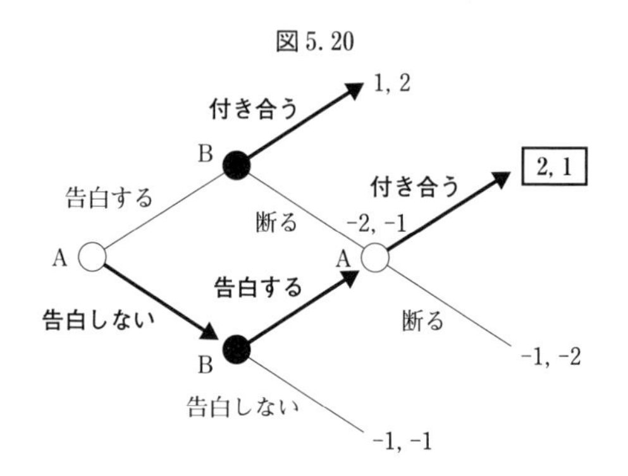

バックワード・インダクションにより，部分ゲーム完全均衡 {(告白しない，付き合う)，(付き合う，告白する)} が成立し，その均衡経路を経てプレイヤーＡとＢは利得（2, 1）を得る。ただしここで行動のペアは手番の位置関係からＡが左右，Ｂが上下の順でそれぞれが並べられている。ここでは便宜上，簡略化して（し付，付告）と表記することにしよう。ここではＡにしか告白の機会が許されているわけでなく，Ａはその機会を見送りＢにその行使を強いることができる。Ａが告白の機会をパスすると，今度はＢが動くしかなくなる。Ｂが苦渋の決断をする番である。Ｂが告白せざるを得ずＡはそれを受け入れ，付き合いが始まる。こうしてここでは攻守所を変え，パスしたＡが有利，告白したＢが不利な結果となる。

次はこのゲームの木を利得行列に一旦変換する。このあと明らかとなるように機械的に反復支配戦略均衡を見出すためである。ここでＡとＢはそれぞれ手番を２つずつ持つことから戦略はそれぞれ４通りずつである。

戦略形ゲーム

表 5. 6a これは反復支配戦略均衡が求まったケース１の発展形である。機械的に支配される戦略の逐次消去により考察の対象範囲を順次狭め，ピンポイントに１つにまで絞り込むことができる。ここでは均衡（し付，付告）となる。

表 5.11

		B 付き合う 告白する（付告）	B 付き合う 告白しない（付し）	B 断る 告白する（断告）	B 断る 告白しない（断し）
A 告白する	付き合う（告付）	1, 2	1, 2	−2, −1	−2, −1
A 告白する	断る（告断）	1, 2	1, 2	−2, −1	−2, −1
A 告白しない	付き合う（し付）	2, 1	−1, −1	2, 1	−1, −1
A 告白しない	断る（し断）	−1, −2	−1, −1	−1, −2	−1, −1

こうして均衡利得（2, 1）が得られ，A が有利，B が不利な結果となっている。本ケースにおいても先のゲームの木において得られた結果と同一のものとなる。わざわざ戦略形ゲームを併せて検討するメリットは小さいかもしれない。

表 5.12

A＼B	付告	付し	断告	断し
告付	1, 2	1, 2	−2, −1	−2, −1
告断	1, 2	1, 2	−2, −1	−2, −1
し付	[2, 1]	−1, −1	2, 1	−1, −1
し断	−1, −2	−1, −1	−1, −2	−1, −1

2.4　告白のチャンスが3回ある場合（ケース3）

最後に双方合わせて告白のチャンスが3度あるケースを取り扱う。やはりまずAがそのチャンスを持ち，告白すればBの判断に委ねられる。もし告白しなければ，一旦チャンスはBに移る。告白すれば，それを受けてAが諾否を決める。逆にBがそこでチャンスを活かせなければ，再度，チャンスがAに戻り，告白すればBが最後の判断を下す。告白しなければ交際することなくゲームは終了となる。結局，告白のチャンスがAには2回，Bには1回となる。またプレイヤーごとにそれぞれ手番が3つずつあることになる。

展開形ゲーム

以上のゲーム状況をそのままゲームの木に反映させると，図5.21のように

図 5.21

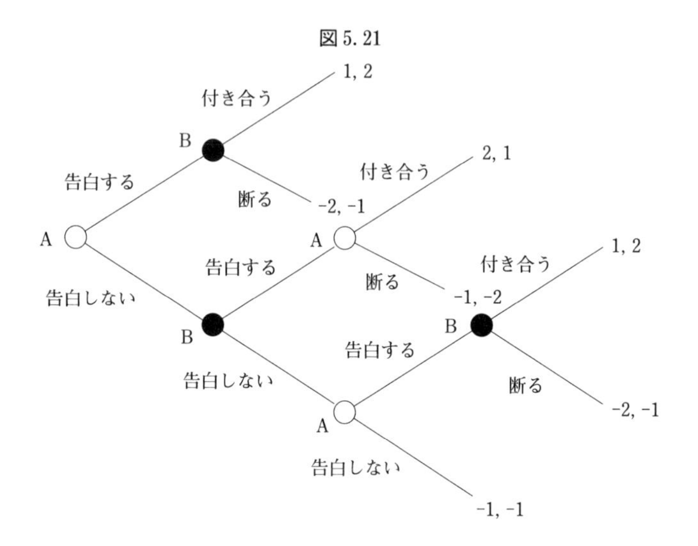

なる。

やや複雑になるものの，手続き自体はこれまでとまったく同一である。次のようにゲームの木にバックワード・インダクション解が書き込まれることとなる。

図 5.22

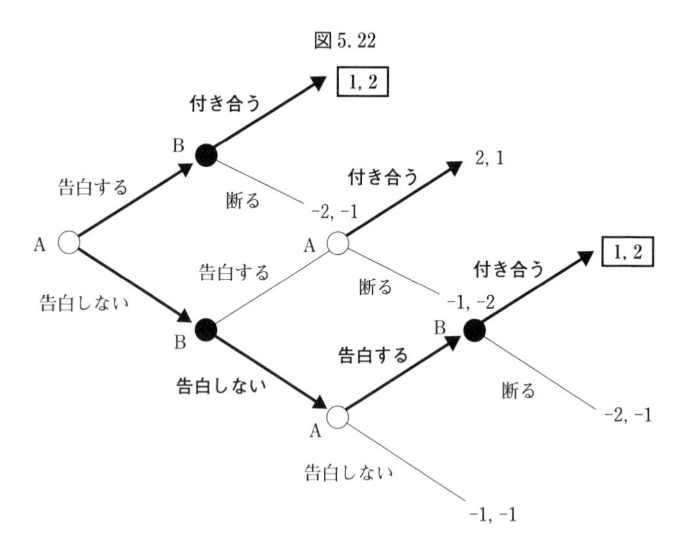

このケースでは告白の機会が3回ある。告白ゲームは事実上「ババ抜きゲーム」である。ここでの告白とは「ババ」であり，それぞれが他に押し付けようとする。まずAがパスする。しかし続くBもパスする。そうなるともはや後のないAにとってはカードを切るしかなくなる。さらにケース2からここでは攻守所を変え，もはやパスできないAが不利に，告白せずに済んだBが有利となる。しかしそうした回り道を余儀なくされるのであれば，Aとしては手っ取り早く告白するという判断も十分に正当化されることとなる。

こうしてバックワード・インダクションにより，部分ゲーム完全均衡として（告付告，付し付）および（し付告，付し付）が求まることが確認できる。いずれも均衡利得は（1, 2）で同一となっている。ただしここでは手番をそれぞれ3つ持っているため，行動の組はその位置関係からAが左右下，Bが上下右の順でそれぞれ並べられている。Aが初回のチャンスを活かし，直ちに告白し，Bがそれを承諾して付き合い始める最短の経路および最初にAが告白せず，次にBも告白せず，最後にAがやむを得ず告白し，Bが承諾という遠回りの経路，計2通りのプレイがゲームの木上で並存している。いうまでもなく，これには遅延費用ゼロの仮定が効いている。

戦略形ゲーム

次は前項のゲームの木を利得行列に変換する。表5.13のようにAとBは

表5.13

A＼B	付告付	付告断	付し付	付し断	断告付	断告断	断し付	断し断
告付告	1, 2	1, 2	1, 2	1, 2	−2, −1	−2, −1	−2, −1	−2, −1
告付し	1, 2	1, 2	1, 2	1, 2	−2, −1	−2, −1	−2, −1	−2, −1
告断告	1, 2	1, 2	1, 2	1, 2	−2, −1	−2, −1	−2, −1	−2, −1
告断し	1, 2	1, 2	1, 2	1, 2	−2, −1	−2, −1	−2, −1	−2, −1
し付告	2, 1	2, 1	1, 2	−2, −1	2, 1	2, 1	1, 2	−2, −1
し付し	2, 1	2, 1	−1, −1	−1, −1	2, 1	2, 1	−1, −1	−1, −1
し断告	−1, −2	−1, −2	1, 2	−2, −1	−1, −2	−1, −2	1, 2	−2, −1
し断し	−1, −2	−1, −2	−1, −1	−1, −1	−1, −2	−1, −2	−1, −1	−1, −1

表 5. 14

		B							
		付告付	付告断	**付し付**	付し断	断告付	断告断	断し付	断し断
	~~告付告~~	~~1, 2~~	~~1, 2~~	~~1, 2~~	1, 2	−2, −1	−2, −1	−2, −1	−2, −1
	~~告付し~~	~~1, 2~~	~~1, 2~~	~~1, 2~~	1, 2	−2, −1	−2, −1	−2, −1	−2, −1
	~~告断告~~	~~1, 2~~	~~1, 2~~	~~1, 2~~	1, 2	−2, −1	−2, −1	−2, −1	−2, −1
	~~告断し~~	~~1, 2~~	~~1, 2~~	~~1, 2~~	1, 2	−2, −1	−2, −1	−2, −1	−2, −1
A	**し付告**	2, 1	2, 1	[1, 2]	−2, −1	2, 1	2, 1	1, 2	−2, −1
	~~し付し~~	~~2, 1~~	~~2, 1~~	~~1, −1~~	−1, −1	2, 1	2, 1	−1, −1	−1, −1
	~~し断告~~	~~1, −2~~	~~1, −2~~	~~1, 2~~	−2, −1	−1, −2	−1, −2	1, 2	−2, −1
	~~し断し~~	~~1, −2~~	~~1, −2~~	~~1, −1~~	−1, −1	−1, −2	−1, −2	−1, −1	−1, −1

それぞれ手番を3つずつ持つことから戦略としてはそれぞれが行と列，8通りずつを有する利得行列が構成されることとなる。

ケース2と同様，支配される戦略の逐次消去により考察の対象範囲を順次，機械的に絞り込んでいく。ただしこれまでの経緯を踏まえケース1と2と同様，ここでもBの戦略の組から削除を始めることとする。こうして表 5. 14 において均衡（し付告，付し付）が求まる。均衡利得は（1, 2）である。戦略形ゲームにおいては先のゲームの木と異なり，見出される均衡は1つのみとなっている。両ツール間になぜか不一致が生じている。利得行列においてAは直ちに動くよりも一旦静観する方が望ましくなっている。

ゲームの木として得られた部分ゲーム完全均衡（告付告，付し付）および

表 5. 15

		B							
		付告付	付告断	**付し付**	付し断	断告付	断告断	断し付	断し断
	告付告	1, 2	1, 2	[1, 2]	1, 2	−2, −1	−2, −1	−2, −1	−2, −1
	告付し	1, 2	1, 2	1, 2	1, 2	−2, −1	−2, −1	−2, −1	−2, −1
	告断告	1, 2	1, 2	1, 2	1, 2	−2, −1	−2, −1	−2, −1	−2, −1
	告断し	1, 2	1, 2	1, 2	1, 2	−2, −1	−2, −1	−2, −1	−2, −1
A	**し付告**	2, 1	2, 1	[1, 2]	−2, −1	2, 1	2, 1	1, 2	−2, −1
	~~し付し~~	~~2, 1~~	~~2, 1~~	~~1, −1~~	−1, −1	2, 1	2, 1	−1, −1	−1, −1
	~~し断告~~	~~1, −2~~	~~1, −2~~	~~1, 2~~	−2, −1	−1, −2	−1, −2	1, 2	−2, −1
	~~し断し~~	~~1, −2~~	~~1, −2~~	~~1, −1~~	−1, −1	−1, −2	−1, −2	−1, −1	−1, −1

（し付告，付し付）の結果を今度はそれぞれ利得行列に反映させる。直ちにここでもナッシュ均衡であることがともに容易に確認できよう。ただし先に見た通り，利得行列において前者は逐次消去の過程で正当化しえないことが示唆され，ここでのアプローチでは後者のみが残されることとなっている。

ケース1と2においては顕在化しなかったものの，展開形ゲームとしての逐次手番ゲームと戦略形ゲームとしての同時手番ゲームとの差異がこのケースで初めて明確なものとなった。逐次手番ゲームにおいて均衡経路が2通り存在しうるのは，先にも触れた遅延費用ゼロというここで特別においている想定の所以である。Aにとって当面の先送りは利得を下げないため，急ぐメリットはない。結果を急ぐことと回り道をあえて選ぶことは無差別となる。しかしながらここでの所定の手順では同時手番ゲームにおいて前者の均衡が支持されないのである。

セオリーではAが告白しないとき，代わりにBが告白してくる目はない。告白によりBの利得は1でしかないため，Bによって選ばれることは起こりえない。したがってここでAが利得2を得ることは絵に描いた餅に過ぎない。がしかし，逆に遅延費用がない以上，Aにとって一旦様子見した上でBの出方をうかがうという待ちの戦略は意味を持つかもしれない。万が一とはいえ，Bがセオリーに反する早まった選択ミスを犯す可能性があるからである。Aにとって想定外の嬉しいハプニングとなる。もちろんBが告白してこなかったとしても，そのなかったことを確認した後に，Aは自分に残された最後の告白の機会を利用すればよいのである。どうせここでは遅延費用がかからない前提となっており，利得の差はない。失うものは何もないのである。その意味で様子見のコストがない限りは焦らなくてもよい。いやむしろ待つべきなのである。こうして慌てて告白を即決するメリットは見出されず，戦略的待ちの行動が正当化されることがわかる。表5.15の「告付告」，「告付し」，「告断告」，「告断し」の行の残された左の部分（「付告付」，「付告断」，「付し付」の各列）において，「し付告」にいずれも支配されていることが確認できよう。利得行列においてはAにとって一旦，静観することこそが正しいのである。

逐次手番ゲームから得られた部分ゲーム完全均衡として2つのシナリオが併存する事態を招いた。先手の行動を観察できる逐次手番の特徴を活かしながら構成された利得行列上で，反復支配戦略均衡を求め，無差別で経路として存在する2通りのシナリオの差異を再度確認した。ゲームの木における各手番での行動の組を反映させた利得行列を作成することで，展開形ゲームの特徴である時間を通じたプレイの流れを便宜的に同時手番の戦略形ゲームに移し替えた。順番のない同時決定される同時手番ゲームにおいて，なぜか時間を通じた駆け引きとしての戦略的遅延問題が浮き彫りとなった。また情報の非対称性等の問題が含まれていないにもかかわらず起きていることにも注意されたい。以上がここで戦略形ゲームとしての同時手番ゲームにおいて単一均衡が得られることの理由であり，展開形ゲームとしての逐次手番ゲームとの差異を際立たせる一例の説明である。

まとめ

本章では戦略形ゲームと展開形ゲームの表現方式間の関係性を議論した。まず同時手番ゲームと逐次手番ゲームをチームにおける監督による能力の異なる選手の起用問題と捉え，分析した。同時手番ゲームにおいて監督は平均的な能力の選手に対して指示に従うのであれば積極的に起用したいと考えているにもかかわらず，選手の側がその期待に応えられず，結局，能力が低いケースと同一の均衡，同一の結果となっており，選手と監督の両者ともに最悪ではないものの，セカンド・ワーストに陥っていた。他方，選手を先手とする逐次手番ゲームにおいて初めて監督は選手を戦力として活用でき，選手も監督の意に沿う貢献ができ，セカンド・ベストの利得を享受することができた。両者ともにチーム力を高めることでパレート改善が図られているのである。つまり脱却には選手による主体性の発揮が欠かせないのである。

次に一般的に展開形ゲームを戦略形ゲームに書き換えた場合，そこにおいて得られるナッシュ均衡の中に合理性を欠いた戦略の組が存在しうる。その比較において合理性を反映した組として部分ゲーム完全均衡が正当化される。展開形ゲームにおけるバックワード・インダクションから戦略形ゲームにおいて存在する複数のナッシュ均衡の中から望ましい組合せを選び出す。これが通常の手順であるが，ここでは議論の方向がちょうど逆となった。どちらが告白するかという恋愛における駆け引きの状況下で，逐次消去を駆使しながら展開形ゲームにおいて存在しうる複数の部分ゲーム完全均衡の中からより現実的で望ましい方を選び出すことのできる可能性を示唆した。具体的にはこの種の告白ゲームが逐次手番ゲームとしては複数の均衡経路が存在するのに対し，同時手番ゲーム化した際には単一均衡が見出されることが確認された。こうして戦略形ゲームとして表現され，同時手番ゲームのフレームワークに落とし込まれた際，ときに複数均衡の単一化が図られうる一例ともなっており，情報の非対称性の存在しない状況下であるにもかかわらず戦略的遅延行動がどう正当化されるのか，確認されたことになる。また展開形ゲームではなく，むしろ戦略形ゲームにおいて，なぜか時間を通じた駆け引きとしてのこの戦略的遅延問題がより浮き彫りとなったことも，最後に強調されるべき点となろう。

注

1）自己顕示欲と承認欲求の兼ね合いことともいえる。

2）本章の想定では，選手の能力の高低は選手自身の利得には直接かかわらず監督の利得に反映しており，その選手の起用に際して間接的に影響を及ぼすこととなっている。

3）数土（2005）第2章では，選手の選好順序についての想定は

（従わない，外さない）＞（従う，外さない）＞（従わない，外す）＞（従う，外す）

とされており，同一である。

4）数土（2005）第2章で取り上げている例は，日韓ワールドカップサッカー日本代表監督フィリップ・トルシエ氏が中田英寿選手と中村俊輔選手との間での起用を巡ってのゲーム状況であった。中田英寿選手に対する際の監督の選好順序についての想定は，

（従う，外さない）＞（従わない，外さない）＞（従わない，外す）＞（従う，外す）

であるのに対し，中村俊輔選手に対する際の監督の選好順序のそれは

（従う，外さない）＞（従わない，外す）＞（従わない，外さない）＞（従う，外す）

である。想定は異なるが，形式的には前者を本章第1節1.2に対応させて議論することができる。

5) ここでの想定をまとめると次の通りである。選手についてはケース 1，ケース 2，ケース 3 において

（従わない，外さない）>（従う，外さない）>（従わない，外す）>（従う，外す）

であり，監督についてはケース 1 において

（従う，外さない）>（従わない，外さない）>（従う，外す）>（従わない，外す），

ケース 2 において

（従う，外す）>（従わない，外す）>（従う，外さない）>（従わない，外さない），
ケース 3 において

（従う，外さない）>（従う，外す）>（従わない，外す）>（従わない，外さない）

である。ケース 4 においては選手について

（従う，外さない）>（従わない，外さない）>（従わない，外す）>（従う，外す），

監督については

（従う，外さない）>（従う，外す）>（従わない，外す）>（従わない，外さない）

である。以上を 4 つのケースについて，それぞれ同時手番ゲーム，2 つの逐次手番ゲームで結果を確認している。

6) 能力が平均的な選手，あるいは平均的な人材は，監督や教師，上司といった立場の者と意思決定のタイミングが同時であったり，指示待ち等の性格のため後手に回ったりした場合には，均衡において過小評価されてしまい，能力の低い選手や人材として扱われることとなる。

7) 佐々木（2003）第 7 章，第 8 章，第 9 章における「結婚に向けての駆け引き」の議論を参考にしている。この後，順次検討される。

8) 以下，A と B の間においてゲームが展開する。恋愛の告白がそこでの重要な行動であり，本来は男女と解釈したいところであるが，人権問題として LGBT が語られる時代となっているため，あえて中立的に A，B としている。

第6章　戦略形ゲームと展開形ゲームの関係（応用）

本章では戦略形ゲームと展開形ゲームの両表現方式間の関係性を踏まえ，具体的なモデル分析を行う。これは同時決定の同時手番ゲームと意思決定のタイミングを明示する逐次手番ゲームの応用例となる。まず2企業によるゲーム状況を前提とする。2企業は同種類と異種類のケースがありうるものとする。すなわち私企業のみによる純粋複占と公企業と私企業による混合複占である。その上で同時手番ゲームとそれぞれが先手と後手の2通りの逐次手番のゲーム，計3種類のケースが取り扱われる。そのため純粋複占と混合複占のクールノー・ナッシュ均衡がまず比較され，次に同様にして純粋複占と混合複占のそれぞれに対し，リーダーを入れ替えた2パターンのクールノー・シュタッケルベルク均衡が比較される。さらに製品差別化の有無に関しても検討される。

民営化により混合複占における公企業が私企業に転換されればそれば純粋複占であり，それぞれのセッティングで社会厚生を比較することで，公企業を民営化することの是非を論じることになる。

1. 公企業の民営化問題

アメリカ，イギリスを中心とする1980年代以降の規制緩和の流れの中で，資本主義経済における国営企業の民営化の潮流と，その後，さらに冷戦終結によるソビエト連邦等，社会主義経済における移行経済の進展もあり，産業の構造転換がもたらす経済効果が数多く分析・検討された。現在においても規制緩和を含め，民営化路線が各国政府における政策基調となっており，その理論的バックボーンとなりうること，また，公企業と私企業からなる混合寡占の状況が，通常，広く各国経済に見受けられることから，混合寡占を基に公企業の存在の是非を論じるアプローチは，依然として有意義であろう。

De Fraja and Delbono（1989）を嚆矢とするこの種の公企業の民営化問題の分析であるが，そこでは混合寡占における私企業数の増加とともに市場内における公企業存在の優位性が失われることが明らかにされてきた[1)]。つまり産業内の企業数が少ない場合には公企業の設立，あるいは私企業の国営化は望ましいかもしれないが，企業数が増え，マーケットが成熟するにつれ公企業は新たに設立されるべきでなく，むしろ役割を終えたとみなし，逆に民営化こそが進められるべきであろうとの結論に至る[2)]。

このDe Fraja-Delbonoモデルにおける想定を挙げると，以下のようである。まず，置かれている仮定として，①公企業の目的は総余剰の最大化であり，対称的な技術条件を持ち，私企業との違いは目的関数のみとなっていることである[3)]。また，②構造が同時手番であり，クールノー・タイプの数量競争を扱っている。さらに他の技術的な点としては，③同質財，④線形逆需要関数，⑤同一の2次費用関数，⑥企業数が外生変数とされていること，などの諸仮定が挙げられる。以上により，企業数が多くなればなるほど社会厚生上の観点からは公企業の存在は正当化し難くなる，との結論が引き出されている。

その後の拡張の方向性には，①政府の持ち株比率を考慮した部分民営化政策，②製品差別化，③シュタッケルベルクモデルによる分析，つまり逐次手番ゲーム化，これと関連して④リーダー・フォロワーの役割交換，さらには⑤生産補助金の導入，⑥研究開発の導入，⑦労働組合の導入，⑧非対称情報，不完備契約の考慮等がある[4)]。

いうまでもなく，政府といえども本来，必ずしも一枚岩であろうはずはない。しかしながら，最大公約数としては総余剰最大化がその主たる目的であろうことから，さらにその下で運営される公企業の目的はやはり総余剰最大化しかないはずである。他方で，混合寡占において競合他社となる私企業の目的は，自らの利潤最大化行動をとることになっている。こうして両者間で生産技術が同一であるため，混合寡占下においては目的関数のみが異なる2タイプの企業が同一市場に並存する状況が分析対象となっている。

さて公企業の民営化問題というとき，混合寡占を前提に民営化の是非が従来からの論点となっている。1980年代以降の先進国における規制緩和を含めた民営化路線とともに1990年代以降に本格化した旧社会主義国が市場経済へと移行する中で，その問題意識と対象が民営化の是非と実施されるその手順・方法にあったからである。つまり混合寡占を前提とすると，その念頭にある公企業をそのまま維持するか，それとも私企業に転換するかどうかの是非に帰着する。しかし前提とされている状況を逆に純粋寡占とすれば，そこにおいては公営化こそが問題となってくる。つまり私企業のみの状態を続けるか，市場に存在しない公企業を私企業からあえて転換・公営化させるかである。もちろん混合寡占の分析においては両面からの解釈が可能であるが，以下，どちらかといえば公企業の民営化問題に焦点を当て，説明がなされることになる。

混合寡占を前提とすると，現存する公企業をそのまま維持するか，私企業に転換するかどうかである。しかし前提を逆に純粋寡占とすれば，そこでは公営化こそが問題となってくる。つまり私企業のみの状態を続けるか，市場に存在しない公企業を私企業からあえて転換・公営化させるかである。どちらでも解釈が可能である。いずれにせよ公企業と私企業が共存する混合寡占と公企業が存在しない純粋寡占とが比較される。

以上の問題意識から，本章においては上記の②および③の拡張の方向性を検討することになる。そのためモデル設定については，まず数量競争に限定される。その上で公企業と私企業がそれぞれ1社ずつの混合複占の社会厚生を基準とし，公企業を私企業に転換させた後の純粋複占との社会厚生をそれと比較する。さらに製品差別化を考慮し，同質財と異質財の場合をそれぞれ検討する。最後に同時手番の状況を対象とするクールノー・ナッシュ均衡，公企業をリーダーとする逐次手番ゲーム，公企業をフォロワーとする逐次手番ゲーム，それぞれのクールノー・シュタッケルベルク均衡の計3パターンを取り扱う。結局，10種類の競争形態による社会厚生が吟味され，比較されることになる。それぞれの複占のセッティングにおいて，どのような場合に，どのような条件の下で，そこでの社会厚生が改善される可能性が見出されるであろうか。

2. クールノー・ナッシュ均衡

企業間で生産量を選択する同時手番ゲームとして混合複占を取り扱う。その後，公企業が民営化した結果，私企業のみからなる純粋複占もそれとの比較のために検討することにしよう[5)]。

2.1　同質財

本章では最初に De Fraja-Delbono モデルを出発点とし，取り上げる。数量競争としてこのオリジナルモデルとそこから導かれる結果は以下の通りである。まず産業内においては製品差別化がないものとされ，同質財が仮定されている。逆需要関数は

$$p = a - Q$$

とされる。ただし p は市場価格，Q は産業内の総生産量を意味する。また費用関数については

$$C_i = \frac{k}{2}q_i^2, \quad i = 0,1,\ldots,n$$

とされる。すべての企業は同一の技術を保持し，費用条件に差異は存在しない。ここでは1個の公企業と n 個の同質的私企業によって産業が構成されているので，公企業の生産量は q_0，私企業の生産量 $\sum_{i=1}^{n} q_i = nq$，両者の合計が産業内の生産量 Q となっている。

企業の行動原理としても同様に公企業に対しては社会厚生最大化，私企業に対しては利潤最大化が適用され，社会厚生は

$$W = aQ - \frac{1}{2}Q^2 - \frac{k}{2}q_0^2 - \frac{nk}{2}q^2,$$

であり，他方，私企業の利潤は

$$\pi = (a-Q)q - \frac{k}{2}q^2$$

と表され，それぞれのタイプの目的関数となっている。

すでに触れたように，ここでので分析対象は2企業のみで構成される複占状況に限定されるため，ここでは $n=1$ のケースを取り扱うことになる。費用関数については

$$C_i = \frac{k}{2}q_i^2,\quad i = 0,1$$

とされる。基本設定として，公企業を企業0，私企業を企業1とし，企業0の生産量をq_0，企業1の生産量をq_1とすることから，全体の生産量については$Q \equiv q_0 + q_1$となる。固定費用の扱いについては無視できるものとされている。結果的に社会厚生最大化を目的とする公企業0と利潤最大化を目的とする私企業1のそれぞれの目的関数を念のため示しておくと，

$$W = aQ - \frac{1}{2}Q^2 - \frac{k}{2}q_0^2 - \frac{k}{2}q_1^2,$$

$$\pi_1 = (a-Q)q_1 - \frac{k}{2}q_1^2$$

である。De Fraja-Delbono モデルおよび本章で扱われるモデルにおいては，効率性など公企業・私企業間に存在しがちな相違点はあえてないものとされている。公企業と私企業の違いを表すものとしては企業の行動原理（目的関数）のみである。

反応関数について，2階の条件が満たされると仮定した場合，企業は傾きが0のとき利潤最大化となるので，その点を選ぶ。公企業としての企業0の反応関数は，

$$\frac{dW}{dq_0} = 0$$

より，

$$q_0 = \frac{a - q_1}{k+1} \tag{6.1}$$

となり，私企業である企業1の反応関数は

$$\frac{d\pi_1}{dq_1} = 0$$

より，

$$q_1 = \frac{a - q_0}{k+2} \tag{6.2}$$

である。(6. 1), (6. 2) より，公企業と私企業，それぞれの混合複占下での生産量 q_0, q_1 は

$$q_0 = \frac{k+1}{k^2+3k+1}a, \tag{6.3}$$

$$q_1 = \frac{k}{k^2+3k+1}a \tag{6.4}$$

となる。(6. 3), (6. 4) の 2 つの生産量を用いると，混合複占のときの社会厚生として

$$W^I = \frac{2k^3+8k^2+5k+1}{2(k^2+3k+1)^2}a^2 \tag{6.5}$$

を得る。

他方，民営化後では，企業 0，企業 1 ともに私企業となる。(6. 2) において

$$q \equiv q_0 = q_1$$

と置くと，純粋複占下での生産量は

$$q = \frac{a}{k+3} \tag{6.6}$$

であることがわかる。よって，純粋複占のときの社会厚生としては

$$W^{II} = \frac{k+4}{(k+3)^2}a^2 \tag{6.7}$$

を得る。ここで求めた混合複占のときの社会厚生と純粋複占のときの社会厚生を比較することにより，産業内の企業数が 2 のときに民営化すべきかどうかがわかる。(6. 5), (6. 7) を用いて W^I と W^{II} の差をとると，

$$W^I - W^{II} = \frac{k^3+3k^2+k+1}{2(k^2+3k+1)^2(k+3)^2}a^2 > 0$$

である。分子が

$$k^3+3k^2+k+1 > 0$$

と符号が明らかにプラスであり，また，同時に分母も必ずプラスとなることか

ら，社会厚生の差はプラスであり，$W^{I} > W^{II}$ が成立することが確認できる。よって，同質財を前提とするとクールノー・ナッシュ均衡の場合においては，企業数2の複占において民営化しないことが望ましいといえる。この点は De Fraja-Delbono モデルからの直接的な帰結である。これを踏まえた上で，製品差別化および逐次手番という方向でのモデルの拡張が，どのような変更をもたらすのかを，以下，確認することになる。

2.2　異質財

ここでも数量競争下，今度は製品差別化の想定を施した上で，さらに限界費用一定かつ企業間で同一とされる。前項と同様にクールノー・ナッシュ均衡を求め，社会厚生を比較する。ただし繰り返しとなるが，ここではもはや同質財とは限定されておらず，差別化された財を取り扱う。つまり公企業の民営化問題を取り扱う際，同質財を特殊ケースとして含む，より一般的で現実的な異質財の方が想定されるのである。消費者の選好がヘテロジニアスであり，そのため財は完全に代替的でなく，とはいえ完全に差別的でもない状態である。

複占下において具体例を挙げれば，そのような状況での逆需要関数は例えば次のようなものになろう[6)]。

$$p_i = a - b(q_i + \theta q_j) \quad \text{for } i \neq j$$

このとき $\theta=1$，すなわち財 i と j 間の代替性の程度がたまたま1である完全代替という特殊ケースにおいては，両財を単純に足し合わせることができる。逆をいえば同質財で，かつ完全に代替的である限りにおいては，企業間で異なる価格設定を行いえないことになる。程度の差こそあれ，異質財でありさえすれば，異なる価格付けが可能となるのである。不完全競争下であればもともと一定程度，市場支配力を持っているはずであり，その存在がここでは製品差別化により，価格をコントロールする力の源泉となり，支配力をより高めるよう作用することになる。

どの程度差別化されているか，つまり製品差別化の程度を製品差別度とし，これをパラメータとして扱うことにする。代替財としては一般的には $1 \geqq \theta \geqq 0$ の値をとり，そのため $1-\theta$ を製品差別度と呼びうることになる。$\theta=0$ は完全差別化のケースであり，製品差別度は1となる。その財に関しては事実上の独占であり，他企業の生産量にはまったく影響されえない。理論的にはさらにθがその値を下回ることも可能であろう。つまりθがマイナスとなればそのとき財の関係性は補完的であり，ともに補完財となる。特に$\theta=-1$であるときには完全補完財となる。

以上をまとめよう。$\theta=1$で同質財，完全代替財，$1>\theta>0$で代替財，$\theta=0$で独立財，完全差別財，$0>\theta>-1$で補完財，最後に$\theta=-1$のときに完全補完財である。ただし以下の分析に際しては

$$b\theta \equiv \theta$$

であると再定義し，逆需要関数を新たに

$$p_i = a - bq_i - \theta q_j$$

として扱うことにする。したがって$n+1$個の企業からなる寡占下において逆需要関数は

$$p_i = a - bq_i - \sum \theta_{ij} q_j, \quad i \neq j, \quad i,j = 0,1,\ldots,n$$

となることになる。以下ではこの点をさらにDe Fraja-Delbonoモデルに合わせ，$b=1$としよう。こうして線形の関数を用いながらも製品差別化を考慮した逆需要関数となる。当該財の価格に与える効果は-1とされ，当該財以外の財が価格に与える効果は代替性の程度を表す係数に特定化されている。

民営化前に混合複占の状況にあり，公企業を企業0，私企業を企業1とし，公企業の企業0が私企業へと転換され，民営化後は純粋複占となる。

ここでの逆需要関数は，前節での仮定から

$$p_i = a - q_i - \theta q_j \quad i, j = 0, 1, i \neq j$$

であり，ここではi財の数量がその価格に与える効果は-1であるものの，加えて他財から受ける効果として差別化の程度を表す係数θを反映させたものになっている。この種の逆需要関数はDixit（1979）において用いられた2次に特定化された効用関数

$$u = a(q_0 + q_1) - \frac{1}{2}(q_0^2 + q_1^2) - p_0 q_0 - p_1 q_1 - \theta q_0 q_1$$

から，1 階条件として導かれることが知られている。

またここにおいて 2 階条件から

$$1 > \theta^2$$

でなければならず，そのため

$$1 > |\theta|$$

となることがわかる。したがって，$\theta=1$ で 2 財が完全代替的なケースおよび $\theta=-1$ で 2 財が完全補完的なケースは，ここではともに排除されねばならないことになる。

企業の行動原理に関しては公企業に対して総余剰（社会厚生）最大化，私企業に対して利潤最大化が適用され，ぞれぞれ目的関数は

$$W = (a-c)(q_0 + q_1) - \frac{1}{2}(q_0^2 + q_1^2) - \theta q_0 q_1,$$

$$\pi_1 = (a - \theta q_0 - q_1 - c) q_1$$

とされる。先に触れたように，ここでは限界費用を一定とし，また単純化のため固定費用を無視していることに注意されたい。また需要条件のみならず費用条件においても 2 企業は対称的であり，目的関数のみが異なっていることにも注意されたい。こうして，ここでも効率性など公企業・私企業間に存在しがちな相違点はあえてないものとされている。

公企業の反応関数は

$$q_0 = a - c - \theta q_1 \tag{6.8}$$

であり，私企業の反応関数は

$$q_1 = \frac{a - c - \theta q_0}{2} \tag{6.9}$$

である。混合複占における数量競争下で両企業の生産量は（6.8）と（6.9）により

$$q_0 = \frac{(a-c)(2-\theta)}{2-\theta^2}, \tag{6.10}$$

$$q_1 = \frac{(a-c)(1-\theta)}{2-\theta^2} \tag{6.11}$$

である[7)]。

他方，純粋複占下における私企業の生産量は $q \equiv q_0 = q_1$ として（6. 9）により

$$q = \frac{a-c}{\theta+2} \tag{6.12}$$

が得られる。

（6. 10）と（6. 11）より，社会厚生については混合複占下において

$$W^I = \frac{(2\theta^3-2\theta^2-6\theta+7)(a-c)^2}{2(\theta^2-2)^2}, \tag{6.13}$$

（6. 12）より純粋複占下においては

$$W^{II} = \frac{(\theta+3)(a-c)^2}{(\theta+2)^2} \tag{6.14}$$

である。厚生上の比較のため（6. 13）と（6. 14）の差をとると

$$W^I - W^{II} = \frac{(2\theta^3-\theta^2-4\theta+4)(a-c)^2}{2(\theta^2-2)^2(\theta+2)^2} > 0$$

となる。ここでの仮定の下で符号はプラスとなり，（6. 13）と（6. 14）の大小

図 6. 1　$2\theta^3-\theta^2-4\theta+4$ のグラフ

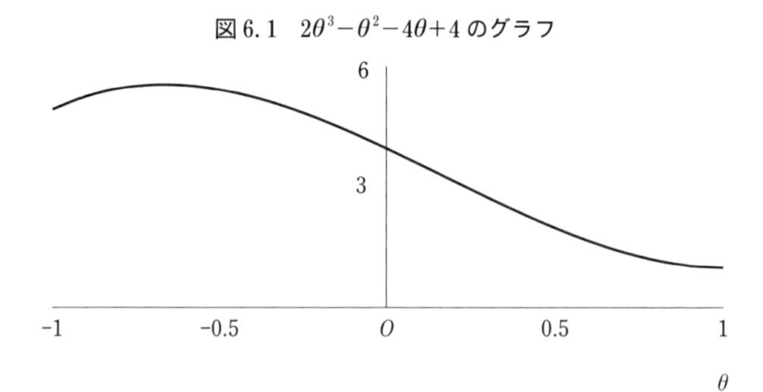

関係が確定する。分母はプラスであり，分子におけるθに関する3次式$2\theta^3-\theta^2-4\theta+4$が問題となるが，以下のとおり，ここでの$\theta$の該当する範囲において，$W^I>W^{II}$の成立が確認される。この点は図6.1を参照されたい。

3. クールノー・シュタッケルベルク均衡

クールノー競争であり，当然，数量競争である点は変わらないものの，企業間で生産量を選択するタイミングにずれ，もしくは情報量に差異が存在するものとする。同時手番ゲームに変えて逐次手番ゲームを取り扱う。混合複占から分析が始められる。公企業はここでも私企業に転換を余儀なくされるため，結果として私企業のみからなる純粋複占も比較のため検討される。ただしその際，民営化後の純粋複占において，依然として私企業としてリーダーもしくはフォロワーであり続けることに注意されたい[8)]。同質財と異質財，それぞれに対しクールノー・ナッシュ均衡を分析して比較した手法を，今度はクールノー・シュタッケルベルク均衡に適用してみることになる。

3.1　同質財

公企業がリーダーの際に混合複占の社会厚生はどうなるか。公企業の企業0がリーダー，私企業の企業1がフォロワーである混合複占についてまず検討する。企業1の反応関数（6.2）をリーダーの公企業の目的関数に代入すると，

$$W=\frac{-(k^3+5k^2+7k+1)q_0^2+2a(k^2+3k+1)q_0+a^2(k+3)}{2(k+2)^2}$$

を得る。企業0の生産量q_0は1階微分

$$\frac{dW}{dq_0}=0$$

より，

$$q_0=\frac{k^2+3k+1}{k^3+5k^2+7k+1}a \tag{6.15}$$

が直接，求まる。企業1の反応関数（6.2）に，ここで求めた（6.15）の企業0の生産量q_0を代入することにより，企業1の生産量q_1は，

$$q_1 = \frac{k(k+2)}{k^3+5k^2+7k+1}a \tag{6.16}$$

となる。よって，この2つの生産量を用いると混合複占下における公企業がリーダーのときの社会厚生は，

$$W^{III} = \frac{2k^5+16k^4+45k^3+49k^2+13k+1}{2(k^3+5k^2+7k+1)^2}a^2 \tag{6.17}$$

となる。

次にちょうど攻守ところを変えて，反対に公企業がフォロワーであり，私企業がリーダーという役割での混合複占について見てみよう。フォロワーの公企業0の反応関数（6.1）をリーダーの私企業1の目的関数に代入すると，

$$\pi_1 = \frac{kq_1\{2a-(k+3)q_1\}}{2(k+1)}$$

である。企業1の生産量q_1は1階微分

$$\frac{d\pi_1}{dq_1} = 0$$

より

$$q_1 = \frac{a}{k+3} \tag{6.18}$$

となる。先の企業0の反応関数（6.1）に，(6.18）の企業1の生産量q_1を代入すると，企業0の生産量q_0は

$$q_0 = \frac{k+2}{(k+1)(k+3)}a \tag{6.19}$$

となる。よって，(6.18）と（6.19)，これら2つの生産量を用いると，混合複占下における公企業がフォロワーのときの社会厚生は

$$W^{IV} = \frac{2k^3+12k^2+19k+9}{2(k+1)^2(k+3)^2}a^2 \tag{6.20}$$

である。

最後に，リーダーである公企業の企業0が民営化した純粋複占のケースについて確認する。まずフォロワーの企業1の反応関数を，私企業とはなるものの，依然としてリーダーの地位に留まる企業0の目的関数に代入する。そこでは

$$\pi_0 = \frac{2a(k+1)q_0 - (k^2+4k+2)q_0^2}{2(k+2)}$$

となる。後は企業0の生産量 q_0 を

$$\frac{d\pi_0}{dq_0} = 0$$

として求めればよい。

$$q_0 = \frac{k+1}{k^2+4k+2}a \tag{6.21}$$

である。今度は企業1の反応関数（6.2）に，企業0の生産量 q_0 を代入する。そこでの企業1の生産量 q_1 は

$$q_1 = \frac{k^2+3k+1}{(k+2)(k^2+4k+2)}a \tag{6.22}$$

である。よって，（6.21）と（6.22），これら2つの生産量を用いると，純粋複占下の社会厚生は

$$W^V = \frac{2k^5+20k^4+70k^3+106k^2+67k+15}{2(k+2)^2(k^2+4k+2)^2}a^2 \tag{6.23}$$

となる。ここで求めた2パターンの混合複占の社会厚生（公企業がリーダー，公企業がフォロワー）と純粋複占のときの社会厚生をそれぞれ比較することによって，産業内の企業数が2のケースにおいて民営化すべきかどうかが確かめられる。（6.17），（6.23）より，W^{III} と W^V を比較のため差をとると

$$W^{III} - W^V = \frac{k^9+11k^8+50k^7+122k^6+177k^5+165k^4+105k^3+43k^2+11k+1}{2(k^3+5k^2+7k+1)^2(k+2)^2(k^2+4k+2)^2}a^2$$

となり，分母は必ずプラスとなることから，ここでの社会厚生の大小関係は分子次第であるが，

$$k^9+11k^8+50k^7+122k^6+177k^5+165k^4+105k^3+43k^2+11k+1 > 0$$

と符合はプラスとなり，$W^{III} > W^V$ が成立する。また，（6.20），（6.23）より，W^{IV} と W^V を比較する。同様に差をとると，

$$W^{IV} - W^V = \frac{k^7+11k^6+51k^5+129k^4+188k^3+152k^2+61k+9}{2(k+1)^2(k+2)^2(k+3)^2(k^2+4k+2)^2}a^2$$

となり，分母は必ずプラスになることから，社会厚生の大小関係を知るには条件

$$k^7+11k^6+51k^5+129k^4+188k^3+152k^2+61k+9>0$$

次第であり，実際，符合はやはりプラスとなっており，$W^{IV}>W^V$ が成立する。

以上より，産業内の企業数が 2 の場合は，公企業がリーダー，公企業がフォロワーの両ケースとも，民営化前の方が社会厚生は大きくなるので，民営化しないことが望ましい。複占下では製品差別化がない場合，公企業の存在価値は高いといえる。

3.2 異質財

ここでは前節 2 項と前項の議論を組み合わせ，製品差別化の状況下でのクールノー・シュタッケルベルク均衡として，公企業の民営化問題を分析する。異質財を扱いながら意思決定のタイミングが異なるケースである。同時手番と比較してどうか，同質財のように製品差別化がない場合と比較してどうか，それぞれ確認する。

ここでも前項の手法を踏襲し，まず，公企業がリーダー，私企業がフォロワーのケースについて見てみる。フォロワーの企業 1 の反応関数（6.9）をリーダーの公企業の目的関数に代入すると，

$$W=\frac{(3\theta^2-4)q_0^2-2(3\theta-4)(a-c)q_0+3(a-c)^2}{8}$$

である。リーダーとしての企業 0 の生産量 q_0 は

$$\frac{dW}{dq_0}=0$$

より求まる。すなわち

$$q_0=\frac{(a-c)(3\theta-4)}{3\theta^2-4} \tag{6.24}$$

である。先の企業 1 の反応関数（6.9）に，ここで求めた企業 0 の生産量 q_0 を代入すると，企業 1 の生産量 q_1 は

$$q_1=\frac{2(a-c)(\theta-1)}{3\theta^2-4} \tag{6.25}$$

となる。よって，この2つの生産量を用いると混合複占下における公企業がリーダーのときの社会厚生として

$$W^{III}=\frac{18\theta^3-21\theta^2-24\theta+28}{2(3\theta^2-4)^2}(a-c)^2 \tag{6.26}$$

が得られる。

次は，反対に私企業がリーダー，公企業がフォロワーという形の混合複占について見ていこう。フォロワーの公企業0の反応関数（6.8）をリーダーの私企業1の目的関数に代入すると，

$$\pi_1=\{(a-c)(1-\theta)+(\theta^2-1)q_1\}q_1$$

が得られる。企業1の生産量 q_1 は，

$$\frac{d\pi_1}{dq_1}=0$$

より

$$q_1=\frac{a-c}{2(\theta+1)} \tag{6.27}$$

となる。企業0の反応関数（6.8）に，企業1の生産量 q_1 を代入すると，企業0の生産量 q_0 は，

$$q_0=\frac{(\theta+2)(a-c)}{2(\theta+1)} \tag{6.28}$$

となる。よって，(6.27)，(6.28)，これら2つの生産量を用いることで混合複占下における公企業がフォロワーのときの社会厚生として

$$W^{IV}=\frac{(\theta+7)}{8(\theta+1)}(a-c)^2 \tag{6.29}$$

が得られることになる。

最後に，民営化後の純粋複占について見てみよう。フォロワーである企業1の反応関数（6.9）をリーダーの企業0の目的関数にそのまま代入すると

$$\pi_0=\frac{1}{2}\{(a-c)(2-\theta)+(\theta^2-2)q_0\}q_0$$

となる。企業0の生産量 q_0 は，

$$\frac{d\pi_0}{dq_0} = 0$$

より直接，求まり，

$$q_0 = \frac{(a-c)(\theta-2)}{2(\theta^2-2)} \tag{6.30}$$

である。企業1の反応関数（6.9）に，（6.30）の企業0による生産量q_0を代入すると，企業1の生産量q_1として

$$q_1 = \frac{(a-c)(\theta^2+2\theta-4)}{4(\theta^2-2)} \tag{6.31}$$

を得る。よって，(6.30)，（6.31）から純粋複占下の社会厚生

$$W^V = \frac{3\theta^4+28\theta^3-64\theta^2-48\theta+96}{32(\theta^2-2)^2}(a-c)^2 \tag{6.32}$$

が求まる。

ここで求めた2つの混合複占のときの社会厚生（公企業がリーダー，公企業がフォロワー）と純粋複占のときの社会厚生を比較することによって，産業内の企業数が2のときに民営化すべきかどうかが分かる。(6.26)，（6.32）より，W^{III}とW^Vの差をとって

$$W^{III}-W^V = \frac{-27\theta^8+36\theta^7+168\theta^6-288\theta^5-272\theta^4+704\theta^3-64\theta^2-512\theta+256}{32(3\theta^2-4)^2(\theta^2-2)^2}(a-c)^2$$

を得る。結果，分母は必ず正になるため社会厚生の比較における大小関係は，

$$-27\theta^8+36\theta^7+168\theta^6-288\theta^5-272\theta^4+704\theta^3-64\theta^2-512\theta+256$$

次第である。この点は図6.2を参照されたい。θの該当する範囲内において，符合がプラスとなることが確認できる。

また，(6.29)，（6.32）より，W^{IV}とW^Vを比較すると，差分として得られるのは

$$W^{IV}-W^V = \frac{\theta^5-3\theta^4+4\theta^3-16\theta+16}{32(\theta+1)(\theta^2-2)^2}(a-c)^2$$

である。結果，分母は必ず正になるので社会厚生の大小関係は分子の

図 6.2　$-27\theta^8+36\theta^7+168\theta^6-288\theta^5-272\theta^4+704\theta^3-64\theta^2-512\theta+256$ のグラフ

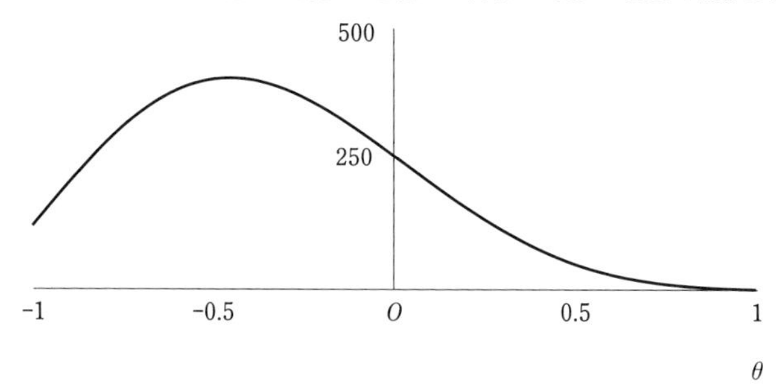

$$\theta^5-3\theta^4+4\theta^3-16\theta+16$$

に帰着することとなる。これについては図 6.3 を参照されたい。やはり符号がプラスとなることが確認できる。

図 6.3　$\theta^5-3\theta^4+4\theta^3-16\theta+16$ のグラフ

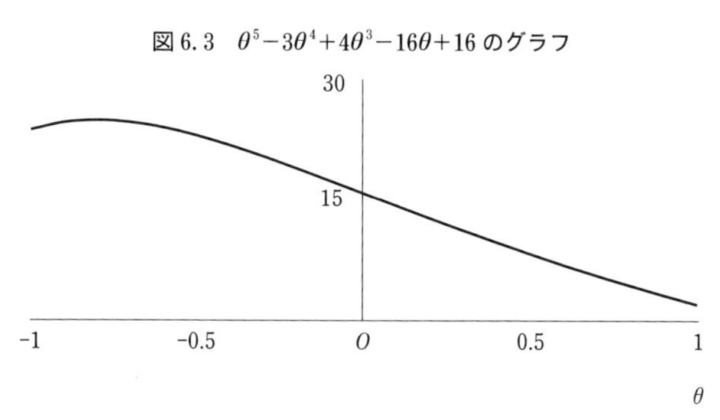

以上のことから，産業内の企業数が 2 の場合は，公企業がリーダー，公企業がフォロワーの両ケースともに，基本的に民営化前の方が社会厚生は大きくなるため，公企業の民営化は望ましくないことが分かる。複占下では製品差別化がある場合においても，公企業の存在価値は十分に高いといえる。

ま　と　め

本章では，複占において公企業を民営化することの是非を論じた。公企業と私企業が1社ずつ産業内で共存する状況と私企業のみ2社が存在する状況，つまり混合複占と純粋複占の比較であり，民営化前後の比較にちょうど対応することになっている。こうして公企業と私企業が相互作用として社会厚生にどのような影響を及ぼしうるかが吟味された。

議論の出発点となったDe Fraja and Delbono（1989）のモデルをここでは拡張し，製品差別化と競争形態としてクールノー・シュタッケルベルク均衡を同時に取り扱い，そこにおいて公企業の存在がどの程度，正当化されうるかどうかを検討した。複占下ではすべての場合において民営化は正当化されえず，公企業の存在価値が高いことが明らかとなった。製品差別化の程度や逐次手番化によるゲーム状況での作用が，少なくとも複占のセッティングにおいては公企業民営化の正当化に必ずしもつながらないことが，これで確認できたことになる。

今後の課題は，企業数，より正確には私企業の増加につれて，1社のみ存在する公企業の民営化がそのとき正当化されやすくなるかどうかを逐次確認することである。

注

1）初期の代表的論文を含めた理論的系譜と動向に関しては，De Fraja and Delbono（1990），Basu（1993）第16章を参照。

2）公企業の民営化問題の発展を概観した包括的内容としては，松村（2005），山崎（2008），都丸（2014），Yanagihara and Kunizaki（2017）を参照のこと。

3）独占企業など大企業には市場の競争的圧力が弱く，効率上のロスが生じがちであることがX非効率性として知られている。これについては小田切（2001）第2章を参照。当然，「親方日の丸」と揶揄されることから，公企業においては私企業以上に内部的な非効率性が存在しうるといえるかもしれない。しかしながら，ここでは敢えて私企業との差異は目的関数のみと考えている。この私企業にとってのハンディキャップにもかかわらず，民営化のメリットが存在しうるのかどうかを確認するためである。

4）以上の知見を基に，その後になされた拡張に関しては，Choi（2012），Ghosh and Mitra（2010），Haruna and Goel（2015），Matsumura（1998）

などを参照のこと。

5)　この節の分析については松本直樹（2016）を参照されたい。

6)　これについては小田切（2001）第3章を参照のこと。

7)　同様のモデルを価格競争下で取り扱ったものに松本（2015）がある。

8)　この部分については濱田弘潤・李坤麗（2014）を参照されたい。そこではDe Fraja and Delbono（1989）においてなされた混合寡占としてのクールノー・シュタッケルベルク均衡と純粋寡占としてのクールノー・ナッシュ均衡の比較において含意される民営化効果と逐次手番化効果の混在を修正している。本章においてもその部分は踏襲されている。民営化後においても，私企業でありながら純粋複占においてリーダーないしフォロワーの地位は失わないものとされている。

第7章　不完備情報ゲーム（基礎）

これまで見てきたように，ゲーム理論ではゲームの参加者が相互に影響を与え合う状況が分析対象となる。そのような依存関係を分析するために準備されて然るべきことは，その対象とされる状況の正確な表現であった。まずゲームのルール（構造）が明確に規定されることである。このようであるとき，ゲームのルールが共有知識となっているといい，その状況下でなされるゲームを完備情報ゲームと呼ぶ。第1章から第4章までの議論がこれであった。他方，この条件が満たされないことを情報の不完備性あるいは非対称性と表現し，その前提の下でなされるゲームを不完備情報ゲームと呼ぶ。本章，ならびに第8章では，この種のゲームが取り扱われることになる。

不完備情報ゲームにおいてプレイヤー間で情報が共有化されていながらも偏在しており，その意味で非対称性が存在しているときに，どのようにしてゲーム状況を記述し，さらにその下で均衡を導出しうるか，を以下順次考察していく。

1. 不完備情報ゲームの特徴とハーサニ変換

ゲーム理論は自分の決定が他者へ，また他者の決定が自分へと，それぞれ影響し合う相互依存関係を分析対象とする。このような相互依存性の前提の下では，他者の決定に関する何らかの予想なしには，自己の意思決定すらおぼつかないことになる。この種のゲーム状況下において，どのようにして外的な強制を伴わずに個々人が独自の判断で意思決定を行い，そしてゲームの参加者間に内生的な拘束力を合意として引き出しうるのか，ということが問題となる。

以上を分析するためにまずなされるべきことは，対象となるゲーム状況の正確な表現である。つまりゲームのルール（構造）が明確に規定されていなければならない。ゲームに参加するプレイヤー全員がそのルールについて正確な情報を持っていることをゲームのルールが共有知識となっているといい，その状況下でなされるゲームを完備情報ゲームと呼ぶ。この条件が満たされないことを情報の不完備性あるいは非対称性と表現し，その前提下でなされるゲームを不完備情報ゲームと呼ぶ。

さてこのように相手プレイヤーについての情報を欠いた，所謂情報の不完備性や非対称性の状況を取り扱う場合には，明確に規定されるべきゲームの構造をどのように表現すればよいのであろうか。ゲームのルールに関して曖昧さを含んだ不完備情報ゲームの枠組みのままではそもそも分析できない。しかしかといってそこでのルールを明確化し，構造を正確に表現しようとすれば，それはもはや不完備情報ゲームとは呼べない代物となってしまう。ゲームのルールがプレイヤー間での共有知識になっていながらも，少なくとも一部のプレイヤーにとっては相手プレイヤーについての情報を正確に把握していないという曖昧さを厳密に表現することが，そこでは必要となってくる。

そこでこのような不完備情報ゲームを分析対象とするためには，ハーサニによって提起された不完備情報ゲームの完備化という処理法が有用であることが知られている。つまりこの方法では，不完備情報ゲームをその特徴の本質的意味を変えることなく，巧妙にある種の不完全情報ゲームに変換することで，その結果，不完備情報ゲームをあたかも完備情報ゲームであるかのように取り扱うことができ，都合よくゲーム状況を設定しうるのである。こうして完備情報ゲームを解くように不完備情報ゲームを解くことが可能となる。具体的な手順としては，まずゲームの開始時点に自然の手番を導入し，そこでこの仮想的な自然というプレイヤーが当該プレイヤーの持つ潜在的タイプ，ひいては利得を選択すると解釈する。そしてこのときプレイヤーが持つ相手プレイヤーのタイプに関する信念はプレイヤー間で共有知識となっており，事前確率として各タイプに割り振られることになる。

本章では参入阻止モデルを題材とし，このようにプレイヤー間で情報が共有化されていても，依然として偏在しており，その意味で非対称性が存在しているときに，このことがプレイヤー間での駆け引きにどのように影響を及ぼしうるのか，を考察していく。簡単化のために原則として，プレイヤー数は2人，それぞれのタイプ数と行動の選択肢も定義の一部を除き，ともに2つに限るものとする。また，ここでも混合戦略は考慮しないものとする。

2. ベイジアン均衡

自然が架空のプレイヤーとして登場し，ある確率分布に基づいて各プレイヤーのタイプを適宜割り当てる。その結果，特定化されたタイプとして複数のプレイヤーがそれぞれ派生することになる。このようにして各プレイヤーは派生させられた自らのタイプを行動決定時に当然のことながら正確に知ることになるが，他方で相手プレイヤーのタイプまで正確に把握するわけではない。この状況は相手プレイヤーにとっても同様である。しかしそこではゲームのルールに関して共有知識が想定されており，各プレイヤーは相手プレイヤーのタイプに関して整合的な信念を持っているとされる。ここでの整合性とは個々のプレイヤーが持つ主観的同時確率分布がプレイヤー間で等しいことを意味し，また信念とは情報集合における各ノード上の確率分布のことを指している。

このゲームを解くためには，ある均衡概念が用いられる。それがベイジアン均衡であり，各プレイヤーが相手プレイヤーの戦略を所与とし，そのプレイヤーのタイプについての信念に基づいて，自分の期待利得を最大にする戦略を求め，その結果得られる組合せとして定義される。ここでの戦略とは，自然によって派生させられたタイプそれぞれに対応し定まってくる行動を意味する。このような相手プレイヤーに関するタイプごとに定まる行動を戦略として列挙し，その行動が予想通りに的中し，また自らも相手プレイヤーの立てた自分のタイプごとに定まる行動（戦略）の予想からあえて逸脱するインセンティブを持たないのであれば，その状態は1つの均衡とみなされうる。この均衡下では，各プレイヤーにとって，自らのタイプそれぞれにおける選択が相手プレイヤーの戦略に対する最適反応である戦略同士の組合せとなっており，これをベイジアン均衡と呼ぶ。

このことはより正確には以下のようにまとめられる。すなわち，自らのタイプごとの行動（戦略）$s_i^*(t_i)$ の定義は，相手プレイヤーの行動 $s_j^*(t_j)$ に対する

最適反応戦略として

$$EU_i(s_i^*(t_i),\, s_j^*(t_j);\, t_i) \geqq EU_i(s_i(t_i),\, s_j^*(t_j);\, t_i)$$
$$\text{for all } s_i(t_i) \in S_i, \quad j \neq i, \quad i, j = \text{A, B}$$

となる。したがってその組合せとして得られるベイジアン均衡の定義は

$$EU_i(s_i^*(t_i),\, s_j^*(t_j);\, t_i) \geqq EU_i(s_i(t_i),\, s_j^*(t_j);\, t_i)$$
$$\text{for all } i \text{ and all } s_i(t_i) \in S_i, \quad j \neq i, \quad i, j = \text{A, B}$$

で与えられる[1)]。先にも触れたように，ここでは確率変数としてのタイプを複数のプレイヤー間で同時に考慮しなければならないため，同時確率分布を想定していることに注意されたい。またこの均衡では，上で触れたとおり両者ともに予想が整合的で矛盾がないものとなっており，そのため自分の相手に対する予想とそれに応じた戦略の選択を，その均衡から自らの意思で変更するインセンティブを持たない。その意味で自己充足的予想と自己拘束的合意が実現しており，安定的な均衡といえる。正にこの意味でベイジアン均衡はナッシュ均衡の不完備情報ゲームにおけるごく自然な拡張と解釈できよう[2)]。

3. ベイジアン均衡導出のためのゲーム状況

さてここでは前節で見たベイジアン均衡の定義や例示とは若干異なる取り扱いを行う。つまりA・B間において対称的な形でそれぞれの私的情報（タイプ）の保持を取り扱うのではなく，Bに関してはこれまでの想定を維持するが，Aに関しては自らの私的情報を保持しながら，他方でBに関する私的情報（タイプ）をも把握しているものとする。しかし依然として同時手番の状況は変えない。このような非対称的な取り扱いを通して[3)]，この均衡の特徴と意味付けを以下の簡単な数値例で確認する。

既存企業Aは自らの設備拡張を行うかどうかを決定する。他方，潜在的な参入企業Bは当該市場に参入するかどうかを決定する。Aには拡張コストが低い効率的なタイプと拡張コストが高い非効率なタイプとの場合がありえ，Aは当然自らのタイプを知った上で決定を下すことになるが，Bは行動決定時点

でAのタイプを知りえない。他方，Aと異なりBにはそのようなタイプは1つしかなく，Bはもとより A もそのことを認識している。そして両企業ともに他企業の行動を観察することなく，同時に上記の意思決定を行う。

ゲーム状況は以下の図7.1のゲームの木において示されているように，まず自然NがAのタイプを決定することによって開始される。ここではAが高コスト・タイプであるよりも低コスト・タイプであることの可能性がより高い状況を考えている。そしてAが低コストのケース（確率3/4）において，Aにとっては B が参入するしないにかかわらず設備を拡張する方が望ましいものとする。ただし拡張する場合の最低利得が拡張しない場合の最高利得と同等（2）となっている。他方，A が高コストのケース（確率1/4）においては，Aにとって B が参入するしないにかかわらず拡張しない方が望ましいものとする。ただしここでも拡張しない場合の最低の利得が拡張する場合の最高利得と同等（1）としている。またBにとってはAが高コスト・タイプであれば与しやすしとみなしており，基本的に参入のインセンティブを持っている。しかし低コスト・タイプであればAが拡張するしないにかかわらず参入を見送る方がより望ましい。

こうして低コスト・タイプ，高コスト・タイプ，それぞれの利得行列を作成

図7.1

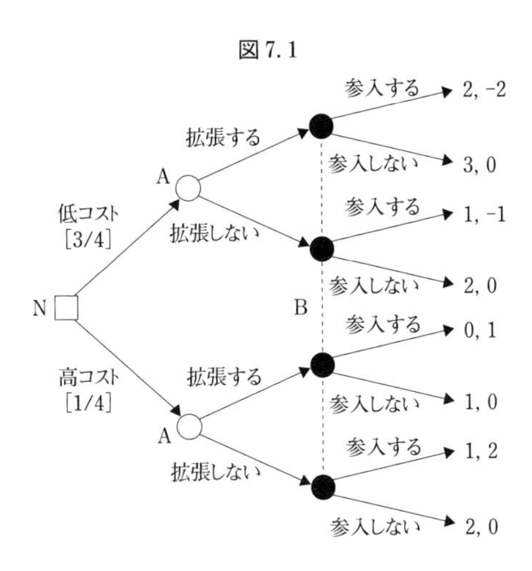

すると，表 7.1，表 7.2 のようになり，A・B ともに支配戦略が見出される。つまり低コスト・タイプであれば組合せ（拡張する，参入しない）が，高コスト・タイプであれば組合せ（拡張しない，参入する）が，それぞれタイプごとの支配戦略均衡となる。ここではこのように構造が比較的簡明で，ある程度見通しが利きやすいものを例題として用いる。

表 7.1

A ＼ B	参入する	**参入しない**
拡張する	2, −2	**3, 0**
拡張しない	1, −1	2, 0

表 7.2

A ＼ B	**参入する**	参入しない
拡張する	0, 1	1, 0
拡張しない	**1, 2**	2, 0

さてこのようであるとき，ベイジアン均衡は {(拡張する，拡張しない)，参入しない} である（図 7.2 を参照のこと）。つまり結果は，A が低コスト・タイプのときは設備を拡張し，高コスト・タイプであれば拡張せず，そして B の方は参入しないこととなる。このことの意味付けは，図 7.2 における事前確率を前提として表 7.1 と表 7.2 を統合した戦略形ゲームに置き換えることで，より一層明らかとなる。表 7.3 のように利得行列が作成され，そこにおいて先の均衡が容易に導出されうる。A が低コスト・タイプであることの可能性が高

図 7.2

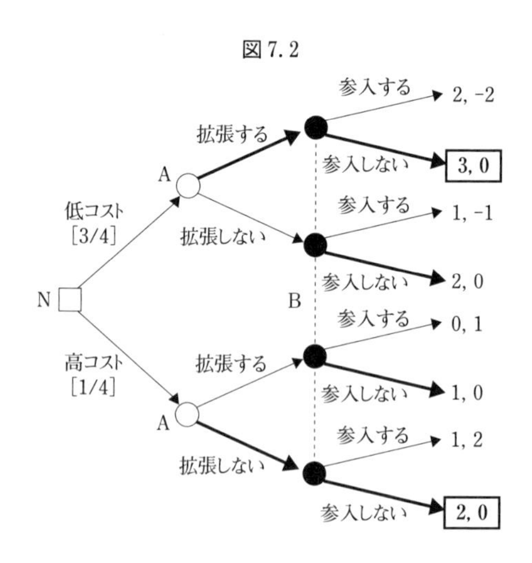

表7.3

A \ B		参入する	**しない**
拡張する	する	(2, 0), −5/4	(3, 1), 0
する	**しない**	(2, 1), −1	**(3, 2), 0**
しない	する	(1, 0), −1/2	(2, 1), 0
しない	しない	(1, 1), −1/4	(2, 2), 0

表7.4

A \ B		**参入する**	しない
拡張する	する	(2, 0), 1/4	(3, 1), 0
する	**しない**	**(2, 1), 1**	(3, 2), 0
しない	する	(1, 0), 1/2	(2, 1), 0
しない	しない	(1, 1), 5/4	(2, 2), 0

図7.3

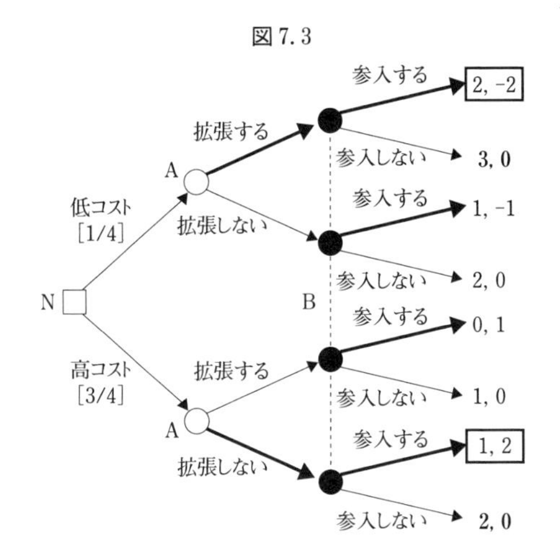

いこと（3/4）がBの参入断念をもたらしている。もしこの確率が逆転して1/4であったのであれば，利得行列は表7.4のように書き換えられ，そのときBはむしろ参入を選ぶことがわかる。この結果はゲームの木上では図7.3のようにして反映されることになる。タイプごとの利得行列の特徴と信念の数値から，これらの均衡導出に関しては，ある程度推察可能であろう。

4. 完全ベイジアン均衡

完備情報ゲームにおけるナッシュ均衡と部分ゲーム完全均衡の対応関係を鑑みるに，不完備情報ゲームにおいてもベイジアン均衡を同様にして，さらに一層，動学的要素を含めた均衡概念に拡張することの必要性に思いを巡らすことはごく自然であろうし，また妥当な判断ともいえよう。そのような均衡概念こそが，正にこれから議論されることになる完全ベイジアン均衡にほかならない。

一度，不完備情報ゲームに動学的要素が導入されると，もはや同時決定のベイジアン均衡は必ずしも十分な均衡概念とはなりえないことは明らかである。しかしプレイヤーが逐次手番をとっており，先行プレイヤーの行動を後続プレイヤーが観察できるとしても，この種の不完備情報ゲームの動学版に対しては部分ゲーム完全性を単純には適用できない。なぜならこのゲームには全体ゲーム以外に，そもそも部分ゲームが存在していないからである。つまりナッシュ均衡と部分ゲーム完全均衡間との同様の対応関係はそこでは見出すことはできない。不完備情報ゲームにおいては，部分ゲーム完全性に代えて新たな工夫が必要となってくる。

厳密には nontrivial な部分ゲームは存在していないものの，その代わり，完全情報ゲームにおいて部分ゲーム完全均衡を求める際と同様にして，ゲームの終了時点から1プレイ戻った情報集合までの間における後続プレイヤーの行動に関する合理性の有無と，その前提となる先行プレイヤーの行動に対する信念の持ち方がもっともらしいかどうか，を確かめてみることは，少なくとも可能である。完全ベイジアン均衡では，行動決定と信念形成の際に，やはりベイズ均衡と同様に，何らかの合理性と整合性が満たされなければならない。しかしベイジアン均衡とは異なり，ここではベイジアン・ルールに従った信念の形成の仕方が均衡の構成要素として決定的に重要となっている。その特徴としては，

1) 各情報集合における戦略とその後の戦略が，当該プレイヤーの持つ信念および相手プレイヤーによる戦略とを所与とするとき，ゲームのそれ以降における最適反応戦略となる。
2) 各情報集合における相手プレイヤーに対する事後的な信念が，その事前の信念および相手プレイヤーによるゲームのそれ以前の段階でとられたであろう行動を踏まえ，ベイジアン・ルールに基づいて合理的に形成される。
3) 最後に動学的要素の導入によって，部分ゲーム完全均衡と同様，均衡経

路外での意思決定も重要となり，均衡経路上での決定と併せて信念がそれぞれ割り振られ，行動が指定される。

が挙げられる。以下，具体的に完全ベイジアン均衡を導出する前に，節を改めてひとまずフォワード・インダクションの考え方と信念の役割について押さえておく。

5. フォワード・インダクションと信念

完全ベイジアン均衡導出の際，フォワード・インダクションのテクニックが援用されることが多い。フォワード・インダクションとは，先行プレイヤーによってこれからどのような戦略がとられるのかを推論するための判断材料をわれわれに提供するものである。まず後続プレイヤーが先行プレイヤーのとった行動を観察し，その行動をとったのはどのタイプなのかを推し量らなければならないとする。そこで問題となってくるのは，先行プレイヤーによるある手番が後続プレイヤーにとって信じるに足るかどうかである。後続プレイヤーは，先行プレイヤーによる過去の行動をどの程度合理的であったか，と判断を下しながら，情報集合上での自らの信念を形成するはずである。したがってこの過程でもっともらしくない均衡は排除されることになる。

この種の思考パターンに関連して，バックワード・インダクションが挙げられるが，これは将来における後続プレイヤーの行動決定に合理性を求め，そこでの不合理なものをまず考察対象から外し，その上で先行プレイヤーの決定を導くものであった。過去と将来，先行プレイヤーと後続プレイヤー，とそれぞれが，フォワード・インダクションとバックワード・インダクション間で議論の出発点において正反対となっていることに注意されたい。以下，展開形ゲームと戦略形ゲームを対応させてこのことを確認したい。

はじめに図 7.4 の状況を考えよう。A が a_3 を選択すれば B の出番なくゲームは終了である。A が a_1 と a_2 のどちらかを選ぶのであれば，そのとき B も b_1 と b_2 のいずれかを選択できる。A が a_3 を選択しなければ，可能性は残り a_1，a_2 のどちらかしかない。このことは B にも当然わかっている。しかしこのときBの決定はAの選択を見極めることなくなされなければならない。Bの持つインセンティブはAがa_1を選ぶのであればb_1を，a_2を選ぶのであればb_2を，それぞれ選択することである。最後にこのゲームにはそもそも意味のある部分ゲームはない。さてこのようであるとき，どのように均衡を導けばよいか。

図 7.4

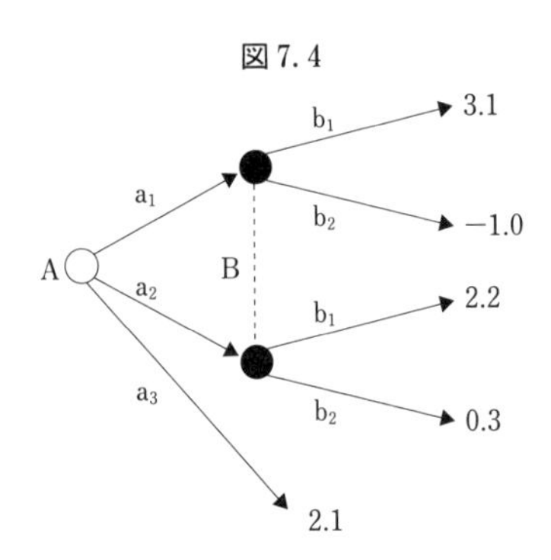

まずこの状況は戦略形ゲームで表 7.5 のように表現されうる。B側には支配戦略，支配される戦略は存在していない。他方A側にはa_3に対する支配される戦略a_2が存在している。そこでこの戦略を一旦削除すると，今度はB側でb_2が削除できるようになる。こうして最終的に反復支配戦略均衡(a_1, b_1)が得られる。ただしこの際，同時に(a_3, b_2)という組合せもナッシュ均衡として求まることに留意していただきたい。この結果を元のゲームの木に反映させたものが図 7.5 である。ここでの完全ベイジアン均衡は，信念に制約を課すことによって$\{(a_1, b_1), p \geqq 1/2\}$, $\{(a_3, b_2), p \leqq 1/2\}$となる。ただしここでの$p$は，Bの持つAによる$a_1$選択の確率であり，信念である。

表 7.5

		B	
		b_1	b_2
A	a_1	3, 1	−1, 0
	a_2	2, 2	0, 3
	a_3	2, 1	2, 1

ここでの両均衡においてともにBの信念の持ち方に合理的根拠を見出すこ

図 7.5

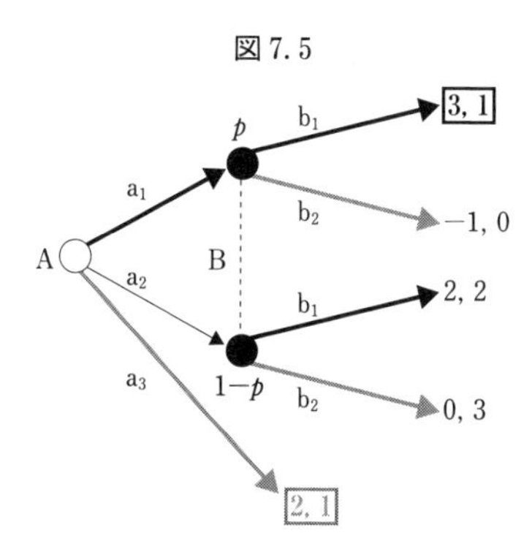

とができるであろうか。先に触れたように，A が a_1 を選ぶのであれば，B は b1 の方を選びたいが，もし a_2 であれば b_2 の方をむしろ選びたい。そして不幸にして B は a_1・a_2 間での A の出方を知りえないことになっている。しかし本当にそうか。すでに表 7.5 に関する議論のところで確認したように，a_2 は a_3 に対する支配される戦略であるから，A は a_2 を選ぶくらいなら，むしろ a_3 の方を選ぶのではないか。そして B は，もし A が a_3 を選んでいないのであれば，そのことは直ちに a_1 の決定を意味していることに気づくはずである。したがって信念 p は 1/2 以下ではありえない。1/2 以上，いやむしろ 1 にこそ修正されていなければならない。よって後者の均衡は排除され，事前に表 7.5 にて確認済みの反復支配戦略均衡に対応した前者のみが，ここでは正当化される。結果，精緻化された完全ベイジアン均衡は $\{(a_1, b_1), p=1\}$ となる。先にも触れたが，以上での議論が後続プレイヤーの支配される戦略の削除から始まったバックワード・インダクションの手順とは異なっており，まったく対照的に先行プレイヤーの支配される戦略の削除から始まっていることに，特に注意されたい[4)]。

6. ゲーム状況としてのシグナリング・ゲーム

シグナリング・ゲームは完全ベイジアン均衡が成立しうる最も簡単なゲーム状況を描写したものである。このゲームには通常 2 人のプレイヤーがいる。先行プレイヤーとしてのシグナルの送り手 A と後続プレイヤーとしてのシグナルの受け手Bである。Aは自らのタイプという私的情報を持っており，他方のBはそれを持たない。このゲームは次のような手順で進む。まず自然NがAのタイプを決定しAのみにそれを明かす。Aは自らのタイプを知った上でシグナルをBに発信する。BはAのタイプを知らないままAが選択した行動をシグナルとして観察し，それを受けて自分の行動を彼への応答として決定する。以上でゲームは終了である。各利得はAのタイプとその行動およびBの行動によって確定する。Bの持つAのタイプについての事前確率（信念）は共有知識とされる。

このようであるとき，プレイヤーが私的に保持している情報が，彼の採用する行動によって図らずも本来持ちえない相手プレイヤーに伝達・入手されてしまうかもしれない。しかしそのことを逆手にとり自分にとって都合のよい誤解を相手に抱かせる行動（偽装）をとることも可能となってくる。以上はミスリードが自分にプラスとなり，タイプを隠そうとするケースであるが，他方でこのようなミスリードはもってのほかで，何とか自らのタイプを誤解なく相手プレイヤーに伝えようとする反対のケースも考えられる[5)]。

いずれの行動もシグナリング活動には違いない。前者は寄らば大樹の陰とばかりに，匿名性に隠れて虎の威を借りようとするタイプに関するものであり，後者は旗幟を鮮明にして積極的に差別化を図ろうとするタイプに対応している。両者の活動が相作用する両者間での綱引きから，もし前者の効果が勝っていれば，どのタイプであっても同一のシグナルを発する一括均衡が成立するであろう。このケースでは，シグナルは後続プレイヤーに対して何ら，先行プレイヤーのタイプを悟らせるための意味のある情報を含んでいないことになる[6)]。反対に後者の効果が勝っていれば，タイプごとに異なったメッセージを発する分離均衡が成立するであろう。このケースでは，観察可能な行動がシグナリングとして機能し，幸か不幸か，私的情報が漏れてしまうことになる。任意のゲーム状況から引き出される均衡において特に着目すべき意味を有するものといえば，それは後者の分離均衡の方であろう。そのため，どのようなときに，あるいはどのようにして，この分離均衡が成立するのかを考えなければならない[7)]。

いずれにしてもここでは後続プレイヤーは先行プレイヤーの行動を観察し，

そしてその得た情報を汲み取って，可能な限り先行プレイヤーのタイプを予測するための事前確率を評価し直すべきである。翻って先行プレイヤーは後続プレイヤーによるその種の反応を読み込んだ上で，より戦略的な行動決定を心掛けなければならないことになる。

さて，以上を踏まえて第3節の例題を本節ではシグナリング・ゲームのフレームワークにおいて再検討してみよう。そこではおそらく低コスト・タイプは後者のタイプになり，高コスト・タイプは前者のタイプになるであろう。以下，このことを確認し，さらに完全ベイジアン均衡の概念がベイジアン均衡の概念をどのように補強しているのか，についても併せて確認する。それに際して，第3節でのシンプルな構造は維持しながら，ここではシグナリング・ゲームに相応しく，新たにAを先行プレイヤー，Bを後続プレイヤーとして，Aによる拡張するかどうかの行動を一旦Bが観察し，その後で参入を決定できるものとする[8)]。それ以外の変更点はない。このときゲーム状況は図7.6のように描写される。BはAが拡張したかどうかを参入前に観察できる。しかしその行動をとったAがどちらのタイプであったかまでは知りようがない（意思決定の場は，拡張すればI_1，拡張しなければI_2）。

図7.6

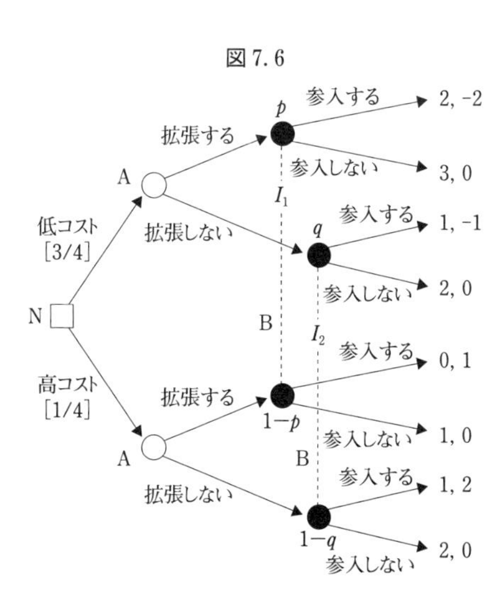

表 7.6

		B			
		参入する　する	する　しない	**しない　する**	しない　しない
A	拡張する　する	(2, 0), −5/4	(2, 0), −5/4	(3, 1), 0	(3, 1), 0
	する　しない	(2, 1), −1	(2, 2), −3/2	**(3, 1), 1/2**	(3, 2), 0
	しない　する	(1, 0), −1/2	(2, 0), 1/4	(1, 1), −3/4	(2, 1), 0
	しない　しない	(1, 1), −1/4	(2, 2), 0	(1, 1), −1/4	(2, 2), 0

完全ベイジアン均衡を導出するため，まず状況を戦略形ゲームに書き換えて表現しておく。表 7.6 の利得行列がそれである[9]。そこでは {(拡張する，拡張しない)，(参入しない，参入する)} が唯一の均衡になっていることがわかる[10]。こうして戦略形ゲームで大枠を捉えた上で，この結果を図 7.6 に反映させたものが図 7.7 である。そこでの完全ベイジアン均衡は，さらに信念に対する制約を課すことによって {(拡張する，拡張しない)，(参入しない，参入する)，$p=1, q=0$} と記述されうる。ただし，ここでの p は設備拡張が観察されたとき，それが低コスト・タイプによるものである確率を，q は拡張が観察されなかったとき，それが同じく低コスト・タイプによるものである確率を，それぞれ表している。この均衡においては A が低コスト・タイプのとき設備を拡張し，高コスト・タイプのとき拡張しない，ということを意味している。そして B は A が拡張するときは参入せず，拡張しないときに参入することになる。また設備拡張が観察されたとき A が低コスト・タイプである確率は 1（高コスト・タイプである確率は 0）となり，設備拡張が観察されなかったとき A が低コスト・タイプである確率は 0（高コスト・タイプである確率は 1）となる。

この種の分離均衡において，均衡経路外での意思決定は考察する必要はない（そもそも存在していない）。しかし，もしここで一括均衡が生じていれば，両タイプともに選択しなかった際の均衡経路外での意思決定について，特に B の持つ A のタイプに対する信念が合理的かどうかについては，新たに検討を要する。そこでは直観的基準として知られている均衡の精緻化のための 1 つのルールが適用される。こうして完全ベイジアン均衡導出の際には，第 6 章で明らかとなるように，部分ゲーム完全均衡と同様，均衡経路外での意思決定はも

図 7.7

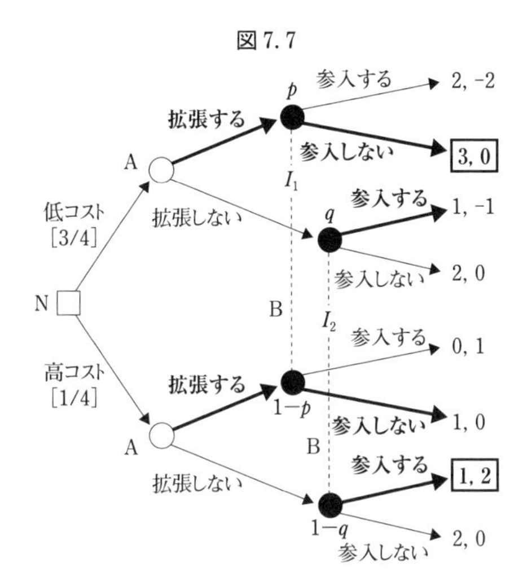

ちろん，むしろその決定のためにこそ，そこでは新たに均衡経路外における後続プレイヤーの信念形成について目配りを欠かすことはできない。したがって完全ベイジアン均衡に対しては，フォワード・インダクションの考え方からも十分に類推されるように，信念に制約を課すだけでなく，さらには信念の持ち方に合理性をも求める，という確認（精緻化）の手続きを必ず経ることになる。

ま　と　め

以上，ベイジアン均衡と完全ベイジアン均衡の導出に際し，それぞれゲーム状況をゲームの木から利得行列へと一度表現し直して，その上で求めた均衡を再度，ゲームの木に落とし込んで確認し，その意味付けを論じた。ここでは分離均衡のみの成立が確認された。しかし状況が異なれば逆に，一括均衡のみが成立することもありえ，場合によっては複数均衡となり，さらには分離均衡と一括均衡が併存することも同様にありうる。今後の課題は，これまでの手法を依然活用し，展開形ゲームと戦略形ゲームの関連性にやはり留意しながらも，複数均衡のケースを扱い，具体的に精緻化の手続きを施すことである。そして一括均衡と分離均衡の比較にむしろ焦点を当て，一括均衡が成立している状況下で，どのようにして分離均衡を見出しうるのか，についてより分析を掘り下げていくことにしたい。

注

1）各プレイヤーは自分のタイプは知っているが他のプレイヤーのタイプは知らないため，各プレイヤーの利得関数はすべてのプレイヤーの戦略変数とタイプ変数に依存する。

2）このベイジアン均衡の成立するゲーム状況の具体例としては公開入札に対する封印入札が挙げられよう。そこでは，ある商品の販売（購入）を希望する人が互いに他の参加者の提示する金額を知らないまま，入札に参加し，その中で最も低（高）い価格で入札した人がその金額でその商品を販売（購入）することになる。

3）これとは異なって対称性を維持し，混合戦略を含めたケースについての議論は，例えばGibbons（1992）第3章や岡田（1996）第5章などを参照のこと。

4）展開形ゲームと戦略形ゲームが必ずしも1対1に対応しているわけではない。この点を含め，フォワード・インダクション全般に関しては，Kohlberg and Mertens（1986）を参照されたい。またFudenberg and Tirole（1991）第11章，Osborne and Rubinstein（1994）第6章，Mas-Colell, Whinston and Green（1995）第9章などが関連文献としてわかりやすい。

5）情報上劣位な立場にいる側が優位な側に働きかける，より具体的には劣位者が優位者に選択肢を提示することによって，そこから情報を引き出そうとするような情報収集活動をスクリーニングと呼ぶ。

6）高コスト・タイプのAが拡張しBが参入しない場合のAの利得が，同じくそのタイプのAが拡張せずBが参入する場合のAの利得を上回るように想定を変更すると，そこでのゲーム状況はCho and Kreps（1987）のケースにほぼ相当することになり，2種類の一括均衡が見出されることになる。

7）この点に関しては次章で取り組むことになる。

8）不完備情報ゲームにおいて参入（阻止）を扱ったモデルとしては，Milgrom and Roberts（1982）とKreps and Wilson（1982）が引用されることが多い。本章の第3節の数値例を前提とし展開した第6節の議論では，既存企業が情報優位でかつ先行プレイヤーであり，また参入企業が情報劣位で後続プレイヤーであることなど，モデルの特徴は基本的に前者のものによっている。

他方，後者では既存企業は情報優位ではあるが，そこではむしろ後続プレイヤーでもあり，参入企業が情報劣位なまま，参入の是非をまず決定する設定となっている。

9）後続プレイヤーであるＢが先行プレイヤーＡの行動を観察できずに自らの行動を同時決定するときには，Ａが拡張する場合の情報集合と拡張しない場合の情報集合を区別する必要がなく，そのため利得行列（表7.6）において（参入する，参入しない），（参入しない，参入する）が選択肢から外れ，（参入する，参入する），（参入しない，参入しない）の２つに限定される。その結果，縮約された利得行列は，正にベイジアン均衡を導出した表7.3に一致することになる。

10）{(拡張しない，拡張しない)，(参入する，参入しない)} もナッシュ均衡ではある。しかしＡにとって（拡張しない，拡張しない）は（拡張する，拡張しない）の支配される戦略であるため，ここでは削除されうる。最終的に表7.6において，{(拡張する，拡張しない)，(参入しない，参入する)} という反復支配戦略均衡が唯一求まることになる。

第8章　不完備情報ゲーム（応用）

前章では，不完備情報ゲームを取り扱った。展開形ゲームで描写されたゲーム状況でベイジアン均衡や完全ベイジアン均衡を導出する際に，そこで繰り返しなされたことは，表現形式をゲームの木から利得行列へと一旦変更し，その上で求めた均衡を再度，ゲームの木に投影し，改めて均衡を解釈し直して，その意味付けを論ずる，という一連の手続きであった。本章においても同様にこの種の手順が以下，いく度となく再現されるが，このような展開形ゲームと戦略形ゲームの関連性にも多少留意しながらも，ここではむしろ，一括均衡と分離均衡の比較に分析の焦点を当て，一括均衡が成立している状況下で，どのようにして分離均衡を成立させうるのか，について，一歩踏み込んで検討を加えてみることにしよう。

ビール－キッシュ・ゲームとして知られるシグナリング・ゲームがある。その基本的な特徴は，不完備情報の下，先行プレイヤーがそのタイプの如何によらず，好みの飲食よりもむしろ後続プレイヤーとの決闘を回避することを重視するというものである。そこから導かれる完全ベイジアン均衡には2種類の一括均衡が含まれる。タイプ間で好みの物が異なっているにもかかわらず，そこでは2種類の当該均衡では同じ物を飲食するという一括戦略のケースとなる。通常は，そうして得られた2つの一括均衡に対する精緻化の手続きを通して，さらに均衡の合理性の有無が吟味され，結果，一方の不合理なものを排除することになる。以上がビール－キッシュ・ゲームとその取り扱いの要点である。

ここではこのビール－キッシュ・ゲームのシグナリング・ゲームとしての一般化とその応用を行うための準備を整えておくことを目的とする。そのためにはまずビール－キッシュ・ゲームにおいて暗黙裡に想定されている部分を明示し，特に先行プレイヤーにとっての好みの飲食と決闘回避との相対的な重要度の兼ね合いから，いくつかの数値例に基づきながら順を追ってオリジナルな想定をより現実的なものに修正していく。最終的には基本ケースを含めて４つにケース分けし，各々のケースにおいて導出される完全ベイジアン均衡とその精緻化を同様の手続きで考察する。最後に諸議論をまとめながら，このモデルの可能性と問題点を指摘する。

1. シグナリング・ゲーム

完全ベイジアン均衡導出のため広く用いられている枠組みには，前章で議論されたシグナリング・ゲームという不完備情報ゲームが挙げられる[1)]。そこでは通常２人のプレイヤーが登場し，そのうちの１人がまずシグナルを送り，他の１人がそれを受け取るという構造になっている。この仕組みをもう少し形式的に述べる。プレイヤーＡは自らのタイプを私的情報として持ち，もう１人の後続プレイヤーＢはそれを持たない。つまり自然ＮがＡのタイプを決定して，Ａのみにそれを告げる。Ａは自らのタイプを知った上で，シグナルをＢに発信する。ＢはＡのタイプを知らないまま，Ａが選択した行動をシグナルとして観察し，それを受けて自分の行動を彼への応答として決定する。これでゲームが終了する。各利得はＡのタイプとその行動およびＢの行動によって確定する。Ａのタイプについての事前確率（信念）は共有知識とされる。タイプ数と行動の選択肢もプレイヤー数と同じ２つに限定される。

このようにシグナリング・ゲームとは完全ベイジアン均衡が成立しうる最も簡単なゲーム状況を描写・分析しようとするものである。この種のゲームでは，私的情報であるプレイヤーＡのタイプが，彼の発するシグナルによっては，図らずも相手プレイヤーＢに伝達・入手されてしまうかもしれない。このことは都合の良い誤解をＢに抱かせるインセンティブがＡの側に存在することをも示唆している（一括均衡の可能性）。またこのようなミスリードにより，自らのタイプを隠そうとする動機の存在の裏面として，逆の立場の存在可能性も同様に考慮されうる。何とか自らのタイプを誤解なくＢに伝えようとするケースである（分離均衡の可能性）。いずれにしても，後続プレイヤーは先行プレイヤーの行動を観察し，そして得た情報を解釈し，可能な限り先行プレイヤーのタイプを予測するための事前確率を評価し直して，事前の信念を修正すべきである。翻って先行プレイヤーは後続プレイヤーによるその種の反応を読み込んだ上で，より戦略的に行動決定を心掛けるべきである。

以上を議論するためには，先行プレイヤーのタイプ毎に自らの有する選択肢決定に対するこだわりの程度とその結果，招かれる後続プレイヤーによる選択結果への覚悟との相対的な関係性をしっかりと整理しておく必要がある。以下，ビール－キッシュ・ゲームにおいて暗黙裡に想定されている条件を明示かつ相対化し，その上で計4つのバリエーションを逐次，検討する。

2. ビール－キッシュ・ゲーム

2.1　ケースⅠ（基本ケース）

シグナリング・ゲームの1つとしてCho and Kreps（1987）によるビール－キッシュ・ゲームを紹介し，このゲームとそこでの均衡の特徴を踏まえながらベンチマークとして，その後に想定を修正するための足掛かりとする[2)]。

まずビール－キッシュ・ゲームのプレイヤーAには，決闘に際しての強弱の2タイプがある。事前確率はそれぞれ0.9と0.1であり，Aが強いタイプである可能性がずっと高い状況を考えることにする。また，発するシグナルには朝食にビールを飲むこととキッシュを食べることの2通りがある。他方，プレイヤーBにはとるべき行動として「決闘する」と「決闘しない」がある。強いタイプはいわば辛党であり，弱いタイプは甘党である。したがって，ここではAは利得ゼロを基準に朝に好きなものを飲食すれば+1，Bとの決闘を避けられれば+2と，それぞれ加算されるものとする。この想定は彼の朝食の選択以上に決闘の回避を重要視していることを意味している。つまり彼が弱い場合は当然としても，仮に強いタイプであった場合も同様にBとの決闘を避けるインセンティブを強く持つことが前提とされている。

他方Bは利得ゼロを基準として強いタイプとの決闘を避けられれば+1，弱いタイプとの決闘が叶えばやはり同等の+1と，ともに加算される。つまり彼にとっては強いタイプとの決闘の回避が，首尾よく弱いタイプとの決闘を果たすこととまったく同等の重みを持っている。

図 8. 1

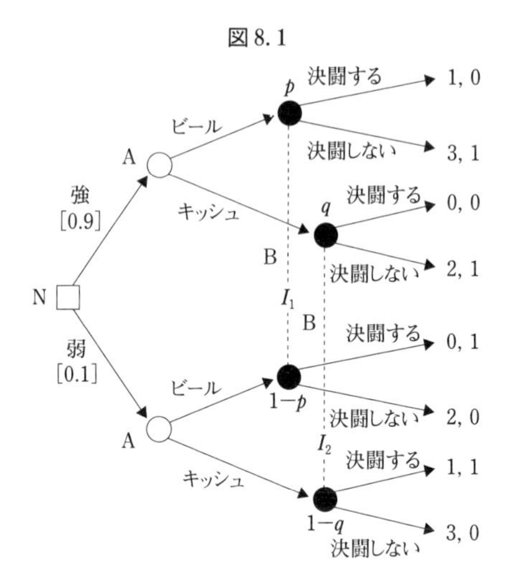

この状況は図 8. 1 のように表現される。このゲームの木には 2 つの情報集合が破線で書き込まれている。この意味するところはこうである。先行プレイヤーたる A は自らのタイプを自然 N により伝え聞いた後に，ビールとキッシュいずれかのシグナルを発信する。これを後続プレイヤーの B が受信する。しかし彼ができることは表面的にシグナルがいずれであるかを観察することだけで，そのシグナルがタイプ自身の選好を素直に反映したものなのか，それとも戦略的に相手に誤認識を与えることを意図したものなのかは判断しかねる。B は A が発したシグナルとしてビールであるかキッシュであるか観察するが，そのタイプまでをも正確には知りえないため，相当する 2 つのノードが情報集合として結ばれることとなっている（I_1 と I_2）。いうまでもなくこの概念を盛り込むことはシグナリング・ゲームにおいては不可欠である。

ここでこのゲームにおける完全ベイジアン均衡を導出する。つまり逐次合理性と整合性をともに満たす均衡を探すことになる。まず逐次合理性に関してであるが，行動戦略の組合せには，① {(ビール，ビール)，(決闘しない，決闘する)}，② {(キッシュ，キッシュ)，(決闘する，決闘しない)} が導かれ，いずれも安定的となっている。つまり A はタイプを問わずビールを飲み B はビールが観察されるときには決闘を避けキッシュが観察されるときには決闘する

図 8.2

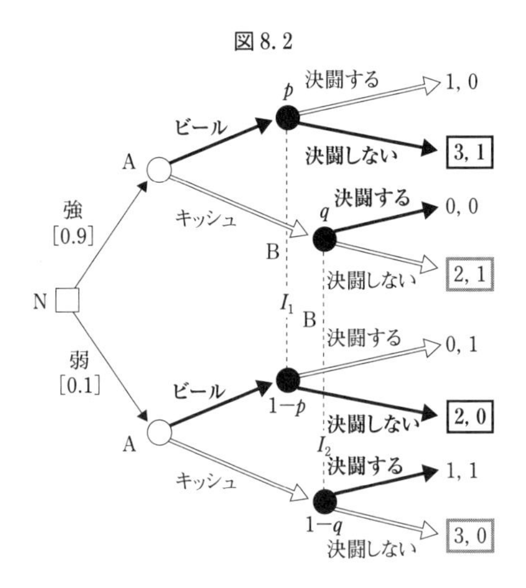

ものと，Aはタイプを問わずキッシュを食べBはビールが観察されるときには決闘を挑みキッシュが観察されるときには決闘を避けるものとの複数均衡の状況である。

①ではキッシュの観察後におけるBによる決定の場 I_2, ②ではビール観察後におけるBによる決定の場 I_1 がそれぞれ均衡経路外の情報集合になる（図8.2参照)。理由はこうである。①についてはBによる（決闘しない，決闘する）に対して，強いAと弱いAがともにビールからキッシュへ行動戦略を変更すると，強いAにとっては3から0へ，弱いAにとっては2から1へと，それぞれ利得が減少する。他方，Aによる（ビール，ビール）に対しては，I_2 が均衡経路外の情報集合となるので，Bによるキッシュ目撃の可能性をここでの考慮から外す。このときBが情報集合 I_1 において「決闘しない」から「決闘する」へ変更すると，Bの利得は，決闘相手が強いAであれば1から0へ減少し，決闘相手が弱いAであれば0から1へ増加するものの，期待値としては0.9から0.1へ減少してしまう。このようにAとBともに①の組合せからあえて離れて行動戦略を変更するインセンティブを持ち合わせていないのである。

また②についてはBによる（決闘する，決闘しない）に対して，強いAと弱いAがともにキッシュからビールへ行動戦略を変更すると，強いAにとっては2から1へ，弱いAにとっては3から0へと，それぞれ利得が減少する。他方，Aによる（キッシュ，キッシュ）に対しては，I_1が均衡経路外の情報集合となるので，Bによるビール目撃の可能性をここでの考慮から外す。このときBがI_2において「決闘しない」から「決闘する」へ変更すると，Bの利得は，決闘相手が強いAであれば1から0へ減少し，決闘相手が弱いAであれば0から1へ増加するものの，期待値としては0.9から0.1へ減少してしまう。このようにAとBともに②から行動戦略を変更するインセンティブを有してはいない。図8.2を参照されたい。利得行列においても同一の結果となることが確かめられる（表8.1と表8.2を参照）。

表8.1

		B			
		する　する	する　しない	しない　する	しない　しない
A	ビール　ビール	(1, 0), 0.1	(1, 0), 0.1	(3, 2), 0.9	(3, 2), 0.9
	ビール　キッシュ	(1, 1), 0.1	(1, 3), 0	(3, 1), 1	(3, 3), 0.9
	キッシュ　ビール	(0, 0), 0.1	(2, 0), 1	(0, 2), 0	(2, 2), 0.9
	キッシュ　キッシュ	(0, 1), 0.1	(2, 3), 0.9	(0, 1), 0.1	(2, 3), 0.9

表8.2

		B			
		する　する	する　しない	**しない　する**	しない　しない
A	**ビール　ビール**	(1, 0), 0.1	(1, 0), 0.1	**(3, 2), 0.9**	(3, 2), 0.9
	ビール　キッシュ	(1, 1), 0.1	(1, 3), 0	(3, 1), 1	(3, 3), 0.9
	キッシュ　ビール	(0, 0), 0.1	(2, 0), 1	(0, 2), 0	(2, 2), 0.9
	キッシュ　キッシュ	(0, 1), 0.1	(2, 3), 0.9	(0, 1), 0.1	(2, 3), 0.9

以上から①と②の行動戦略の組合せがいずれも安定的な均衡となっており，しかも片やビール，片やキッシュと異なるものの，2タイプともに同一の意思決定を行うという意味において，ともに一括均衡となっていることが確認できる。

次に整合性に関しては，それぞれ信念は，①において$p=0.9$，$q\leqq0.5$，②において$p\leqq0.5$，$q=0.9$でなければならず，いずれも不等号の部分については均衡経路外の情報集合上での行動戦略と整合的であるため必要である[3)]。p はビールが観察されたときそれが強いタイプによるものである確率を，q はキッシュが観察されたときそれが同じく強いタイプによるものである確率をそれぞれ表しているので，①では両タイプともにビールを選ぶため，Bはこのシグナルをタイプ判別に関する追加情報として信念形成に反映させることができない。したがって依然 $p=0.9$ であり，信念は事前確率のまま変更されずにそこでは維持される。予想に反してキッシュを食べているAを目撃したのであれば，I_2 における意思決定がここでは「決闘する」である限りは q が十分に低くなければ正当化できないはずである。

他方，②では予想に反してビールを飲んでいるAを目撃したのであれば，I_1 で「決闘する」が選択されるのである限りは p が十分に低くなければ理屈に合わないことになる。またここでは両タイプともにキッシュを選ぶため，Bはこのシグナルをタイプ判別に関する追加情報として信念形成に反映させることができず，依然 $q=0.9$ であり，信念は事前確率のまま変更されえない[4)]。

よってケースⅠにおける完全ベイジアン均衡は，①｛(ビール，ビール)，(決闘しない，決闘する)，$p=0.9, q\leqq 0.5$｝，②｛(キッシュ，キッシュ)，(決闘する，決闘しない)，$p\leqq 0.5, q=0.9$｝の複数均衡である[5)]。

このようにケースⅠでは2つの完全ベイジアン均衡が一括均衡として共存しているが，どちらがよりもっともらしいかを確認してみよう。それには支配並びに均衡支配の概念を用いることになる。①ではまず強いAがビールを飲んだときの最悪の結果は利得1で，キッシュを食べたときの最良の結果は利得2であるので，ここではキッシュの選択は残念ながら支配されてはいない。そこで代わりに均衡支配の概念を適用してみる。強いAがビールを飲んだときの均衡の結果は利得3で，キッシュを食べたときの最良の結果は利得2であるので，ビールを飲んだときの最良の結果を辛うじて超えることができた。そこでここでのキッシュの選択は均衡支配されていることがわかる。他方，弱いAがビールを飲んだときの最悪の結果は利得0で，キッシュを食べたときの最良の結果は3であるので，キッシュの選択については支配はおろか均衡支配すら受けていないことがわかる。

まとめると，①においては強いAに関してキッシュの選択は支配されていないが代わりに均衡支配されている。また弱いタイプに関してキッシュの選択は支配も均衡支配もされていない。均衡経路外での信念は $q=0$ となっていなければならず，このようにして先に課した制約を満たしていることが確かめられる。

他方，同様に考えて，②では強いAがキッシュを食べたときの最悪の結果は0で，ビールを飲んだときの最良の結果は利得3であるので，ビールの選択は支配されていない。強いAがキッシュを食べたときの均衡の結果ですら2でしかないので，やはりビールを飲んだときの最良の結果を超えることができない。ここではビールの選択は支配も均衡支配もされていないことがわかる。しかし弱いAがキッシュを食べたときの最悪の結果は1，ビールを飲んだときの最良の結果は2なので，ここでもビールの選択は支配されていない。しかし弱いAがキッシュを食べたときの均衡の結果は利得3であり，ビールを飲んだときの最良の結果である利得2を辛うじて超えることができている。そこでここでのビールの選択は均衡支配されていることがわかる。

つまり②においては強いAに関してビールの選択は，支配も均衡支配も被ってはいない。しかし弱いAに観してはビールの選択は，支配はされていないものの，均衡支配されている。したがって均衡経路外での信念は $p=1$ となっていなければならず，ここでは先に課した制約を満たしていないことがわかる。正にこの点で，この均衡における合理性の欠如が明らかとなる[6)]。

もし強いAであれば，そのときビールの選択によって利得を均衡経路での結果以上へとより一層引き上げる可能性が出てくる。そして $p=1$ であればBによる決闘の回避が確実となり，これを前提にビールの選択は必然となる。これに対し，弱いAであれば，その同じビールの選択によってBによる行動如何にかかわらず，不可避的に均衡経路での決定から利得をより一層引き下げてしまう。したがってそもそもこのタイプにビール選択へのインセンティブはまったく存在しない。不自然な信念の前提の下で成立している②については，こうして精緻化の過程で排除され，幸いにも理に適った信念に基づく①の完全ベイジアン均衡のみが正当化されることになる（以上図8.2参照）。

完全ベイジアン均衡が1つに絞り込まれたものの，このケースではそもそも一括均衡しか成立しておらず，先行プレイヤーであるAによる一括戦略の下では私的情報が後続プレイヤーのB，ひいては社会を構成する第三者にはまったく伝わらないことになり，弱いタイプのAのメリットがそこでは際立つ結果となっている。もし何らかの理由で，個人の属性としての私的情報を社会的に評価しようとする際，この点が大きな妨げとなりうる。以下，節を代えてゲーム状況の想定をより現実的なものに修正しながら，どのような条件下で分離均衡が成立しやすくなるのかを吟味してみることにする。

2.2　ケースII

ここで想定を一部変更する。まずプレイヤーAには決闘に際しての強弱の2タイプがあること，事前確率はそれぞれ0.9と0.1であり，発するシグナルには朝食にビールを飲むこととキッシュを食べることの2通りがあること，強いタイプは前者，弱いタイプは後者を好むこと，これらは変わらない。またプレイヤーBにはとるべき行動として「決闘する」と「決闘しない」があり，利得ゼロを基準として強いタイプとの決闘を避けられれば+1，弱いタイプとの決闘が叶えばやはり同等の+1がともに加算されることも変わらない。ここでの変更点は，プレイヤーAの選好の程度に関する好きな物の飲食と決闘回避との兼ね合いである。基本ケースとしての前ケースIにおいてはAはタイ

図8.3

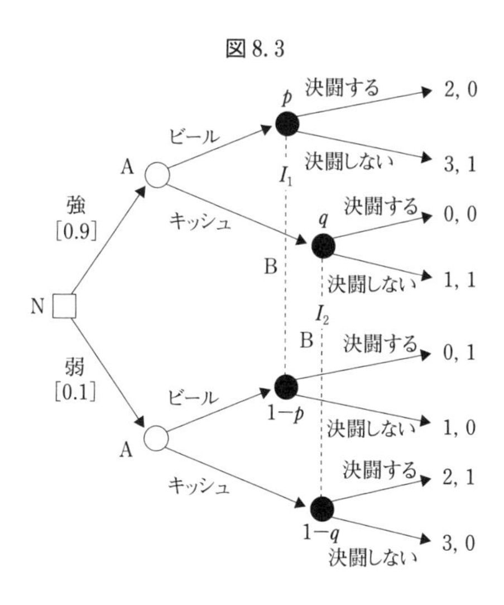

プを問わず，利得ゼロを基準として朝に好きな物を飲食すれば+1，Bとの決闘を避けられれば+2と，それぞれ加算されていた。ここではその利得の大小関係を逆転させ，好きな物の飲食には+2，決闘回避には+1だけ加算されるものとしよう。つまりこれによって決闘を回避することよりも好きな物を飲食することの方の選択を重要視していることになる。この状況は図8.3のように表現される。図8.3を基本ケースとしてのビール－キッシュ・ゲームを描写した図8.1と比較されたい。

さて次に完全ベイジアン均衡を導出する。まず逐次合理性に関して，行動戦略の組合せ｛(ビール，キッシュ)，(決闘しない，決闘する)｝がここでは安定な状況となっている。そこでは強いAはビールを飲み，弱いAはキッシュを食べる。Bはビールが観察されるときには決闘を避けキッシュが観察されるときには決闘することになる。単一均衡でかつ分離均衡である。したがって均衡経路外の情報集合は存在しない（図8.4参照)。この組合せが均衡足りうるかどうか，以下で確認してみよう。

図8.4

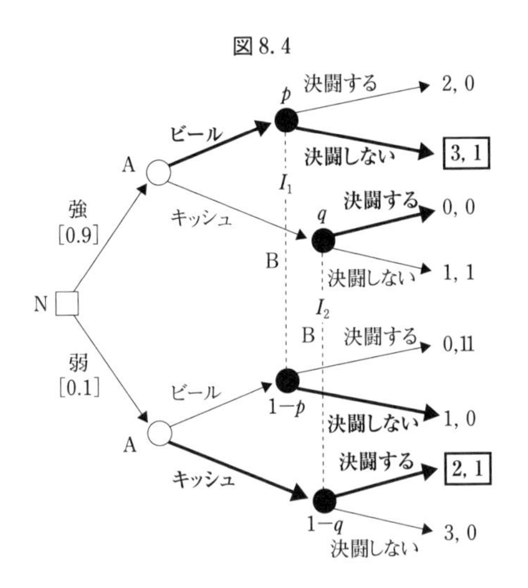

まずBによる（決闘しない，決闘する）に対して，強いAがビールからキッシュへ行動戦略を変更すると，強いAにとっては3から0へ利得が減少する。今度は弱いAがキッシュからビールへ行動戦略を変更すると，Aにとっ

ては2から1へ利得が減少する。他方，Aによる（ビール，キッシュ）に対しては，Bが情報集合I_1において「決闘しない」から「決闘する」へ変更すると，Bの利得は1から0へ減少する。他方，Bが情報集合I_2において「決闘する」から「決闘しない」へ切り替えるとBの利得は同じく1から0へ減少する。このようにAとBともに上記の組合せからあえて変更するインセンティブはないことがわかる。図8.4で確認されたい。利得行列によっても同一の組合せが均衡となることが確認されうる（表8.3と表8.4を参照）。

表8.3

		B			
		する　する	する　しない	しない　する	しない　しない
A	ビール　ビール	(2, 0), 0.1	(2, 0), 0.1	(3, 1), 0.9	(3, 1), 0.9
	ビール　キッシュ	(2, 2), 0.1	(2, 3), 0	(3, 2), 1	(3, 3), 0.9
	キッシュ　ビール	(0, 0), 0.1	(1, 0), 1	(0, 1), 0	(1, 1), 0.9
	キッシュ　キッシュ	(0, 2), 0.1	(1, 3), 0.9	(0, 2), 0.1	(1, 3), 0.9

表8.4

		B			
		する　する	する　しない	**しない　する**	しない　しない
A	ビール　ビール	(2, 0), 0.1	(2, 0), 0.1	(3, 1), 0.9	(3, 1), 0.9
	ビール　キッシュ	(2, 2), 0.1	(2, 3), 0	**(3, 2), 1**	(3, 3), 0.9
	キッシュ　ビール	(0, 0), 0.1	(1, 0), 1	(0, 1), 0	(1, 1), 0.9
	キッシュ　キッシュ	(0, 2), 0.1	(1, 3), 0.9	(0, 2), 0.1	(1, 3), 0.9

整合性に関して信念を明示する。この均衡では強いAはビールを飲み，弱いAはキッシュを食べるため，ビールが観察されれば当然それはBに強いAと認識されることとなり，キッシュが目撃されれば弱いAと判断される。つまり初期信念はBによってそれぞれ$p=1$，$q=0$と修正される。よって完全ベイジアン均衡として｛(ビール，キッシュ)，(決闘しない，決闘する)，$p=1$，$q=0$｝が成立する[7]。

2.3　ケースIII

ここでもこれまでの基本設定の大枠は変えずに一部のみ変更する。ケースI

では好きな物の飲食よりも決闘回避の方を重視していたのに対し，ケースⅡでは決闘回避よりもむしろ好きな物を飲食することを重視していた。つまりプレイヤー A がいずれのタイプに該当するかによって何を飲食したいかという好みの問題こそ異なれ，ケースⅠとケースⅡにおいて，実は両タイプが好きな物の飲食と決闘回避の相対的な選好に関し，対称的に扱われていた。

ここで扱われるケースでは強いタイプは利得ゼロを基準として朝に好きな物を飲食すれば+1，B との決闘を避けられれば+2 とするのに対し，弱いタイプは好きな物の飲食に+2，決闘回避に+1 とし，両タイプの選好を非対称的に扱うものとする。つまりこの変更により，辛党で強いタイプの A は決闘回避を重視するのに対して甘党で弱いタイプの A はむしろ好きな物（キッシュ）の飲食を重視することになる。この状況は図 8.5 のように表現される。

図 8.5

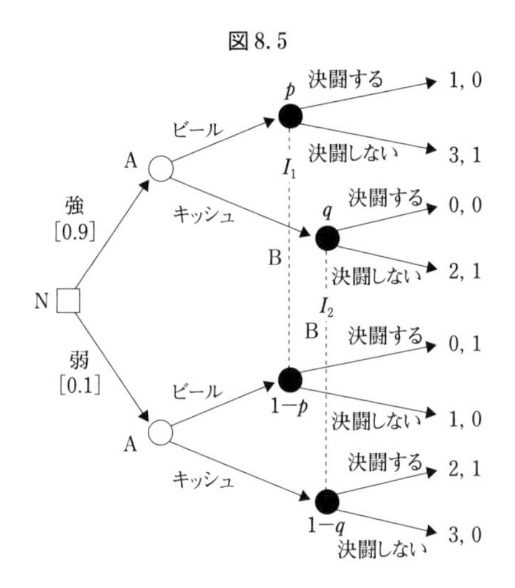

ここでの完全ベイジアン均衡を導出する。まず逐次合理性に関しては安定的な行動戦略の組合せが，① {(ビール，キッシュ)，(決闘しない，決闘する)} と② {(キッシュ，キッシュ)，(決闘する，決闘しない)} であることが確認できる。①は B による（決闘しない，決闘する）に対して，強い A がビールからキッシュへ行動戦略を変更すると，強い A にとっては 3 から 0 へ利得が減少する。他方，弱い A がキッシュからビールへ行動戦略を変更すると弱い A

図 8.6

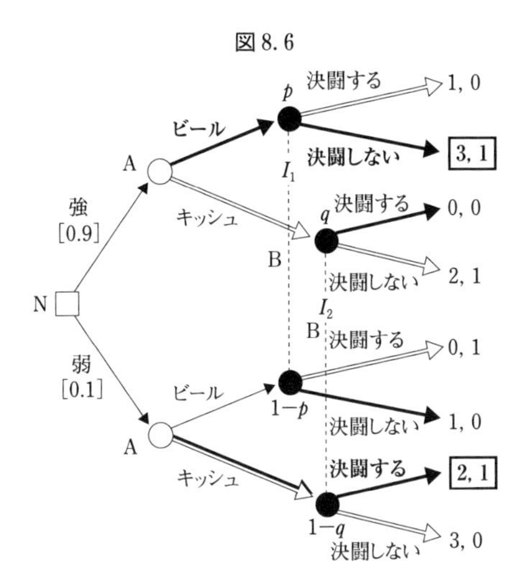

にとっては2から1へ利得が減少する。今度はAによる（ビール，キッシュ）に対しては，Bが情報集合 I_1 において「決闘しない」から「決闘する」へ変更すると，Bの利得は1から0へ減少する。他方，Bが情報集合 I_2 において「決闘する」から「決闘しない」へ切り替えるとBの利得は同じく1から0へ減少する。このように①の組合せにはAとBともに変更するインセンティブは存在していない。また②についてもBによる（決闘する，決闘しない）に対して，強いAと弱いAがともにキッシュからビールへ行動戦略を変更すると，強いAにとっては2から1へ，弱いAにとっては3から0へと，それぞれ利得が減少してしまう。今度は逆にAによる（キッシュ，キッシュ）に対しては，I_1 がここでの均衡経路外の情報集合となるので，Bによるビール目撃の可能性をここでの考慮から外す。このときBが I_2 において「決闘しない」から「決闘する」へ変更すると，Bの利得は，決闘相手が強いAであれば1から0へ減少し，決闘相手が弱いAであれば0から1へ増加するものの，期待値としては0.9から0.1へ減少してしまう。このようにこの組合せにおいても，AとBともに変更するインセンティブは存在していない。

以上から①と②の行動戦略の組合せがいずれも安定的であり，その意味で複数均衡となっていることが確かめられるが，ただし①は分離均衡であるのに対

表 8.5

		B			
		する　する	する　しない	しない　する	しない　しない
A	ビール　ビール	(1, 0), 0.1	(1, 0), 0.1	(3, 1), 0.9	(3, 1), 0.9
	ビール　キッシュ	(1, 2), 0.1	(1, 3), 0	(3, 2), 1	(3, 3), 0.9
	キッシュ　ビール	(0, 0), 0.1	(2, 0), 1	(0, 1), 0	(2, 1), 0.9
	キッシュ　キッシュ	(0, 2), 0.1	(2, 3), 0.9	(0, 2), 0.1	(2, 3), 0.9

表 8.6

		B			
		する　する	する　しない	**しない　する**	しない　しない
A	ビール　ビール	(1, 0), 0.1	(1, 0), 0.1	(3, 1), 0.9	(3, 1), 0.9
	ビール　キッシュ	(1, 2), 0.1	(1, 3), 0	(3, 2), 1	(3, 3), 0.9
	キッシュ　ビール	(0, 0), 0.1	(2, 0), 1	(0, 1), 0	(2, 1), 0.9
	キッシュ　キッシュ	(0, 2), 0.1	(2, 3), 0.9	(0, 2), 0.1	(2, 3), 0.9

し，②は一括均衡となっており，質的に異なる両者がこのケースでは均衡として互いに並存することになっている。図 8.6 において確認されたい。利得行列によってもこのことは同様に確認されうる（表 8.5 と表 8.6 を参照）。

次に整合性に関しては，それぞれ信念は①において分離均衡のためタイプの類推が容易になされうることとなり，$p=1$，$q=0$，他方，②においては一括均衡であるため，均衡経路外 I_1 で思いがけずビールを飲んでいる A を目撃すれば，「決闘する」が選択されるので，そのときに p が高ければ均衡として矛盾してしまう。不等号の部分については均衡経路外の情報集合上での行動戦略と整合的であるため必要である。また均衡経路上では両タイプともキッシュを選ぶため，信念は事前確率のまま変更されない。このように $p \leqq 0.5$，$q=0.9$ でなければならない。

よってこのケースにおける完全ベイジアン均衡としては，① {((ビール，キッシュ）（決闘しない，決闘する），$p=1, q=0$} と，② {(キッシュ，キッシュ)，（決闘する，決闘しない），$p \leqq 0.5, q=0.9$} の 2 つが見出されうる。

次に均衡経路外の情報集合が存在する②の完全ベイジアン均衡に対し，精緻化の手続きを施してみる。強い A がキッシュを食べたときの最悪の結果は 0

で，ビールを飲んだときの最良の結果は利得3であるので，ビールの選択は支配されていない。強いAがキッシュを食べたときの均衡の結果ですら2でしかないので，やはりビールを飲んだときの最良の結果を超えることができない。ここではビールの選択は支配も均衡支配もされていないことがわかる。しかし弱いAがキッシュを食べたときの最悪の結果は2，ビールを飲んだときの最良の結果は1なので，ここではビールの選択は支配されていることがわかる。つまりビールの選択は劣った手なので$1-p=0$，つまり$p=1$であるが，これは完全ベイジアン均衡における信念に課された制約$p \leqq 0.5$とは不整合である。よってケースⅠと同様にここでもキッシュによる一括均衡の方は精緻化により排除され，分離均衡の完全ベイジアン均衡①のみが正当化されることになる(以上図8.6参照)[8)]。

2.4　ケースⅣ

前ケースではAが強いタイプであったときに好きな物（ビール）の飲食よりも決闘回避を重視するのに対し，弱いときに好きな物（キッシュ）の飲食の方を決闘回避よりもむしろ重視するとされていた。しかし想定としては強いタイプだからこそ決闘回避よりも好きな物の飲食を重視し，弱いからこそ好きな物の飲食を断念しても決闘回避の方をむしろ望むのではないか。

そこで本ケースではケースⅢ同様，引き続き両タイプの選好を非対称的に扱うものの，好きな物の飲食と決闘回避の際の利得の大小関係を逆転させてみよう。つまりここでは強いAは利得ゼロを基準に好きな物の飲食に+2，Bとの決闘回避に+1とするのに対し，他方で弱いAの方は好きな物の飲食に+1，決闘回避に+2とし，異なった重みを持たせることにする。よってゲーム状況は図8.7のように表現される。前ケースの図8.5と比較し，そことと本ケースとの差異を確認されたい。

ここでの完全ベイジアン均衡を導出する。まず逐次合理性に関しては行動戦略の組合せ{(ビール，ビール)，(決闘しない，決闘する)}が，単一で存在する一括均衡として求められる。この点を確認しよう。Bによる（決闘しない，決闘する）に対して，強いAと弱いAがともにビールからキッシュへ行動戦略を変更すると，強いAにとっては3から0へ，弱いAにとっては2から1

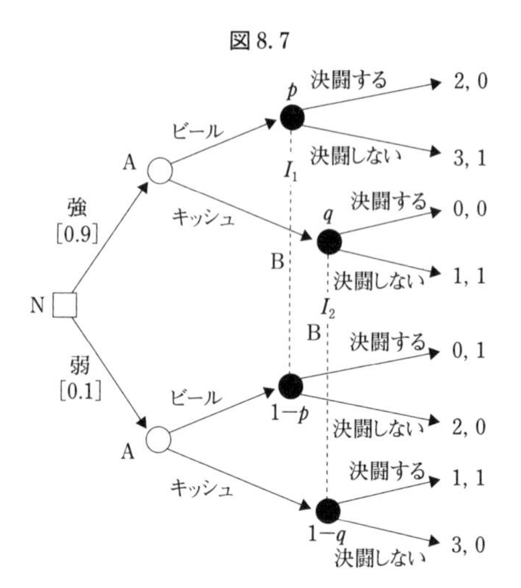

図 8.7

へと，それぞれ利得が減少してしまう。逆に A による（ビール，ビール）に対しては，I_2 が均衡経路外の情報集合となるので，B によるキッシュ目撃の可能性をここでの考慮から外す。このとき B が情報集合 I_1 において「決闘しない」から「決闘する」へ切り替えると，B の利得は，決闘相手が強い A であ

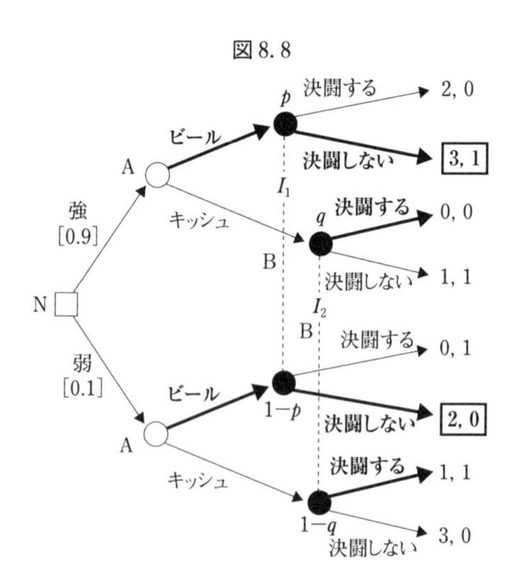

図 8.8

れば1から0へ減少し，決闘相手が弱いAであれば0から1へ増加するものの，期待値としては0.9から0.1へ減少してしまう。このようにここでの組合せからAとBともに戦略を変更するインセンティブは持たないことがわかる。以上，図8.8で確認されたい。このことは利得行列によっても確認されうる（表8.7と表8.8を参照）。

表8.7

		B			
		する　する	する　しない	しない　する	しない　しない
A	ビール　ビール	(2, 0), 0.1	(2, 0), 0.1	(3, 2), 0.9	(3, 2), 0.9
	ビール　キッシュ	(2, 1), 0.1	(2, 3), 0	(3, 1), 1	(3, 3), 0.9
	キッシュ　ビール	(0, 0), 0.1	(1, 0), 1	(0, 2), 0	(1, 2), 0.9
	キッシュ　キッシュ	(0, 1), 0.1	(1, 3), 0.9	(0, 1), 0.1	(1, 3), 0.9

表8.8

		B			
		する　する	する　しない	**しない　する**	しない　しない
A	**ビール　ビール**	(2, 0), 0.1	(2, 0), 0.1	**(3, 2), 0.9**	(3, 2), 0.9
	ビール　キッシュ	(2, 1), 0.1	(2, 3), 0	(3, 1), 1	(3, 3), 0.9
	キッシュ　ビール	(0, 0), 0.1	(1, 0), 1	(0, 2), 0	(1, 2), 0.9
	キッシュ　キッシュ	(0, 1), 0.1	(1, 3), 0.9	(0, 1), 0.1	(1, 3), 0.9

また整合性に関しては信念がそれぞれ$p=0.9$，$q\leqq 0.5$とならなければならず，均衡経路上での両タイプによるビール選択という更新できないシグナル発信状況と意に反して目撃されたキッシュという均衡経路外の情報集合上での行動戦略と整合的であるため必要な制約となっている。よって均衡｛(ビール，ビール)，(決闘しない，決闘する)，$p=0.9, q\leqq 0.5$｝がここで唯一成立する完全ベイジアン均衡となる[9]。

最後に念のためこの均衡に精緻化のプロセスをチェックしておく。弱いAがビールを飲んだときの最悪の結果は利得0で，キッシュを食べたときの最良の結果は3であるので，キッシュの選択は均衡支配すらされていないものの，強いAがビールを飲んだときの最悪の結果は利得2で，キッシュを食べたときの最良の結果は利得1であるので，ここではキッシュの選択は支配されている。強いAにとってのキッシュの選択は劣ったやり方であり $q=0$ となるが，これは完全ベイジアン均衡における信念に課された制約 $q \leqq 0.5$ との整合性を意味する。

2.5 小　括

それぞれのケースで置かれた想定と導かれた均衡の性質との関係により，4ケースは次のようにまとめられる。まず強いタイプのAが好きな物の飲食を重視すると，弱いタイプの選好に拘わらず，そのケースでは単一均衡となる。逆に強いタイプのAが決闘回避を重視すると，やはり弱いタイプの選好にかかわらず，そこでは複数均衡となる。

表 8.9

		弱いA		
		好みの飲食	決闘回避	
強いA	好みの飲食	ケースⅡ	ケースⅣ	単一均衡
	決闘回避	ケースⅢ	ケースⅠ	複数均衡
		分離均衡	一括均衡	

他方で弱いタイプのAが好きな物の飲食を重視すると，強いタイプのAの選択次第で複数均衡もありえるものの，少なくとも導出される均衡の中に分離均衡が含まれる。もし均衡の精緻化を図るのであれば複数均衡における一括均衡の方は排除され，分離均衡のみがともに成立する。逆に弱いタイプのAが決闘回避を重視すると，強いタイプのAの選択次第で複数均衡もありえるものの，少なくとも導出される均衡の中に両者間で同一の一括均衡が含まれる。もし均衡の精緻化を経るのであれば複数均衡における両者間で異なる方の一括均衡は排除され，同一の一括均衡のみが成立する（表 8.9 参照のこと）。

ビール－キッシュ・ゲームをより現実的に修正しながら，それぞれ得られた完全ベイジアン均衡を比較してきたが，結局，ここで得られた結論は，ケースⅣにおける現実的な想定の下でも，オリジナルなケースⅠにおいてと，事実上，同等な結果しか得ることができないということであった。

先に問題意識としても触れたように，一括均衡では先行プレイヤーの私的情報が後続プレイヤー，ひいては彼らが属するチームや社会に伝達されず，このことは必然的に個人の属性を社会的厚生として評価しようとする際のデメリットとなる。それではどのような条件下でならば分離均衡が成立するのか，どのような制度設計により分離均衡が可能となるのか，を見極める視座を提供すべく，今後も議論を続けることとする。

3. ウオッカ－ビール・ゲーム

強いＡは弱いＡによる偽装行動によって，自らのタイプを誤解されることはないが，その代わり少なくとも後続プレイヤーの目から見れば両タイプは混在しており区別がつかず，その結果，一部の者が本来は弱いＡであるにもかかわらず，強いＡとみなされるという恩恵に浴している（アドバース・セレクション）。もし強いタイプがこの種の一括均衡による他タイプとの同一視を甘受できず，他タイプのみを明確にそこから除去し，分離均衡を成立させたければ，辛党としての自タイプの信憑性を高め，それを相手に信じ込ませるようなシグナルを発する工夫が必要である。そのためには甘党の弱いＡには決して真似のできないシグナルを発しなければならない。何らかの差別化のための工夫・仕掛けが必要である。

ビール程度では甘党の弱いＡであっても飲み干すことができてしまう。このタイプにとっては好みの朝食ではないが，それでもコストを十分に上回るメリットを決闘回避という形で享受できている。そこで，次のような疑問が浮かんでくるかもしれない。もっとアルコール度数の高いウオッカを選択肢に加えたらどうであろうか。この行動をとることはタイプを推し量る意味でクレディブルなシグナル足りうるのではないか。ウオッカを飲むことは甘党にとっては偽装することによるメリットを勘定しても割に合わないほどの苦痛を強いるものであるかもしれない。つまり強いＡが弱いＡであれば決して担えないほどのシグナリング・コストを積極的に負えば，弱いタイプの強いタイプを装うインセンティブは減じ，その試みを断念させることができるかもしれないのである。問題はどの程度のコストを担えばその試みが成功するのか，そしてそもそもそのコストが正当化しうる程度に留まるのか，要はその費用対効果である。

3.1　ケース I

ウオッカ－ビール・ゲームとしての最初のケースの想定である。ビールのアルコール度数では甘党である弱いタイプに辛党の強いタイプを騙ることを断念させるには必ずしも十分ではなく，真似をすることが割に合わないほどであるためには，よりアルコール度数の高いウオッカでなければならないものとしよう。そしてウオッカが新たに選択肢となる代わりに，簡単化のためキッシュが外されることとなる。強い A にとってはあえて弱い A では真似できないウオッカを飲むか，本来好きなビールを飲むか，の選択となる。他方，弱い A にとってはかなりの無理をするウオッカの選択と多少の無理で済むビールの選択間の問題となる[10]。両者にとってはビール－キッシュ・ゲームに比して，すべてに 1 段階ずつハードルが上がり，より高次元の争いとなったわけである[11]。

ここにおいて，まず強いタイプに対しては利得ゼロを基準として，ウオッカを回避すればプラス 1，B との決闘を避けられれば＋2 とする。これと正反対に，弱いタイプに対してはウオッカ回避に＋2，決闘回避に＋1 とする。つまり強いタイプの A は決闘回避に比してウオッカ回避を高く評価しているのに対して，弱いタイプの A はむしろ決闘を回避することの方を高く評価してい

図 8.9

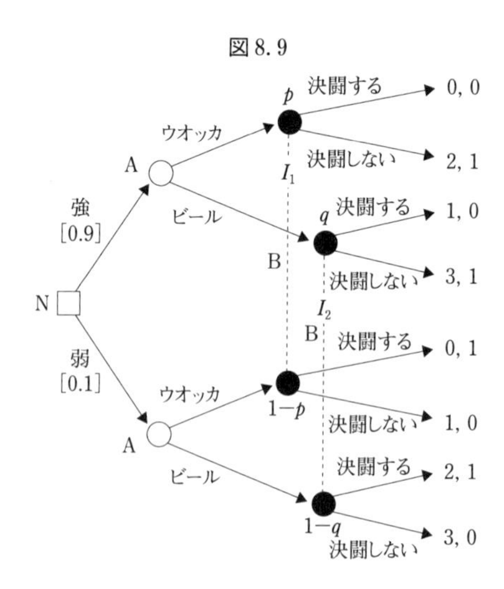

る。ここでも強弱のタイプの事前確率はそれぞれ0.9と0.1であり，Aが強いタイプである可能性が高い状況を考える。ゲーム状況は図8.9のように表現されうる。

完全ベイジアン均衡を導出する。これまで通り手順は2つである。まず逐次合理性に関してからである。行動戦略の組合せとしては，① {(ウオッカ，ビール)，(決闘しない，決闘する)}，② {(ビール，ビール)，(決闘する，決闘しない)}，③ {(ビール，ビール)，(決闘しない，決闘しない)} が成立しうる。

安定性を確認しよう。①ではBによる（決闘しない，決闘する）に対して，強いAがウオッカからビールへ行動戦略を切り替えると，強いAにとっては2から1へ利得が減少する。弱いAがビールからウオッカへ行動戦略を切り替えると弱いAにとっても2から1へ利得が減少する。Aによる（ウオッカ，ビール）に対しては，Bが情報集合I_1において決闘しないから決闘するへ切り替えると，Bの利得は，1から0へ減少する。他方，Bが情報集合I_2において決闘するから決闘しないへ切り替えるとBの利得は同じく1から0へ減少する。こうしてAとBともに変更するインセンティブが存在しないことがわかる。

②においても同様に，Bによる（決闘する，決闘しない）に対し，強いAと弱いAがともにビールからウオッカへ行動戦略を切り替えると，強いAと弱いAいずれにとっても3から0へ，それぞれ利得が減少する。Aによる均衡経路上での行動（ビール，ビール）に対しては，I_1の方が均衡経路外の情報集合となり，Bによるウオッカ目撃の可能性をここでの考慮から外す。このときBがI_2において「決闘しない」から「決闘する」へ切り替えると，Bの利得は，決闘相手が強いAであれば1から0へ減少し，決闘相手が弱いAであれば0から1へ増加するものの，期待値としては0.9から0.1へ減少してしまう。やはりAとBともに変更するインセンティブは存在しない。

③ではBによる（決闘しない，決闘しない）に対して，強いAと弱いAがともにビールからウオッカへ行動戦略を切り替えると，強いAにとっては3から2へと利得が減少し，弱いAにとっては3から1へと，やはり利得が減少する。Aによる（ビール，ビール）に対しては，I_1が均衡経路外の情報集合となるので，Bによるウオッカ目撃の可能性をここでの考慮から外す。このと

図 8. 10

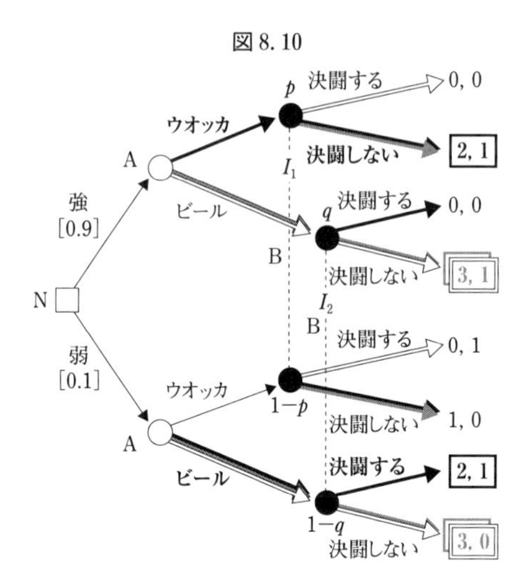

きBがI_2において,「決闘しない」から「決闘する」へ切り替えると,Bの利得は,決闘相手が強いAであれば1から0へ減少し,決闘相手が弱いAであれば0から1へ増加するものの,期待値としては0.9から0.1へ減少してしまう。このようにここでもAとBともに①の組合せからあえて離れて行動戦略を変更するインセンティブを持ち合わせていない。

以上からいずれも行動戦略の組合せが安定的であり,そこでは複数均衡となっていることが確かめられるが,ただし①は分離均衡であるのに対し,②と③は一括均衡となっており,質的に異なる均衡がこのケースでは併存しうることになっている。図 8. 10 において確認されたい。利得行列においても同様に確認されうる(表 8. 10 と表 8. 11 を参照)。

次に整合性に関して見ておく。ここでそれぞれ信念は①において分離均衡のためタイプの類推が容易になされうることとなり,$p=1$,$q=0$であり,②においては一括均衡であるため,均衡経路外のI_1で思いがけずウオッカを飲んでいるAを目撃すれば,「決闘する」が選択されるので,そのときにpが高ければ均衡として矛盾してしまう。均衡経路外の情報集合上での行動戦略と整合的であるため,不等号の制約が課されるべきである。また均衡経路上では両タイプともビールを選ぶため,信念は事前確率のまま変更されない。このように

表 8.10

		B			
		する　する	する　しない	しない　する	しない　しない
A	ウオッカ　ウオッカ	(0, 0), 0.1	(0, 0), 0.1	(2, 1), 0.9	(2, 1), 0.9
	ウオッカ　ビール	(0, 2), 0.1	(0, 3), 0	(2, 2), 1	(2, 3), 0.9
	ビール　ウオッカ	(1, 0), 0.1	(3, 0), 1	(1, 1), 0	(3, 1), 0.9
	ビール　ビール	(1, 2), 0.1	(3, 3), 0.9	(1, 2), 0.1	(3, 3), 0.9

表 8.11

		B			
		する　する	する　しない	**しない　する**	しない　しない
A	ウオッカ　ウオッカ	(0, 0), 0.1	(0, 0), 0.1	(2, 1), 0.9	(2, 1), 0.9
	ウオッカ　ビール	(0, 2), 0.1	(0, 3), 0	**(2, 2), 1**	(2, 3), 0.9
	ビール　ウオッカ	(1, 0), 0.1	(3, 0), 1	(1, 1), 0	(3, 1), 0.9
	ビール　ビール	(1, 2), 0.1	(3, 3), 0.9	(1, 2), 0.1	(3, 3), 0.9

信念に関しては$p \leqq 0.5$，$q=0.9$でなければならない。③においては②と同様に一括均衡であり，（ビール，ビール）が一括戦略となり，したがってやはり$q=0.9$となる。ただI_1が同じく均衡経路外の情報集合となっているものの，そこでの均衡経路外での意思決定が「決闘する」ではなく，むしろ「決闘しない」であるので，ちょうど逆の関係で$p \geqq 0.5$となっていなければならないことになる。

以上より，このケースにおける完全ベイジアン均衡としては，① {((ウオッカ，ビール)，(決闘しない，決闘する)，$p=1, q=0$}，② {(ビール，ビール)，(決闘する，決闘しない)，$p \leqq 0.5, q=0.9$}，③ {(ビール，ビール)，(決闘しない，決闘しない)，$p \geqq 0.5, q=0.9$} の計3つが見出されうることになる。このようにケースⅠでは3つもの完全ベイジアン均衡が併存しうる状況となっているが，この中でどれがよりもっともらしいか，そうでないかを確認してみよう。それに関しては均衡経路外の信念に課された制約の整合性を確認すればよい。このケースで均衡経路外での意思決定が問題となるのは一括均衡②と③である。この2つに焦点を合わせる。

まずここでは強いAがウオッカを飲んだときの最良の結果は利得2であり，

ビールを飲んだときの最悪の結果は利得1であるので，ここではウオッカの選択は支配されてはいない。ただし均衡支配はされている。他方，弱いAがウオッカを飲んだときの最良の結果は利得1で，ビールを飲んだときの最悪の結果は2であるので，ウオッカの選択は支配を受けていることがわかる。この後者の支配の影響が前者の単なる均衡支配のそれを上回るものとしよう。そうであれば均衡経路外での信念は，つまり$p=1$となっていなければならず，②において先に課された制約$p \leqq 0.5$と不整合であるのに対して，③における制約$p \geqq 0.5$とは整合的であることになる。

このケースで導出されうる2つの一括均衡の内，不自然な信念の前提の下で成立している②については，このように直感的基準としての精緻化の過程で排除されるが，③の完全ベイジアン均衡の方については，そのまま正当化されることになる（以上，図8.10参照）。したがって，強タイプが決闘回避を，弱タイプがウオッカ回避を，それぞれ相対的に重視し，かつ事前確率が強タイプの方に偏りが見られるならば，その際に分離均衡が成立しうるものの，他方でビールという一括戦略による均衡成立をも許してしまうこととなる[12)]。

3.2　ケースII

想定を変えよう。ここでも強いタイプは利得ゼロを基準とするが，ウオッカを回避できれば+2，Bとの決闘を避けられれば+1とし，他方で弱いタイプではウオッカ回避に+1，決闘回避に+2とする。このケースIIにおいては，ケースIの想定に代え，強いタイプのAは決闘回避に比してウオッカ回避を高く評価し，他方，弱いタイプのAはむしろ決闘を回避できることの方を高く評価する想定となり，ケースIとは正反対の状況が反映されている。つまり変更点は，プレイヤーAの選好の程度に関する好きな物の飲食と決闘回避との兼ね合いである。ケースI，ケースIIにおいては強いタイプは利得ゼロを基準としてウオッカを回避すれば+1，Bとの決闘を避けられれば+2とするのに対し，弱いタイプは好ウオッカ回避に+2，決闘回避に+1と，利得ゼロを基準としてそれぞれ加算されていた。つまり強いタイプは決闘回避に比してウオッカ回避を高く評価しているのに対して弱いタイプのAはむしろ決闘を回避することの方を高く評価していた。ここではその利得の大小関係を逆転させ，強タイプはウオッカ回避にプラス2，決闘回避に+1，弱タイプはウオッカ回避に+1，決闘回避に+2だけ加算されるものとなっている。強タイプはウオッカ回避を，弱タイプは決闘回避を，それぞれ相対的に重視していることになる。この想定は一見もっともらしく映るかもしれない。強いAが決闘回避を軽視し，弱いAが決闘回避を重視する。その結果，強いAはウオッカの飲酒回避の方を相対的に高評価することとなり，他方，弱いAはそれを低評価することとなっている。ここでの議論の出発点は弱いAの一括戦略狙いを断念させるに足るアルコール度数のウオッカを選択肢として取り上げることにあった。強いAに追随しがたいほどのアルコールをあえてウオッカとして登場させることで，その飲酒よりむしろ決闘の方がマシとの判断を強いることである。したがってもともとの意図とは矛盾する事態を想定することになるが，あえてここでは参考のため取り扱っており，均衡を導出した上で結果を比較してみる。

なお強弱のタイプに関する事前確率はそれぞれ0.9と0.1であり，Aが強いタイプである可能性が高い状況を考えている。この点はケースⅠやオリジナルのビール−キッシュ・ゲームなど，これまでの通常のケースと共通している。ケースⅠとⅡの関係を踏襲させ，ケースⅢにおけるこの確率を逆転させたケース，すなわち，弱いタイプが多数を占めているとみなされるケースについては次節で取り扱うことになる（以上，図8.11参照）。

図8.11

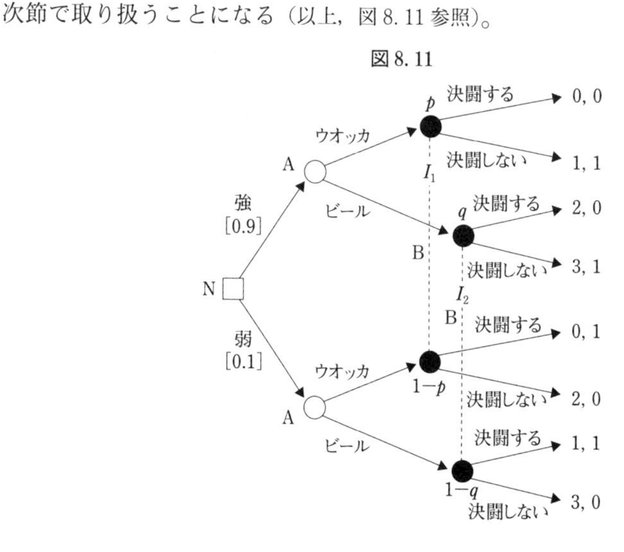

ここでの完全ベイジアン均衡を導出する。逐次合理性に関しては，行動戦略の組合せとして，① {(ビール，ビール)，(決闘する，決闘しない)}，② {(ビール，ビール)，(決闘しない，決闘しない)} という2つの一括均衡が存在している。

これらの安定性に関して確認してみると，まず①においてBによる（決闘する，決闘しない）に対して，強いAと弱いAがともにビールからウオッカへ行動戦略を切り替えると，強いAにとっても弱いAにとっても3から0へと利得が減少してしまう。Aによる均衡経路上での行動（ビール，ビール）に対するI_1の方がむしろ均衡経路外の情報集合となるため，Bによるウオッカ目撃の可能性をここでの考慮から外す。このときBがI_2において「決闘しない」から「決闘する」へ切り替えると，Bの利得は，決闘相手が強いAであれば1から0へ減少し，決闘相手が弱いAであれば0から1へ増加するものの，期待値としては0.9から0.1へ減少してしまう。このようにやはりAとBともに変更するインセンティブは存在しないことがわかる。

②においても同様に，Bによる（決闘しない，決闘しない）に対して，強いAと弱いAがともにビールからウオッカへ行動戦略を切り替えると，強いAにとっては3から1へと利得が減少し，弱いAにとっても3から2へと利得が減少することになる。Aによる（ウオッカ，ウオッカ）に対し，I_1の方が均衡経路外の情報集合となり，Bによるウオッカ目撃の可能性をここでの考慮から外す。このときBが情報集合I_2において「決闘しない」から「決闘する」へ切り替えると，Bの利得は，決闘相手が強いAであれば1から0へ減少し，決闘相手が弱いAであれば0から1へ増加するものの，期待値としては0.9から0.1へ減少してしまう。ここでも，このようにしてAとBともに変更するインセンティブが存在しないことが確認できる。ここでは利得行列に同様に均衡が確認されうる（表8.12と表8.13を参照）。

次は整合性に関して確かめる。ここで信念は①においては一括均衡であるため，均衡経路外I_1で思いがけずウオッカを飲んでいるAを目撃すれば，「決闘する」が選択されるので，そのときにpが高ければ均衡として矛盾してしまう。均衡経路外の情報集合上での行動戦略と整合的となるために，不等号の制約が課されるべきである。また均衡経路上では両タイプともビールを選ぶため，信

図 8. 12

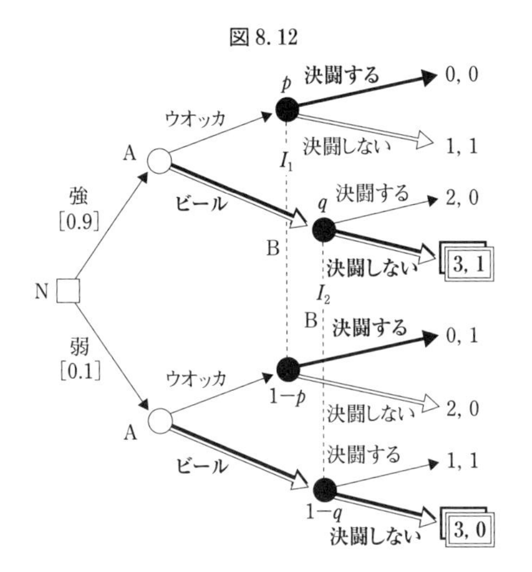

表 8. 12

		B			
		する　する	する　しない	しない　する	しない　しない
A	ウオッカ　ウオッカ	(0, 0), 0. 1	(0, 0), 0. 1	(1, 2), 0. 9	(1, 2), 0. 9
	ウオッカ　ビール	(0, 1), 0. 1	(0, 3), 0	(1, 1), 1	(1, 3), 0. 9
	ビール　ウオッカ	(2, 0), 0. 1	(3, 0), 1	(2, 2), 0	(3, 2), 0. 9
	ビール　ビール	(2, 1), 0. 1	(3, 3), 0. 9	(2, 1), 0. 1	(3, 3), 0. 9

表 8. 13

		B			
		する　する	**する　しない**	しない　する	しない　しない
A	ウオッカ　ウオッカ	(0, 0), 0. 1	(0, 0), 0. 1	(1, 2), 0. 9	(1, 2), 0. 9
	ウオッカ　ビール	(0, 1), 0. 1	(0, 3), 0	(1, 1), 1	(1, 3), 0. 9
	ビール　ウオッカ	(2, 0), 0. 1	(3, 0), 1	(2, 2), 0	(3, 2), 0. 9
	ビール　ビール	(2, 1), 0. 1	**(3, 3), 0. 9**	(2, 1), 0. 1	(3, 3), 0. 9

念は事前確率のまま変更されない。このように信念に関しては $p \leqq 0.5$, $q=0.9$ でなければならないことがわかる。②においても①と同様に一括均衡であり，（ビール，ビール）が一括戦略となり，したがってやはり $q=0.9$ となる。ただ I_1 が同じく均衡経路外の情報集合となっているものの，そこでの均衡経

路外での意思決定が「決闘する」ではなく，むしろ「決闘しない」であるので，ちょうど逆の関係で $p \geqq 0.5$ となっていなければならないことになる。

以上より，このケースにおける完全ベイジアン均衡としては，① {(ビール，ビール)，(決闘する，決闘しない)，$p \leqq 0.5, q=0.9$}，② {(ビール，ビール)，(決闘しない，決闘しない)，$p \geqq 0.5, q=0.9$} の計2つが見出されうる。これら2つの一括均衡の内，どれがよりもっともらしいか，少なくともどれがより不自然でないかを，最後に確認してみよう。それには均衡経路外の信念に課された制約の整合性をチェックすることとなる。

まずここでは強いAがウオッカを飲んだときの最良の結果は利得1であり，ビールを飲んだときの最悪の結果は利得2であるので，ここではウオッカはビールの選択に支配されている。他方，弱いAがウオッカを飲んだときの最良の結果は利得2で，ビールを飲んだときの最悪の結果は1であるので，ウオッカの選択は支配されてはいないが，均衡支配されていることがわかる。

先のケースⅠと同等の基準を適用すると，均衡経路外での信念としては $p=0$ となるべきであり，①において先に課された制約 $p \leqq 0.5$ と整合的であるのに対して，②においての制約 $p \geqq 0.5$ とは不整合であることが確かめられる。こうして相対的に不自然な信念の前提の下で成立している②の方については精緻化の過程で排除され，結果的に理に適った信念の制約に基づく均衡経路外の意思決定がなされている①の完全ベイジアン均衡のみが正当化されることになる（以上，図8.10参照）。いずれにしてもこのケースでは分離均衡は導出されえないことが確かめられた[13]。

3.3 小　　括

先にオリジナルのビール－キッシュ・ゲームでの暗黙裡の想定である諸条件を明示かつ相対化し，大きく4つの派生ケースが比較された。そこで明らかとなったことは，ビール－キッシュ・ゲームにおける想定をより現実的に修正したとしても，結局，オリジナルなケースにおいてのものと，大同小異の結果しか得ることができないということであった。つまり合理的なものとしては，先行プレイヤー両タイプのAによる（ビール，ビール）という一括戦略の完全ベイジアン均衡しか成立しえず，先行プレイヤーとして両タイプのAによる一括戦略の下で私的情報が後続プレイヤーのB，ひいては社会を構成する第三者にはまったく伝達されない構図となっており，弱いタイプのAのメリットが際立つことになっている。

このことは個人の属性を社会的厚生として評価しようとする際のデメリットとなってしまう。それを踏まえてここでは弱いタイプのAの利害にあえて反する形で，この種のアドバース・セレクションを回避し，どのような制度設計によって分離均衡が可能となるのか，つまりどのような条件下でならば分離均衡が成立しうるのかを議論した。この種の分離均衡成立のため主として取り扱ったのは，ウオッカ－ビール・ゲームと名付けられた特殊なゲーム状況である。そこではビールのアルコール度数を超えるウオッカが新たに選択肢とされる。この下で，首尾よく甘党である弱いタイプに辛党の強いタイプを騙るインセンティブを失わせ，後続プレイヤーであるBへのミスリードを断念させることができるかどうかを議論した。

結果的には強弱両タイプにおける飲酒と決闘回避への選好の兼ね合いによっては可能となることが明らかとなった。つまり強いタイプのAが決闘回避を相対的に重視し，弱いタイプのAがウオッカ回避の方をより重視するとき，分離均衡は成立する。ただし強いAの方に確率分布の偏りがある場合は，そのとき一括均衡も同時に存在しうる。他方，強いタイプのAがウオッカ回避を相対的に重視し，弱いタイプのAが決闘回避の方をより重視するときには，強弱のタイプの確率にかかわらず一括均衡のみが成立する。以上が確認されたことになる。

4. 人材マネジメント戦略

シグナリング・ゲームでは情報の非対称性が前提とされており，情報優位にある先行プレイヤーと情報劣位にある後続プレイヤー間での遣り取りが定式化される。このゲームには先行プレイヤーの属性が自身の発するシグナルによって図らずも相手プレイヤーに伝達・入手されてしまう可能性が含まれている。そのためミスリードにより自己の真のタイプを隠そうとするケースと自己のタイプを相手に正確に認識させようとするケースの双方のケースが存在しうる。

先行プレイヤーの中でタイプを明らかにしたい側と明らかにしたくない側の利害はときに対立し，ときに一致する。そのどちらの傾向が強いかで分離均衡の成否が分かれることになる。

同様に情報の非対称性を扱うものにスクリーニング・ゲームがある。そこでは情報を持つ者が先に行動するシグナリングのケースとは異なり，逆に情報を持たない者が先に行動する。それぞれ情報優位者が自らメニュー提示と自己選択のインセンティブを発揮するか，情報劣位者がメニュー提示と優位者からの自己選択を促すためのイニシアティブをとるか，の違いである。いずれもシグナルがキーになっており，プレイヤー間での知識や情報の偏在と非対称性を解消しようとする試みと解釈できる。

情報の非対称性の下でのその試みは制度設計の問題とかかわっている。したがってシグナリング・モデルとスクリーニング・モデルの取り扱いについても設計の問題とかかわってこざるをえない。さらには現実的で自然な定式化を考えるにあたり，制度設計の実現可能性，着手するプレイヤー間の動機付けの観点も重要である。

以上の問題意識を念頭に置いて，ここではシグナリング・ゲームを若干踏み越え，ザッポス社による人材マネジメントの問題を取り扱う。そこではスクリーニング・モデルとして「今すぐ辞めるためのボーナス」が議論されることになる。

4.1 スクリーニング・ゲーム

シグナリングのケースでは情報優位者が劣位者の決定に先立ち，シグナルとして観察可能な行動をとることとなっている。情報を持つ者が先に行動することによるプレイヤー間での知識や情報の偏在と非対称性を少なくとも部分的に解消しようとする試みと解釈できる。もともと私的情報は観察不可能である以上，それに代わる観察可能で，何か別の客観的な判断材料をシグナルとみなし，適切に活用することで非対称性解消につながるのではないかという発想である。取引上での経済主体を念頭に置けば真っ当で至極もっともなアプローチである。しかしアクションのきっかけが必ずしも情報優位者からばかりとは限らない。ときに私的情報を持たない側があえて持つ側から，何らかの判断材料を得ようと戦略的イニシアティブをとることもあるかもしれない。つまり情報劣位者が優位者に先立って手番をとり，その後，優位者によるシグナルが発せられ，結果，劣位にある者に図らずもスクリーニングされるという一連の取り扱いも，ときに正当化されよう。ポイントは私的情報を持っている側が事前にシグナルを自発的に発するのか，事後的に発するように仕向けられるのか，つまり情報を持つものと持たざるものとの間でどちらが主導権をとるか，先にどちらが手番をとるかの問題である。いずれにしても分離均衡を導出できるかどうかという設計問題が色濃くモデルに反映されることとなっている。

まとめるとこうなる。シグナリングのケースでは情報を持つ者が先に行動するが，スクリーニングのケースでは逆に情報を持たない者が先に行動する。シグナリングでは情報優位者自らが踏み絵を提示し，踏めるかどうかを情報劣位にある後続プレイヤーに自己選択して見せることになる。これに対し，スクリーニングでは攻守所を変え，踏み絵を事前に提示するのは情報劣位者側であり，その後，劣位者は後続プレイヤーとなる優位者が，実際にその絵を踏めるかどうかを見極め，優位者の発したシグナルを吟味する。情報優位者が自らメニュー提示と自己選択のインセンティブを発揮するか，情報劣位者がメニュー提示と優位者からの自己選択を促すためのインセンティブ設計の仕掛け人となるか，との相違であり，優位者が自ら絵を踏むのかあえて踏まされるのかの違いともいえよう。

ただ一般的にどちらがより現実的かは状況次第であり，一概にはいえない。例えば保険市場の場合，理論上はシグナリングとスクリーニング，どちらにでも解釈できるが，保険の性質上，取引の分析をシグナリングのケースとして行うのには少々無理がある。情報優位にある保険契約者がリスク回避者であれば，健康に留意する，物事に慎重に対処するなど，基本的に自らを律することは，そうでないタイプより容易に実行できるはずである。苦にするタイプとの差別化を図るその種のシグナルを発することは可能であっても，その場合，契約者側が情報劣位にある保険会社に対して契約プランの作成・提示という責を負うとの解釈より，保険会社からの契約メニューを前提にしたシグナリングという形，すなわちスクリーニングのケースとして理解する方がより自然であろう。保険会社は情報上劣位にあるとはいえ，規模が大きく，多くの顧客から得た経験とノウハウを持っているはずであり，保険数理に基づいた契約設計を容易に行えるからである。教育の問題や雇用契約に直接間接かかわる労働・雇用問題でも，こうしたシグナリングとスクリーニングの関係を考えてみることができる。

分離均衡と一括均衡の成否は制度設計の問題とかかわっている。したがってシグナリング・モデルとスクリーニング・モデルの取り扱いについても，設計問題とかかわって来ざるをえない。更に後に明らかとなるように，現実的で自然な定式化を考えるに当たり，制度設計に着手するプレイヤー間の動機付けにも触れることになる[14)]。

4.2 ザッポス社の人材マネジメント

ここで分析対象を明確にする。ザッポス・ドット・コム（以下，ザッポス社と呼ぶ）という靴小売企業に注目する。主としてネット通販を手がけており，自らの企業文化をコア・バリューとして定め，そこからのブランド作りを目論んでいる。具体的にはザッポス社の企業文化にフィットする人材の採用を最重要視している。広告費よりむしろその金額をカスタマー・サービスと顧客体験に投資することで，リピーターによるクチコミを通して社の評判とブランド確立を目指しているからである。こうした狙いからカスタマー・サービスを提供することでのブランド作りの一環として，やや奇を衒った伝説的な顧客対応が知られるところとなった。顧客との電話に8時間以上かける。ライバル店の商品を紹介するなどといった対応である。顧客対応にはマニュアルがない。応対も含めオペレーターの裁量に任されている。顧客を満足させるために必要なことは何でもやるという本気度が求められ，実践されているのである[15)]。

社員のアドリブの力はもちろん，献身が重要であり，何より熱意や意欲が不可欠である。ザッポス社がカスタマー・サービス部門での人材集めに苦慮するであろうことは想像に難くない。

そのため障害を回避するため彼らが採用している人材確保の手法は以下のようなものである。本社採用には全員配属先や役職に関係なくコールセンターのオペレーターが受ける研修と同じ160時間にわたる研修を受けなければならない。それが「カスタマー・ロイヤリティ研修プログラム」である。この研修プログラム中，第1週目を終えた時点で研修受講者全員にある提案を行う。それまでの研修分の給与に加えて今退社すれば2,000ドル受け取れるというオファー提示である。「今すぐ辞めるためのボーナス」ともいえよう[16)]。

オファーすることでそこまで徹底したサービスをする自信がない社員が辞めるように仕向けることが狙いである。2,000ドル払うといわれても辞めなかった社員は自分が将来の仕事をもっと重視していることをシグナルとしてメッセージを送ることになり，会社はそうした人材だけを効率的に集めることができる[17)]。

手っ取り早く“easy money”を選ぶような社員は，本来，ザッポス社の求める社員ではない。しかしながら金額が低すぎれば誰もが断る。高すぎれば逆に誰もが受け入れてしまう。例えば20,000ドルでは多くが受け入れてしまうかもしれない。その意味で2,000ドルという額は断るのが難しい水準である[18)]。にもかかわらずあえて辞退することでその人の本気度と覚悟が明らかとなる。こうして適切な金額設定により，一見，早く退職させるための仕組みが，結局は長く定着させるための環境整備に役立っている。スクリーニングのためのボーナス提示が「ザッポス社が好きで働きたい」という意欲・志向性を確認する踏み絵になっているのである。

4.3　ボーナス支給提示のモデル化

ケースⅠ

ゲームを以下のように構成する。先述の通り，スクリーニングのケースであるので，まず情報劣位の先行プレイヤーによる契約の提案からゲームが開始される。ここではザッポス社によるボーナス提示の決定がなされ，自然によるタイプ決定，情報優位の後続プレイヤー，社員によるオファー諾否の決定の順である。

厳密に述べよう。このゲームにおける先行プレイヤーBがザッポス社であり，そこでの選択肢はボーナスを「提示する」と「提示しない」である。後続プレイヤーAである新入社員のタイプにはザッポス社との適性を有する意欲の高いタイプと逆にそれが低いタイプの2タイプがあり，これら属性は社員自らの私的情報である。これまでと同様，形式的に自然が適性を割り当てる。その適性の高低の事前確率はそれぞれ 0.9 と 0.1 であり，B が高タイプである可能性が高い状況を考えることにする。その後，提案を受けてタイプごとに諾否が決定される。そして最後にザッポス社が雇用の継続を最終判断する。ここではオファーの拒否に関する情報集合を I_1，受諾に関するものを I_2 とし，拒否されるときそれが高タイプによるものである確率を p，受諾されるときにそれが高タイプによるものである確率を q とする。

図 8.13

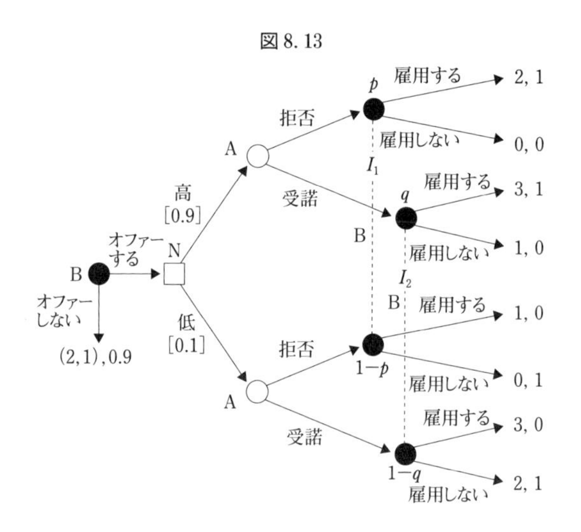

ゲーム状況は図 8.13 のように表現される [19]。以上より，まずザッポス社による「提示する」か「提示しない」のかを起点にして，自然による高タイプか低タイプかの割り当て，そしてそれぞれのタイプ社員による拒否か受諾かがシグナルとなり，それを踏まえてもう一度ザッポス社による「雇用する」か「雇用しない」かの最終決定という一連の流れがまとめられている。

タイプの利得に関する想定については，次の通りである。両タイプとも拒絶すると 0，雇用されないときも 0 であり，高タイプについては受諾すると +1，雇用されると +2 であるのに対して，低タイプについては受諾すると +2，雇用されると +1 である。こうして両タイプともオファーを受け入れ，かつ雇用され続けることが一番望ましく，拒絶し，雇用されないことが一番望ましくないことは一致するものの，高タイプではオファーを拒絶し，雇用されることが，オファーを受諾し，雇用されないことよりも好ましいが，低タイプではそれがちょうど逆になっている。このように両タイプがザッポス社との適性を自覚した上で，それぞれの意欲の高低を反映した大小関係となっている。最後にザッポス社の利得に関しては，高タイプを雇用すれば+1，低タイプを雇用しなければ同じく+1とし，当然ながら高タイプを雇用し，低タイプを雇用したくないことを表している。したがって高タイプを雇用しなかったり，逆に低タイプを雇用したりすれば利得は0である。

この一連のスクリーニングという仕掛けをそもそも使わないのであれば，企業側の利得は事前確率としての両タイプの分布に依存することになるが，ここでは0.9になる。したがってオファーしなければザッポス社の利得は0.9であり，またその際，新人の高低タイプの利得は（2, 1）である。

ここでの完全ベイジアン均衡を導出しよう。逐次合理性に関しては行動戦略の組合せとして，①{(拒否，受諾)，(雇用する，雇用しない)}，②{(受諾，受諾)，(雇用する，雇用する)}，③{(受諾，受諾)，(雇用しない，雇用する)}の計3種が成立しうる。

ここで一旦，それぞれ安定性に関して確認しておく。①ではBによる（雇用する，雇用しない）に対して，高タイプAが拒否から受諾へ行動戦略を切

図8.14

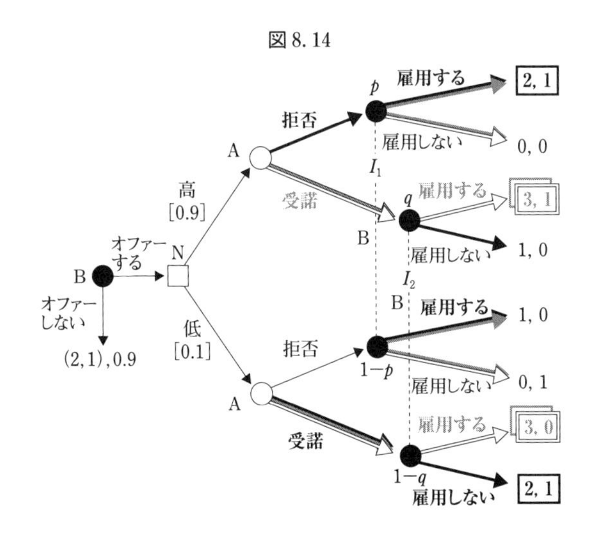

り替えると，自らの利得が2から1へ減少する。低タイプAが受諾から拒否へ切り替えると自らの利得は同じく2から1へ減少する。Aによる（拒否，受諾）に対しては，Bが情報集合I_1において「雇用する」から「雇用しない」へ切り替えると，Bの利得は，1から0へ減少する。他方，Bが情報集合I_2において「雇用しない」から「雇用する」へ切り替えるとBの利得はやはり1から0へ減少する。こうしてAとBともに変更するインセンティブが存在しないことがわかる。

②においても同様に確認する。Bによる（雇用する，雇用する）に対して，両タイプが受諾から拒否へ行動戦略を切り替えると，高タイプでは3から2へ，低タイプでは3から1へとともに利得が減少する。Aによる（受諾，受諾）に対しては，I_1が均衡経路外の情報集合となるので，I_2に集中する。このときBがI_2において「雇用する」から「雇用しない」へ切り替えると，Bの利得は，受諾したのが高タイプであれば1から0へ減少し，低タイプであれば0から1へ増加するものの，期待値としては0.9から0.1へ減少してしまう。AとBともに変更するインセンティブは存在してはいない。

③では均衡経路外の情報集合I_1におけるBの行動戦略が「雇用しない」と

表 8.14

		B			
		する　する	する　しない	しない　する	しない　しない
A	拒否　拒否	(2, 1), 0.9	(2, 1), 0.9	(0, 0), 0.1	(0, 0), 0.1
	拒否　受諾	(2, 3), 0.9	(2, 2), 1	(0, 3), 0	(0, 2), 0.1
	受諾　拒否	(3, 1), 0.9	(1, 1), 0	(3, 0), 1	(1, 0), 0.1
	受諾　受諾	(3, 3), 0.9	(1, 2), 0.1	(3, 3), 0.9	(1, 2), 0.1

表 8.15

		B			
		する　する	**する　しない**	しない　する	しない　しない
A	拒否　拒否	(2, 1), 0.9	(2, 1), 0.9	(0, 0), 0.1	(0, 0), 0.1
	拒否　受諾	(2, 3), 0.9	**(2, 2), 1**	(0, 3), 0	(0, 2), 0.1
	受諾　拒否	(3, 1), 0.9	(1, 1), 0	(3, 0), 1	(1, 0), 0.1
	受諾　受諾	(3, 3), 0.9	(1, 2), 0.1	(3, 3), 0.9	(1, 2), 0.1

いう点のみの相違に止まっており，②と同様の結果となる。したがってこの均衡においてもAとBともに変更するインセンティブを持ち合わせていないことがわかる。

以上からいずれも行動戦略の組合せが安定的であり，そこでは複数均衡となっていることが確かめられるが，ただし①は分離均衡であるのに対し，②と③は一括均衡となっている。以上，図8.14で確認されたい。また利得行列においては表8.14と表8.15にて確認されたい。

次に整合性に関して述べる。まずそれぞれ信念に関して，①においては分離均衡のためタイプの類推が可能となり，$p=1$，$q=0$である。②においては一括均衡であるため，均衡経路外I_1で予想に反してAからの拒否に直面すれば，そこでは「雇用する」が選択されるので，そのときpが低ければ均衡として矛盾する事態となる。均衡経路外の情報集合上で，その行動戦略と整合的であるために，不等号の制約が課されるべきである。他方，均衡経路上では両タイプともに受諾を選ぶため，信念は事前確率のまま変更されない。このように信念に関しては$p \geqq 0.5$，$q=0.9$となる。③においても同様に考えれば，信念は$p \leqq 0.5$，$q=0.9$である。

以上より，このケースにおける完全ベイジアン均衡は，①{(拒否，受諾)，(雇用する，雇用しない)，$p=1, q=0$}，②{(受諾，受諾)，(雇用する，雇用する)，$p \geqq 0.5, q=0.9$}，③{(受諾，受諾)，(雇用しない，雇用する)，$p \leqq 0.5, q=0.9$} である。

最後に均衡の精緻化を行う。そこでは均衡経路外の信念に課された制約の整合性を確認すればよいので，均衡経路外での意思決定が問題となるのは，当然，一括均衡のケースである。そこでこれまでと同様，一括均衡②と③にみに着目する。まず高タイプAが拒否を選んだとき最良の結果は利得2であり，受諾したときの最悪の結果は利得1であるので，ここで拒否の選択は支配されてはいない。ただし均衡支配はされている。他方で低タイプAが拒否を選んだときの最良の結果は利得1，受諾を選んだときの最悪の結果は2であるので，このとき拒否の選択は支配を受けていることになる。そのため均衡経路外での信念は$1-p=0$，つまり$p=1$となっていなければならず，②において先に課された制約$p \geqq 0.5$と整合であるのに対して，③での制約$p \leqq 0.5$とは逆に不整合となることが確かめられる。このようにここで導出されうる2つの一括均衡の内，②の完全ベイジアン均衡の方については，そのまま正当化されるが，不自然な信念の前提の下で成立している③については，むしろ排除されなければならない（以上，図8.12参照）。

こうして分離均衡①と一括均衡②が残された。したがってBがオファーすれば必ずしも所望の分離均衡が成立するわけではないことがわかる。もともとオファーしなければBの利得は0.9であったから，オファーにより少なくとも同等以上の成果をもたらしうることがわかる。①において分離均衡が成立すればオファーはBにとって利得を増大させる。他方②においては同等である。このように考えればオファーせずタイプが渾然一体となった状況を受け入れることと比して，オファーにより同等以上の結果が得られ，オファーは正当化されうることになる[20]。

ケースⅡ：モデルの変更

ここで想定を少しだけ変更する。利得の基本構造には一切手を付けず，高タイプと低タイプ，それぞれの事前確率だけを逆転させることにする。つまり高低タイプの事前確率はそれぞれ0.1と0.9であり，Aが低タイプである可能

図8.15

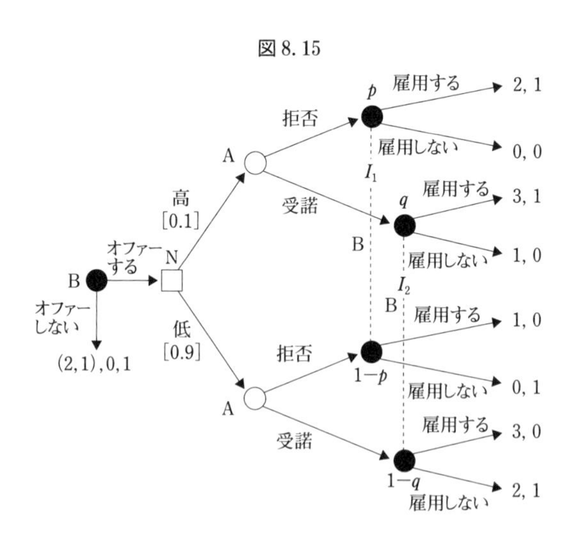

性がむしろ高い状況での均衡を考えるのである（図8.15参照）。

まず完全ベイジアン均衡を導出する。逐次合理性に関しては，行動戦略の組合せとして，① {(拒否，受諾)，(雇用する，雇用しない)}，② {(受諾，受諾)，(雇用しない，雇用しない)} がそれぞれ導かれうる。すなわち，1つ目は，高タイプAがオファーを拒否し，低タイプが受諾し，拒否されればBが雇用し，受諾されれば雇用しないというものと，高低タイプともにオファーを受諾し，拒否されようと受諾されようと雇用を打ち切るというものである。このように①は分離均衡，②は一括均衡となっている。

以上の組合せの安定性に関しては，①ではBによる（雇用する，雇用しない）に対して，高タイプAが拒否から受諾へ行動戦略を切り替えると，利得を2から1へ減少させてしまう。低タイプAが受諾から拒否へ切り替えると，やはり利得を2から1へと減少させてしまう。他方，Aによる（拒否，受諾）に対しては，Bが情報集合 I_1 において「雇用する」から「雇用しない」へ切り替えると，利得は，1から0へ減少する。また，Bが情報集合 I_2 において「雇用しない」から「雇用する」へ切り替えると，利得は同じく1から0へと減少することになる。したがってAとBともに均衡①における行動戦略からあえて変更するインセンティブを持たないことがわかる。

図8.16

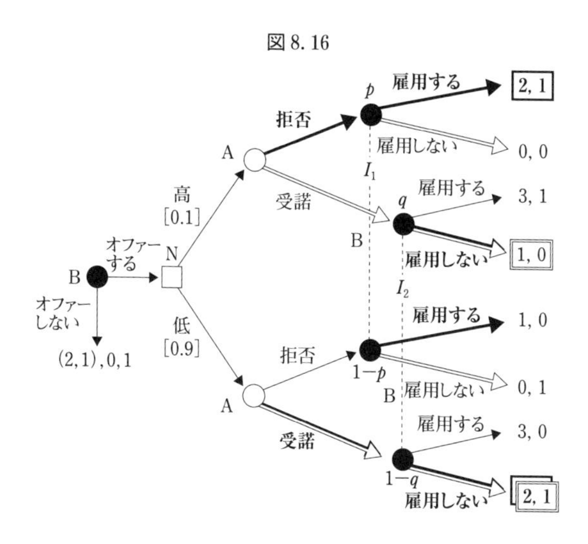

②ではBによる（雇用しない，雇用しない）に対して，両タイプのAがともに受諾から拒否へ行動戦略を切り替えると，高タイプAにとっては1から0へ利得が減少し，低タイプAにとっても2から0へと利得が減少する。他方，Aによる（受諾，受諾）に対しては，I_1 が均衡経路外の情報集合となるので，拒否の可能性を考慮から外す。そこでBが I_2 において「雇用しない」から「雇用する」へ切り替えると，Bの利得は，高タイプAであれば0から1へ増加し，低タイプAであれば1から0へ減少するものの，期待値としては0.9から0.1へ減少してしまう。したがってAとBともに行動戦略をあえて均衡から変更するインセンティブを持たないことがわかる。

このようにして均衡①と②はいずれも安定性を満たしていることが確認される（図8.16参照）。利得行列についても同様に確認される（表8.16と表8.17を参照）。

次に整合性に関しての条件を追加する。信念は①においては分離均衡であるため，$p=1, q=0$ である。②においては一括均衡であるため，均衡経路外の情報集合 I_1 で思いがけずオファーが拒否されれば，「雇用しない」が選択されるので，そのときに p が高くなりすぎれば均衡として矛盾することになる。整合

表 8.16

		B			
		する　する	する　しない	しない　する	しない　しない
A	拒否　拒否	(2, 1), 0.1	(2, 1), 0.1	(0, 0), 0.9	(0, 0), 0.9
	拒否　受諾	(2, 3), 0.1	(2, 2), 1	(0, 3), 0	(0, 2), 0.9
	受諾　拒否	(3, 1), 0.1	(1, 1), 0	(3, 0), 1	(1, 0), 0.9
	受諾　受諾	(3, 3), 0.1	(1, 2), 0.9	(3, 3), 0.1	(1, 2), 0.9

表 8.17

		B			
		する　する	**する　しない**	しない　する	しない　しない
A	拒否　拒否	(2, 1), 0.1	(2, 1), 0.1	(0, 0), 0.9	(0, 0), 0.9
	拒否　受諾	(2, 3), 0.1	**(2, 2), 1**	(0, 3), 0	(0, 2), 0.9
	受諾　拒否	(3, 1), 0.1	(1, 1), 0	(3, 0), 1	(1, 0), 0.9
	受諾　受諾	(3, 3), 0.1	(1, 2), 0.9	(3, 3), 0.1	(1, 2), 0.9

的であるためには0.5を上回ってはならない。また均衡経路上では両タイプとも受諾を選ぶため，信念は事前確率のまま変更されない。よって追加される信念に関する制約は$p \leqq 0.5$，$q=0.1$である。以上，ここでは完全ベイジアン均衡として，均衡①{(拒否，受諾)，(雇用する，雇用しない)，$p=1, q=0$}，②{(受諾，受諾)，(雇用しない，雇用しない)，$p \leqq 0.5, q=0.1$} がそれぞれ成立することになる。

最後に精緻化である。分離均衡①については自明のため，一括均衡②に議論を集中する。ここでは高タイプAが受諾したときの最悪の結果は利得1で，拒否したときの最良の結果は2であるので，受諾を選ぶことは必ずしも支配されていない。ただし均衡支配はされている。他方，低タイプAが受諾したときの最悪の結果は2，拒否したときの最良の結果は1なので，拒否という選択は支配されている。低タイプAにとっては拒否の選択は受諾に支配されており，高タイプAにとってのより緩い条件である均衡支配より支配が厳密に成立しているため，$1-p$の方に0を割り振ることが正当化されうる。つまりここでは拒否の選択は相対的に劣った手なので$1-p=0$，すなわち$p=1$となり，完全ベイジアン均衡における信念に課された制約$p \leqq 0.5$に反してしまう。こうして不自然な信念の前提の下で成立している②については，精緻化の過程で排除されることになり，分離均衡の①のみが正当化されうることとなる。

この単一均衡の下ではタイプが差別化でき，結果，オファーによってBの利得は1となる。他方，スクリーニング，ひいてはシグナルの使われない均衡ではBの利得は0.1である。こうして当然，オファーは実施されなければならないことがわかる[21)]。

オファーの諾否が新人のやる気の有無のシグナルになりうるのであろうか。ザッポス社にとっての新入社員に求めるやる気とは，会社とのベクトルが合っているという意味での志向性であり，転職しないという意味での職場定着性である。このような広義のやる気や意欲や関しては他者による判別が容易でないことは明らかである。企業は新人のやる気を見分けられないが，研修中のオファーの諾否という手続きを経ての結果であれば容易に見て取れる。時宜を得た適切な負荷は状況次第でコストとなり，ハードルとなり，ときにハンディキャップとなりうる。こうしてスクリーニングとして本気度，延いては本物度は試されなければならないのである。

4.4 小　括

シグナリング・ゲームでは情報優位者が先に行動するが，スクリーニング・ゲームでは情報劣位者が先に行動する。シグナリングのケースにおいては情報優位者が先行プレイヤーとして自発的にシグナルを発する。その自己選択の結果を劣位にある後続プレイヤーが意思決定に反映させる。これに対し，スクリーニングのケースにおいてはシグナリング・ゲームを織り込んで事前にメニュー提示を行うのは情報劣位者であり，その劣位者が後続プレイヤーとなる優位者によって発されたシグナルを最終的に評価する。情報優位者が自ら自己選択のインティブを発揮するか，情報劣位者が契約提示と優位者からの自己選択を促すためのインセンティブ設計の仕掛け人となるかの相違である。

当事者であるプレイヤー間で，状況を変えるために一歩踏み出すイニシアティブはそもそも誰にあるのか，情報優位者にあるのか劣位者にあるのか，その意味で社会全体の観点からの制度設計問題に止まらず，そこにおいては実現可能性を含めれば誰に変更のためイニシアティブをとる動機があるのかという観点が重要になってくる。

以上の問題意識の下，スクリーニングという情報劣位者による意思決定の場を事前のコミットメントとして明示的に位置付ける具体例としてザッポス社による「今すぐ辞めるためのボーナス」問題と従来からの教育と労働市場の問題に適用した。そこでは多くのシグナリング・ゲームやスクリーニング・ゲームと共通して，タイミングと適切なシグナリング・コストが肝要となることが示された。

これまでのポイントを踏まえたうえで，次節以降においては参入阻止問題を題材とし，今一度，シグナリング問題を吟味してみることにしよう。

5. 参入阻止価格モデル

ここでは2期モデルを考える。第1期に既存企業Aは独占企業として生産活動を営む。第2期に，潜在的参入企業であるBが当該市場に参入を画策している。Aには効率的タイプと非効率的タイプの2タイプがあり，Aはいずれのタイプであろうとも B による参入を避けたく，また B は A が後者であるときにのみ，参入を希望しており，もし前者の方であれば参入を思い止まるものとする。しかし A の費用条件は私的情報となっており，B は直接的に知りえない立場に置かれている。そこで第1期に A が設定する価格を B はシグナルとして観察することによって，この限界費用が低い効率的なタイプと限界費用が高い非効率なタイプのいずれであるかを識別しようとする。そのことを十分に予測できる A にとって，短期的に利潤を最大化するように価格水準を設定することはあまりにナンセンスである。期間ごとの最大化ではなく，むしろ両期間にわたっての利潤最大化を目指すべきではないか。特に後者のタイプにとっては不利な費用条件を悟られないように注意を払いながら価格設定を行うべきであろう。また B にとっても A による最適行動に基づく観点のみから価格設定水準を見て，直ちにそのタイプを類推することは，あまりにナイーブ過ぎよう。裏をかこうとする A による戦略的行動をある程度踏まえて，予想を立てるべきである。

以上の想定をモデルに反映させるために特定化を行う[22]。まず第1期に A は独占企業として生産・販売決定を行い，価格を設定する。市場条件は，製品差別化のない次の逆需要関数で示されるものとする。

$$s = 16 - \frac{X}{100},\ \ 1600 \geqq X \geqq 0 \qquad (8.1)$$
$$\text{where } X = x^A + x^B$$

次いで第2期に B が参入を辞退すれば，A は独占を継続できる。しかし B が参入すれば，そこでは複占となり，もはや独占利潤を享受することはできない。B が参入するかどうかは，複占下でその B が十分な利潤を獲得できるかどうかによる。低コスト・タイプとの複占であれば利潤はマイナス，高コスト・タイプであれば利潤はプラスとする。このように A のタイプは A に関する費用関数の形状，つまり限界費用の高低によって区別される。費用関数は，低コスト，高コストのタイプ，それぞれについて次のようであるとする。

$$C^{\mathrm{AL}} = 5x^{\mathrm{A}} \qquad (8.2)$$

$$C^{\mathrm{AH}} = 7x^{\mathrm{A}} \tag{8.3}$$

他方，Bに関しては限界費用自体は高コスト・タイプと同じであるが，参入決定の際に参入コスト600を別途負担しなければならないものとする。

$$C^{\mathrm{B}} = \begin{cases} 7x^{\mathrm{B}} + 600 & \text{if } x^{\mathrm{B}} > 0 \\ 0 & \text{otherwise} \end{cases} \tag{8.4}$$

このようであるとき，第1期において，低コスト・タイプの目的関数は，(8.1)，(8.2)を用いて

$$\pi^{\mathrm{AL}} = -\frac{(x^{\mathrm{A}} - 550)^2}{100} + 3025 \tag{8.5}$$

となり，この(8.5)より利潤最大化のための生産量が$x^{\mathrm{A}}=550$，したがって(8.1)より独占価格は$s=10.5 \equiv s^{\mathrm{L}}$であり，そのとき独占利潤が

$$\pi^{\mathrm{AL}*} = 3025 \tag{8.6}$$

であることが確かめられる[23)]。また高コスト・タイプの利潤は(8.1)，(8.3)を用いて

$$\pi^{\mathrm{AH}} = -\frac{(x^{\mathrm{A}} - 450)^2}{100} + 2025 \tag{8.7}$$

となり，同様に(8.1)，(8.7)より$x^{\mathrm{A}}=450$, $s=11.5 \equiv s^{\mathrm{H}}$，そして

$$\pi^{\mathrm{AH}*} = 2025 \tag{8.8}$$

であることがわかる。

第2期においては参入が生じなければ，独占のまま第1期と同等の決定が繰り返される。しかし参入がなされれば，そのとき両タイプの利潤は，それぞれ

$$\pi^{\mathrm{AL}} = -\frac{1}{100}\left(x^{\mathrm{A}} - \frac{1100 - x^{\mathrm{B}}}{2}\right)^2 + \frac{(1100 - x^{\mathrm{B}})^2}{400} \tag{8.9}$$

$$\pi^{AH} = -\frac{1}{100}\left(x^{A} - \frac{900-x^{B}}{2}\right)^2 + \frac{(900-x^{B})^2}{400} \qquad (8.10)$$

と変更され，(8.1)，(8.4) より求まるBの利潤

$$\pi^{B} = -\frac{1}{100}\left(x^{B} - \frac{900-x^{A}}{2}\right)^2 + \frac{(900-x^{A})^2}{400} - 600 \qquad (8.11)$$

も，そこで併せて考慮されなければならなくなる。低コスト・タイプとの複占の場合は，容易に確かめられるように，(8.9) より低コスト・タイプのときの反応関数が

$$x^{AL} = \frac{1100-x^{B}}{2} \qquad (8.12)$$

であり，(8.11) よりBの反応関数が

$$x^{B} = \frac{900-x^{AL}}{2} \qquad (8.13)$$

であることから，(8.12)，(8.13) よりAとBの生産量は $x^{AL}=1300/3$, $x^{B}=700/3$，したがって，(8.1) より市場価格は $s=28/3$ であることがそれぞれ確かめられる。またそのとき (8.9)，(8.11) より，それぞれ利潤は

$$\pi^{AL} = 16900/9 \qquad (8.14)$$

$$\pi^{B} = -500/9 \qquad (8.15)$$

であることが確かめられる。

次に高コスト・タイプとの複占の場合は，(8.10) よりAの反応関数が

$$x^{AH} = \frac{900-x^{B}}{2} \qquad (8.16)$$

となり，やはり (8.11) よりBの反応関数は

$$x^{B} = \frac{900 - x^{AH}}{2} \tag{8.17}$$

であることから，(8.16)，(8.17) より，生産量が $x^{AH}=x^{B}=300$，さらに (8.1) より市場価格が $s=10$，そして (8.10)，(8.11) より，それぞれ利潤が

$$\pi^{AH} = 900 \tag{8.18}$$

$$\pi_{B} = 300 \tag{8.19}$$

であることがわかる。

ここで最適化行動の観点からは，第1期において低コスト・タイプは s^{L} を，高コスト・タイプは s^{H} を，それぞれ設定することが，引き出されうるごく自然な結果といえよう。しかし第2期における潜在的な参入企業Bの存在が，あえてこの自然な行動から逸脱する可能性を生じさせる。すなわち両タイプともに，参入を招くことなく独占状態を持続することが一番の関心事であり，必ずしも最適な価格水準設定に拘泥しているわけではない。もしその水準から乖離することによって参入を阻止できるのであれば，むしろそれが望ましいことかもしれない。実際，第2期における低コスト・タイプとの複占下で利潤がマイナスとなることから，Bはこのタイプとの無益な競争を避けたいであろう。したがって特に高コスト・タイプにとっては，s^{H} ではなくむしろ s^{L} を選択し，自らのタイプを偽ることでBの参入を断念させようとするインセンティブを持つであろうことは，想像に難くない。これで以上の特定化によって，先に触れたここでの想定，特に参入の当否，すなわち参入に関するA，Bのインセンティブにかかわる想定のすべてが，満たされていることを確かめることができたことになる。

以下，第1期において両タイプによって設定される価格水準には s^{L} と s^{H} の2つの選択肢があるものとしよう。つまり低コスト・タイプであれば，第1期に自らの最適価格水準 s^{L} を設定するか，あえてそれに反して s^{H} を設定するかで，(8.5) より得られる利潤 (8.6) の数値のように

$$\pi^{AL*} = \pi^{AL}(s^{L}) = 3025$$

となるか，それとも

$$\pi^{AL}(s^{H}) = (11.5-5)\cdot 450 = 2925 \qquad (8.20)$$

となるか，それぞれ利潤関数での表現とその値が変更されることになる。高コスト・タイプであれば，同様に選択肢として，(8.7) から得られる (8.8) の数値，

$$\pi^{AH*} = \pi^{AH}(s^{H}) = 2025$$

であるか，あえて p^{L} を設定することによる数値

$$\pi^{AH}(s^{L}) = (10.5-7)\cdot 550 = 1925 \qquad (8.21)$$

となるかで，利潤額が異なって表現されることになる。第2期において参入なしであれば第1期の独占価格がそのまま次期においても継続される。他方，参入がなされれば，低コスト，高コストの両タイプとも，それぞれBとのクールノー・ナッシュ均衡によって導出される価格水準を設定することになる。いずれのケースにしても，それ以外の選択肢へと逸脱しようとするインセンティブは存在しない。

このように先行プレイヤーのAには費用条件の異なる2つのタイプがあり，それぞれ最適な価格設定をするかどうか，第2期に参入されるかどうか，でケース分けをする。他方，後続プレイヤーのBは参入をするかどうか，参入する相手企業がどちらのタイプか，で場合分けをする。最後にAが低コスト・タイプである事前確率は0.9，高コスト・タイプである確率は0.1とし，Aが低コスト・タイプである可能性がずっと高い状況を考えることにする。このようであるとき，ゲーム状況は以下の図8.17のゲームの木において例示されるようにまとめられる。まず自然NがAのタイプを決定することによって開始される。ここではAは自らのタイプを認識しながら，価格水準 s^{L}, s^{H} のいずれかを選択する[24)]。BはそのAのタイプを認識することなく，ただAによる価格水準の選択を観察しただけで，市場に参入するかどうかを決定しなければならない[25)]。ここでは低価格が観察される情報集合を I_1，高価格が観察される情報集合を I_2 とし，低価格が観察されたときにそれが低コスト・タイプである確率を p，高価格が観察されたときにそれが低コスト・タイプである確率

図 8.17

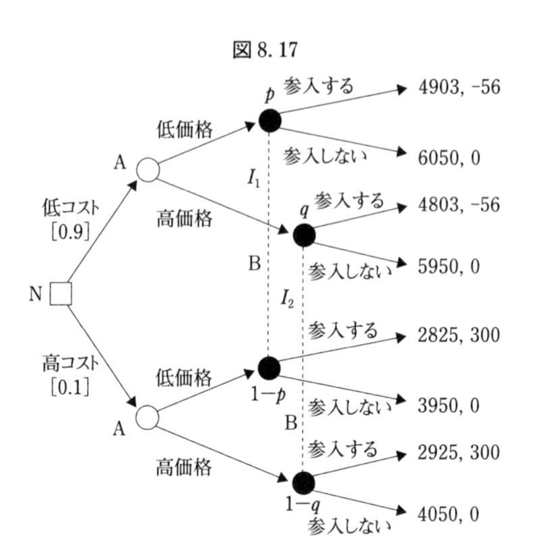

を q としている。

このゲームにおける完全ベイジアン均衡を導出する。まず逐次合理性に関しては，行動戦略の組合せとして，① {(低価格，低価格)，(参入しない，参入する)} と，② {(高価格，高価格)，(参入する，参入しない)} が導出される。つまり A については低コスト・タイプと高コスト・タイプがいずれも低価格を設定し，B については低価格が観察されるときには参入せず，予想に反して高価格のときには参入するものと，A については低コスト・タイプと高コスト・タイプがいずれも高価格を設定し，B については思いがけず低価格が観察されるときには参入し，高価格が観察されれば参入しないというものの 2 つである。

いずれも安定的である。①では B による（参入しない，参入する）に対して，低コスト・タイプが低価格から高価格へ行動戦略を切り替えると，低コスト・タイプにとっては 6050 から 4803 へ利得が減少する。高コスト・タイプが低価格から高価格へ行動戦略を切り替えると高コスト・タイプの利得は 3950 から 2925 へ利得が減少することになる。A による（低価格，低価格）に対しては，B が情報集合 I_1 において「参入しない」から「参入する」へ切り替えると，相手が低コスト・タイプであるとき B の利得は，0 から−56 へ減少し，

図 8.18

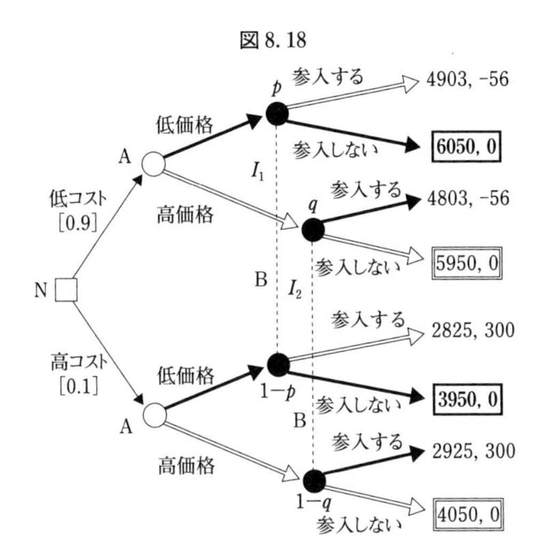

相手が高コスト・タイプであれば 0 から 300 へ増加するものの，期待値としては－20.4 へと減少してしまう。こうして A と B ともに変更するインセンティブが存在しないことがわかる。

②においても同様に，B による（参入する，参入しない）に対し，低コスト・タイプと高コスト・タイプがともに高価格から低価格へ行動戦略を切り替えると，低コスト・タイプの利得は 5950 から 4903 へ，高コスト・タイプの利得は 4050 から 2825 へ，それぞれ利得が減少する。A による（高価格，高価格）に対しては，B が I_2 において「参入しない」から「参入する」へ切り替えると，B の利得は，相手が低コスト・タイプであれば 0 から－56 へ減少し，相手が高コスト・タイプであれば 0 から 300 へ増加するものの，期待値としては－20.4 へと減少してしまう。このようにここでも A と B ともに変更するインセンティブは存在しないことになる。図 8.18 で確かめられたい。

このようなゲーム状況を今度は戦略形で記述する。対応する利得行列を作成すると表 8.18 のようになる。そこでも複数均衡になっていることが容易に確認できる。

表 8.18

		B			
		参入する　する	する　しない	しない　する	しない　しない
A	低価格　低価格	(4903, 2825), −20	(4903, 2825), −20	**(6050, 3950), 0**	(6050, 3950), 0
	低価格　高価格	(4903, 2925), −20	(4903, 4050), −50	(6050, 2925), 30	(6050, 4050), 0
	高価格　低価格	(4803, 2825), −20	(5950, 2825), 30	(4803, 3950), −50	(5950, 3950), 0
	高価格　高価格	(4803, 2925), −20	(5950, 4050), 0	(4803, 2925), −20	(5950, 4050), 0

次に整合性に関して確認する。ここでの信念は，まず①においては一括均衡であり，均衡経路外 I_2 で予期せず高価格を設定する A が観察されれば，「参入する」が選択されるので，そのときに q が高ければ均衡として矛盾してしまう。均衡経路外の情報集合上での行動戦略と整合的であるためには，不等号の制約が課されるべきである。こうして①における信念に関しては $p=0.9$, $q \leqq \frac{27}{32}$ でなければならないことになる。②においては①と同様に一括均衡であり，(高価格，高価格) が一括戦略となり，やはり $q=0.9$ となる。ただ I_1 が同じく均衡経路外の情報集合となっているものの，そこでの均衡経路外での意思決定が依然「参入する」であり，ここでも $p \leqq \frac{27}{32}$ となっていなければならないことになる。

以上より，このケースにおける完全ベイジアン均衡としては，① {(低価格，低価格), (参入しない，参入する), $p=0.9$, $q \leqq \frac{27}{32} \approx 0.84$}，および② {(高価格，高価格), (参入する，参入しない), $p \leqq \frac{27}{32} \approx 0.84$, $q=0.9$} の 2 つが見出されうる。最後にこれまでの手法を踏襲して，これら 2 つのうちでどちらがよりもっともらしいか，またそうでないかを見てみよう。

①においては低コスト・タイプに関して高価格の設定が低価格の選択に対して均衡支配されているので，q が十分に低くなければならないことになる。このことは完全ベイジアン均衡における信念での制約と整合的である。②においては高コスト・タイプに関しての低価格の設定が高価格の選択に対して均衡支配されており，そのため p が十分に高くなければならないことになっている。しかしながら，このことは先の完全ベイジアン均衡において課した信念での制約と矛盾する。こうしてここで導出される 2 つの一括均衡のうち，不自然な信念の前提の下で成立している②については，こうして精緻化の手続きにより排

除され，①の完全ベイジアン均衡のみが正当化されうることとなる（以上，図8.18を参照のこと）。

ここでビール－キッシュ・ゲームとの関連性を指摘したい。第2節におけるビール－キッシュ・ゲームの議論を思い返していただきたい。2種類の一括均衡が成立し，そのうちの1つを精緻化の過程で排除した。当然，数値は異なっているものの，本節でも同様の結論が得られている。事実上，両者は同一のゲームとみなせるものである。ビール－キッシュ・ゲームにおいては，ビールのアルコール度数では甘党の弱タイプに辛党の強タイプを騙ることを断念させるには必ずしも十分ではなかった。そこで第3節で明らかにされたように，弱タイプに強タイプの真似をすることが割に合わないほどであるためには，先に指摘したように，シグナリング・コストとしてある一定以上のハードルを課さねばならず，そのためそこではウオッカでなければならなかった。情報伝達にあえてコストをかける。それにより情報がクレディブルになる。以上の論点がウォッカ－キッシュ・ゲームに盛り込まれていた。以上のポイントを念頭に置きながら，どのようなときに，あるいはどのようにして，分離均衡が成立するかを，今度は参入阻止価格の設定問題として最後に考えてみよう。

6. 参入阻止価格の設定

ビール－キッシュ・ゲームにおいて甘党にビールを飲むことを断念させることができず，両タイプがともにビールを飲む一括均衡が成立することになっていた。前節でも高コスト・タイプが本来所望するはずの高価格を設定せず，結局は低価格を選び，タイプごとともに低価格という一括均衡が成立することになった。単なる低価格では偽装行動を阻止できず，一括均衡が成立してしまうのである。分離均衡が得られるためにはどうすればよいか。第3節のウオッカ－ビール・ゲームではアルコール度数のより高いウオッカを選択肢に加えることで分離均衡の導出が確認できた。ここでは低価格を下回るより一層の価格引き下げを考えてみる。

まずここでは2つのインセンティブ両立制約が考慮される。価格を低めることで高コスト・タイプの参入を阻止することができるとしても低コスト・タイプにもし十分な利潤が留保されないのであればむしろ参入を受け入れるかもしれない。どこまで価格を下げうるかその下限を求める。第1期に低価格で独占利潤3025を得た後，Bが参入する。参入を受けるということは低コスト・タイプであるとみなされなかったということである。そのときBの生産量は300であったから，それを与えられたものとしAの反応関数(8.12)より生産量は400となり，そのため利潤は1600である。十分に価格を引き下げたときの利潤とその後の独占利潤が上の利潤の合計以上であればよい。キャンセル・アウトすると

$$\pi^{\mathrm{AL}}(s) \geqq 1600$$

である。この条件を満たすsの範囲は，2次不等式

$$100(s-5)(16-s) \geqq 1600 \tag{8.22}$$

を解くことになる。(8.22)の解として

$$\frac{21-\sqrt{57}}{2} \leqq s \leqq \frac{21+\sqrt{57}}{2} \tag{8.23}$$

が得られる。

次に高コスト・タイプに参入を断念させるために低価格を下回る水準でなければならない。その上限を求める。ここでは

$$\pi^{\mathrm{AH}}(s) \leqq 900$$

である。この条件を満たすsの範囲は，2次不等式

$$100(s-7)(16-s) \leqq 900 \tag{8.24}$$

より得られる。そこで(8.24)の解として

$$s \leqq \frac{23-3\sqrt{5}}{2}, \quad \frac{23+3\sqrt{5}}{2} \leqq s \tag{8.25}$$

を得る。2つの不等式を同時に満たす共通範囲は(8.23)，(8.25)より

$$\frac{21-\sqrt{57}}{2}\underline{s} \equiv\leqq s \leqq \frac{23-3\sqrt{5}}{2} \equiv \bar{s} \tag{8.26}$$

となる。第1期に設定する価格が(8.26)内に留まる限り，低コスト・タイプの側にsより価格を引き下げて参入を防ぐよりは，むしろ受け入れた方がよく，また高コスト・タイプの側にも$\bar{s}$にまで下げてタイプを偽装するよりは，真のタイプを明かすことになろうとも無理をせず第1期にそのまま独占利潤を得ることの方を望むようになり，このときに初めてインセンティブ両立制約として分離均衡成立のための要件が整うことになる[25]。以下，(8.26)の範囲の上限値$\bar{s}$が参入阻止価格として設定されるものとし，この水準に限定した取り扱いを行う。

こうして先の第3節でのウォッカに対応するものは，低価格s^{L}を下回るような，より一層の低価格水準の設定となる。この水準こそが参入阻止価格であり，阻止価格（Limit Price）である。もし第1期にAがこの範囲で価格を設定すれば，そのときBはAを低コスト・タイプであるとみなしてよいことになる[26]。

以下，第1期において両タイプによって設定される価格水準として，均衡としては用いられることのなかったs^{H}に代えて，この参入阻止価格として$\bar{s}$を採用し，やはりこれまでの一括戦略となっていたs^{L}を含めた，これまでと同様の2つの選択肢を有するものとする。それによって低コスト・タイプであれば，第1期にBによる参入を阻止すべく，この$\bar{s}$を設定するか最適価格水準s^{L}を設定するかで，そのとき得られる利潤は

$$\pi^{\mathrm{AL}}(\bar{s}) = 300\left(\sqrt{5}+6\right)$$

と

$$\pi^{\mathrm{AL}*} = \pi^{\mathrm{AL}}(s^{\mathrm{L}}) = 3025$$

とに，それぞれ求まる。他方，そのとき高コスト・タイプであれば

$$\pi^{\mathrm{AH}}(\bar{s}) = 0$$

と

$$\pi^{\mathrm{AH}}(s^{\mathrm{L}}) = 1925$$

図 8. 19

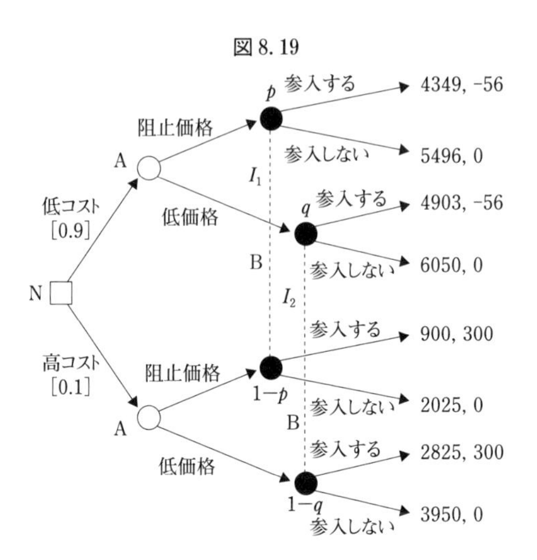

とで，それぞれ利潤が得られる。これらの点の変更を除き，第 2 期においては参入のない下では，第 1 期の独占価格がやはり継続され，参入下では，低コスト，高コストの両タイプとも，それぞれ B とのクールノー・ナッシュ均衡によって導出される価格を設定することなど，他は先においた想定と基本的に同等である。

このときゲーム状況は以下の図 8. 19 のように記述される。まず N が A のタイプを想定し，その結果 A は自らのタイプを認識しながら，参入阻止価格 $\bar{s}$，低価格 s^{L} のいずれかを選択する，というようにゲームの展開が表現されている。ここでは新たに参入阻止価格が観察される情報集合を I_1，低価格が観察される情報集合を I_2 とし，参入阻止価格が観察されたときにそれが低コスト・タイプである確率を p，低価格が観察されたときにそれが低コスト・タイプである確率を q とする。

このゲームにおける完全ベイジアン均衡を導出する。まず逐次合理性に関しては，行動戦略の組合せとして，① {(阻止価格，低価格)，(参入しない，参入する)，② {(低価格，低価格)，(参入する，参入しない)}，および③ {(低価格，低価格)，(参入しない，参入しない)} が成立しうる。次に安定性を確認する。①では B による（参入しない，参入する）に対して，低コスト・タイプが阻止価格から低価格へ行動戦略を切り替えると，低コスト・タイプの利得は5496から4903へ減少する。高コスト・タイプが低価格から阻止価格へ行動戦略を切り替えると，高コスト・タイプの利得は2825から2025へ減少する。Aによる（阻止価格，低価格）に対しては，Bが情報集合I_1において「参入しない」から「参入する」へ切り替えると，Bの利得は0から−56へ減少する。他方，Bが情報集合I_2において「参入する」から「参入しない」へ切り替えるとBの利得は300から0へ減少する。こうしてAとBともに変更するインセンティブが存在しないことがわかる。

②においても同様に，Bによる（参入する，参入しない）に対し，低コスト・タイプと高コスト・タイプがともに低価格から阻止価格へ行動戦略を切り替えると，低コスト・タイプの利得が6050から4349へ，高コスト・タイプの利得が3950から900へと，ともに減少する。Aによる（低価格，低価格）に対しては，BがI_2において「参入しない」から「参入する」へ切り替えると，Bの利得は，相手が低コスト・タイプであれば0から−56へ減少し，相手が高コスト・タイプであれば0から300へ増加するものの，期待値としては−20.4へ減少してしまう。やはりAとBともに変更するインセンティブはここでも存在しない。

③ではBによる（参入しない，参入しない）に対して，低コスト・タイプと高コスト・タイプがともに低価格から阻止価格へ行動戦略を切り替えると，低コスト・タイプにとって6050から5496へと利得が減少し，高コスト・タイプにとっては3950から2025へ，やはり利得が減少する。Aによる（低価格，低価格）に対しては，BがI_2において「参入しない」から「参入する」へ切り替えると，Bの利得は相手が低コスト・タイプであれば0から−56へ減少し，相手が高コスト・タイプであれば0から300へ増加するものの，期待値としては−20.4へ減少してしまう。このようにここでもAとBともに③の組合せから逸脱して行動戦略を変更するインセンティブを持ち合わせていない。

以上からいずれも行動戦略の組み合わせが安定的であり，やはりここでも複数均衡となっていることが確かめられるが，ただし①は分離均衡であるのに対し，②と③は一括均衡となっており，質的に異なる均衡がこのケースでは併存しうることになっている。図8.20において確認されたい。

図 8.20

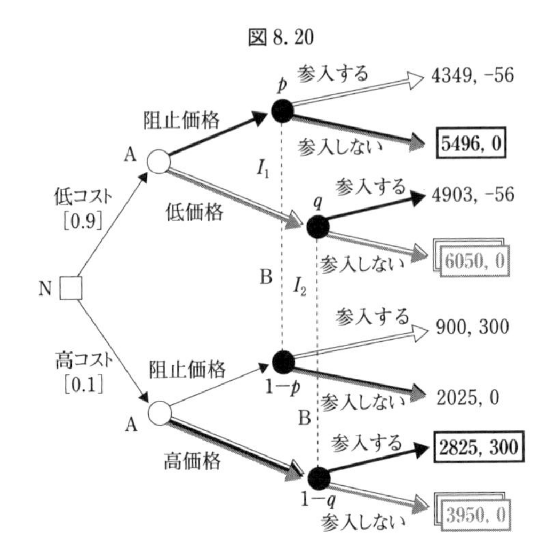

表 8.19

		B			
		参入する　する	する　しない	しない　する	しない　しない
A	阻止価格　阻止価格	(4349,　900), −20	(4349,　900), −20	(5496, 2025), 0	(5496, 2025), 0
	阻止価格　低価格	(4349, 2825), −20	(4349, 3950), −50	(5496, 2825), 30	(5496, 3950), 0
	低価格　阻止価格	(4903,　900), −20	(6050,　900), 30	(4903, 2025), −50	(6050, 2025), 0
	低価格　低価格	(4903, 2825), −20	(6050, 3950), 0	(4903, 2825), −20	(6050, 3950), 0

このゲーム状況を今度は戦略形で表現し，まずそこでのナッシュ均衡を確認しよう。対応する利得行列は表 8.19 である。ゲームの木と同等の結果が確認される。

次に整合性の検討である。ここでの信念は，まず①において分離均衡のためタイプの類推が容易になされうることとなり，$p=1$，$q=0$ である。②においては一括均衡であり，均衡経路外情報集合 I_1 で予想に反し阻止価格の設定が観察されれば，「参入する」が選択されるので，そのときに p が高ければ矛盾してしまう。こうして②における信念に関しては $p\leqq\frac{27}{32}$，$q=0.9$ でなければならない。③においては②と同様に一括均衡であり，（低価格，低価格）が一括戦略となり，やはり $q=0.9$ となる。ただ I_1 が同じく均衡経路外の情報集合となっており，そこでの意思決定が「参入しない」であるので，ちょうど②での関係と逆になり，ここでは$p \geqq \frac{27}{32}$でなければならなくなる。

以上より，完全ベイジアン均衡としては，①｛(阻止価格，低価格)，(参入しない，参入する)，$p=1, q=0$｝，②｛(低価格，低価格)，(参入しない，参入しない)，$p \leqq \frac{27}{32} \approx 0.84, q=0.9$｝，③｛(低価格，低価格)，(参入しない，参入しない)，$p \geqq \frac{27}{32} \approx 0.84, q=0.9$｝の計3つが成立しうる。このように3つもの完全ベイジアン均衡が併存しうる状況となっているが，この中でどれがよりもっともらしいか，そうでないかを最後に確認しておく。ここで均衡経路外での意思決定が問題となるのは一括均衡②と③である。この2つに焦点を合わせる。

まずここでは低コスト・タイプに関して阻止価格の設定は低価格の選択に支配されておらず，代わりに均衡支配されている。他方，高コスト・タイプに関して阻止価格は低価格に支配されている。そのため$p=1$となる。このことは②において先に信念に課された制約と不整合であるのに対して，逆に③においての制約とは整合的であることが確かめられる。こうして2つの一括均衡の内，不自然な信念の前提の下で成立している②については精緻化の過程で排除される一方，③の完全ベイジアン均衡の方については精緻化の手続きに耐え，正当化されることになる（以上，図8.20参照）。

分離均衡成立の代償として，高コスト・タイプにとってはもとより低コスト・タイプにとってもそこでは負担を強いられ，利得上，ともに減少を余儀なくされていることがわかる。そのため両タイプともに低価格を選択する一括均衡が，ここではもう1つの完全ベイジアン均衡として成立し，併存することになっている。

最後に本章を通してすでに何度か示唆されているように，ここでウオッカ－ビール・ゲームとの関連性に言及しておく。第3節におけるウオッカ－ビール・ゲームの議論と照らし合わせれば，本節の内容と逐次対応しているのが確認できよう。ビールのアルコール度数を超えた選択肢としてウオッカを持ち出した点と低価格を下回る参入阻止価格の選択の取り上げ方など展開のストーリーラインは瓜二つと言っても過言でなかろう。また3種類の均衡が成立し，1つは分離均衡であるものの，他の2つが一括均衡であり，そのうちの1つを精緻化の手続きで排除したが，ここでもまったく同様の結論となっており，事実上，同一のゲームとみなせるものである。

ま と め

本章では，一括均衡のみが成立する状況下における分離均衡導出の可能性に分析の焦点を当てた。そこではいくつかの例においてはシグナリング・コストを引き上げることが有効となりうることが確認された。ビール－キッシュ・ゲームにおいては，甘党の弱敵タイプに辛党の強敵タイプを騙ることを断念させるには，ウオッカというシグナリング・コストを課すことが分離均衡導出という意味で効果的に作用することが示唆された。また参入阻止ゲームにおいては，低価格を一層下回る参入阻止価格設定によって高コスト・タイプが低コスト・タイプを装うことを断念に追い込みうることが明らかにされた。いずれも差別化を図ろうとする側が，匿名性を追及し模倣するタイプであれば決して担えないほどのシグナリング・コストを積極的に負えば，彼らに対し模倣を断念させることができるのである。

しかし参入阻止モデルの議論でも明らかとなったように，低コスト・タイプによってこの種の行動を実行に移すことは，模倣によって直接的な不利益を被っていないため，インセンティブ上，必ずしも十分に強くはない。そのため共に低価格を選択するという一括均衡も，依然として完全ベイジアン均衡として成立しており，そこでは低コスト・タイプが必然的には分離均衡成立の恩恵に与かることにはならないのである。

注

1）不完備情報ゲームについては松本（2009）第5章を参照されたい。

2）これについては Cho and Kreps（1987）の他，松本（2009）第6章，グレーヴァ（2011）第7章も参照されたい。

3）ここではフォワード・インダクションのテクニックが援用される。バックワード・インダクションと対比したこの概念の詳細については松本（2009）第5章や Mas-Colell Whinston and Green（1995）第9章での議論を参照されたい。

4)　ある情報が追加されたときにどのように確率分布が変化するのかを示す法則は，ベイジアン・ルールと呼ばれる。シグナルを観察することによる初期の信念からのアップデートは，このルールに従ってなされる。ここでの信念は0か1あるいは事前確率そのままに0.1，0.9であることの計4パターンのみであり，特にこの公式を用いるまでもなくルールの下での修正結果はほぼ自明である。

5)　ここでは純粋戦略のみを考察対象としている。もしここで強いAと弱いAの事前確率を逆転させると，このケースにおける純粋戦略としての完全ベイジアン均衡は存在しなくなる。

6)　均衡の精緻化についてはCho and Kreps（1987），Gibbons（1992）第4章を参照されたい。

7)　もしここで強いAと弱いAの事前確率を逆転させても，この分離均衡である完全ベイジアン均衡は変化しない。つまりAがむしろ弱いタイプである可能性が高くなるといった確率分布の変更は，ここでの結果に影響を及ぼさないことになる。

8)　このケースでも確率分布の変更はこの分離均衡の完全ベイジアン均衡には影響を及ぼさない。つまりここでは，確率分布の形状変化に対するロバスト性を有することになる。

9)　ここで強いAと弱いAの事前確率を逆転させると，このケースにおける純粋戦略としての完全ベイジアン均衡は存在しなくなる。

10)　ビール－キッシュ・ゲームには強弱それぞれのタイプのAには飲食に関して好きな物があった。強いタイプはビール，弱いタイプにはキッシュである。今回のウオッカ－ビール・ゲームにおいては，依然，強いタイプに選択肢としてビールという好きなものがあるのに対し，弱いタイプにはもはや好きな飲食がそこでの選択肢になく，決闘回避との兼ね合いで，相対的に好きな（マシな）飲酒しか対象にないことに注意されたい。

11)　第1節や第2節からも明らかなように，もともとのビール－キッシュ・ゲームにおいても弱いタイプには決闘を回避するためにキッシュを食すことを断念し，あえてビールを飲み，強いタイプへ偽装するインセンティブが強かった。ビールよりアルコール度が高い，例えばウィスキー程度ではそのインセンティブを多少，弱めることができるであろうが，それでも弱いタイプに対し，それを飲むくらいなら決闘した方がマシ，とはならないはずである。明確な差別化戦略とすべく，より一層，偽装インセンティブを下げるため，ここではビールからウオッカまで2段階ハードルを上げたと解釈すべきかもしれない。

12)　ケースⅠの想定をそのまま引き継ぎ，利得構造には手を付けないものの，強いＡと弱いＡ，それぞれの事前確率だけを逆転させ，強弱のタイプ事前確率はそれぞれ0.1と0.9とし，Ａが弱いタイプである可能性がむしろ高い状況を考えると，完全ベイジアン均衡として，均衡①{((ウオッカ，ビール)，(決闘しない，決闘する)，$p=1, q=0$}，②{(ビール，ビール)，(決闘する，決闘する)，$p \leqq 0.5, q=0.1$} がそれぞれ成立することが確認される。ただし，分離均衡である①については問題ないものの，不自然な信念の前提の下で成立している②については，精緻化の過程で排除されることになり，分離均衡のみが成立することになる。このように強タイプが決闘回避を，弱タイプがウオッカ回避を，それぞれ相対的に重視し，かつ弱タイプの方に事前確率の偏りが見られるとき，分離均衡のみが成立し，アドバース・セレクション問題を回避されうる。

13）　ケースⅡと同様，強タイプはウオッカ回避に＋2，決闘回避に＋1，弱タイプはウオッカ回避に＋1，決闘回避に＋2との想定を維持しながらも，タイプの確率分布のみをここで逆転させ，強弱のタイプ事前確率をそれぞれ0.1と0.9とし，Ａが弱いタイプである可能性が高い状況を考えると，{(ビール，ビール)，(決闘しない，決闘する)，$p=0.9, q \leqq 0.5$} が唯一成立する完全ベイジアン均衡となる。ここでも分離均衡は成立しえないことが確かめうる。

14）　この後明らかとなるように，まずシグナリング・ゲームから始め，そこで情報優位者の利得構造と行動パターンから導かれる分離均衡と一括均衡を対比させ，タイプを偽るインセンティブを弱め，いかにして分離均衡成立を容易にするか，そのためどう制度設計するかを議論する。シグナリングのケースでは情報優位にある先行プレイヤーの中で偽装される側からの視点で分離均衡導出を取り扱う。他方でスクリーニングのケースでは情報劣位者からの視点で議論されることになる。

15）　本節におけるザッポス社の人事戦略の詳細は Hsieh（2010）を参照されたい。また Ayres（2010）2章および Fisman and Sullivan（2013）2章における議論も参照されたい。

16）　辞める人には誰でも2,000ドルをすでに働いた時間分の給与に加えてこのボーナスを支払うというもので，オファー自体は4週間の研修終了時まで有効とされており，必ずしも即決を迫られているわけではない。Hsieh（2010）5章を参照されたい。

17）　辞退率は高い。したがってザッポス社は辞退されることを当てにしてわざわざ提案を行っていることになる。Ayres（2010）2章を参照されたい。

18）　先と同様の観点である。この点については後に触れる

19）　手番の順序とアルファベットのソートを昇順にしていることとの関係性が

ここでは一致していない。あえてAとBをここでは逆転させており，先行プレイヤーでありながらザッポス社がBとなっている。ゲームの木の右端にある左右ペアの数値もそれぞれプレイヤーB，Aの利得に対応している。この点，注意されたい。

20）実際にはオファー提示に伴う手間隙を要し，受諾後に生じるボーナス支給により少なからずコストを負うことになるので，0.9で同等という表現は必ずしも正確でない。本文ではオファーを一旦受諾した社員に対しても雇い続ける選択肢が存在するケースを取り扱っている。図のように，より単純に受諾した場合，Bにはもはや雇用を継続させる選択権がないケースとすれば，そのとき{(拒否，受諾)，雇用する，$p=1$} と {(受諾，受諾)，雇用しない，$p\leqq 0.5$} の両均衡が成立しうる。Bの期待利得は前者の分離均衡では1であってオファーしないときの0.9をやはり上回るものの，他方，後者の一括均衡では0.1でしかなく，0.9を大幅に下回ってしまう。このため必ずしも厳密ではないが，ここでの取り扱いの方が相対的にはオファーがより正当化されやすくなっている。

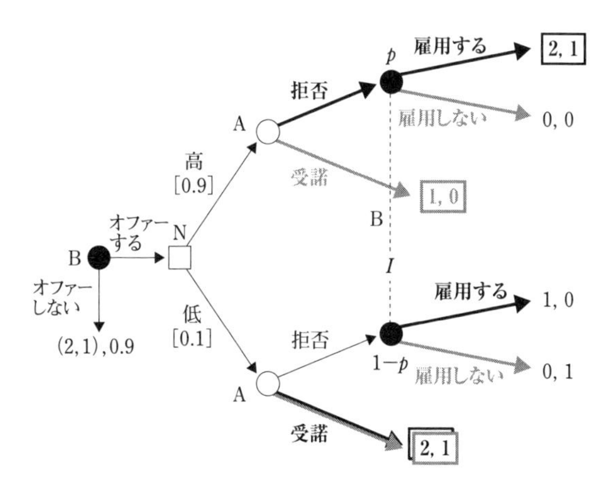

21）タイプの事前確率が半々でともに0.5と0.5の場合には，ケースⅠとケースⅡで共通する分離均衡①に加え，ケースⅠにおける一括均衡②と③，ケースⅡにおける②，これらすべてが完全ベイジアン均衡として成立する。導出等はここでは割愛する。

22）ここでの特定化はBierman and Fernandez（1998）第19章のものを用いている。ただしアプローチはそこでのものとは異なっている。

23) ここでは＊の記号は短期における主体均衡を表している。

24) 低コスト・タイプのAは s^{H} を選択するインセンティブを必ずしも持っていないが，ビール－キッシュ・ゲームと比較するため，ここではとりあえず選択肢として与えておく。

25) この点に関しては Tadelis（2013）第16章を参照されたい。

26) p^{L} を下回っていたとしても $\bar{p}$ の水準にまで達していなければ間違ったシグナルを相手に与えていることになり，結果，参入を招いてしまうであろう。中途半端な節約は意味を持たない。しかし，そうかといって念には念を入れこの $\bar{p}$ を下回る価格水準へと設定することも同様に意味がないことになる。

第9章　戦略形ゲームにおける不確実性の取り扱い（基礎）

プレイヤー間で利害が真っ向から対立し，そのため相互に相手を出し抜く必要性が生じているゲーム状況下においては，通常の手続き通りにナッシュ均衡を求めようとしても，解を求めることはできない。この場合には，混合戦略まで考察の対象を広げ，各プレイヤーの戦略が確率的に決まるものとみなすことによって，ナッシュ均衡を得ることが可能となる。そこではプレイヤーの戦略を，常にどれか1つだけを確実に採用するというように限定的な意味には捉えず，戦略を複数の選択肢の中から非負の確率で採用するというように解釈する。

本章では以下，戦略の解釈の幅をこのような意味で拡張し，不確実性を新たに均衡概念に取り込んだ混合戦略という考え方を俎上に載せることにする。その後，この混合戦略を応用例としていくつかのケースに適用する。そして最後にこの議論を進化ゲームと関連付け，より一層掘り下げていく。

1. ゲーム理論とナッシュ均衡

これまで述べてきたように，ゲーム理論では自分の決定が他者へ，他者の決定が自分へと，それぞれ影響し合う相互依存関係が分析対象となる。そのような状況下では，他者の決定に関する何らかの予想なしには自己の意思決定すらおぼつかないであろう。このようであるにもかかわらず，どのようにして外的な強制を伴わずに，個々人が独自の判断で意思決定を行い，そしてゲームの参加者間に内生的な拘束力を合意として引き出しうるのか，ということが問題となる。

以上を分析するためになされるべきことは，ゲーム状況の正確な表現である。つまり任意のゲームが分析可能であるためにはそのゲームのルール（構造）がまず明確に規定されていなければならないのである。ゲームに参加する全員がそのルールについて正確な情報を持っていることを，ゲームのルールが共有知識となっているといい，その状況下でのゲームは完備情報ゲームと呼ばれる。その表現方法には 2 通りある。戦略形ゲームと展開形ゲームである。

プレイヤーとしては誰がいるのか，プレイヤーが持つ戦略には何があるのか，対応する利得はいくらなのか，という 3 つの要素から構成されるものが利得行列であり，それらを用いて戦略が同時決定される状況を表現・分析しようとする，これが戦略形ゲームの特徴である。他方これら 3 つの要素に加え，行動決定の順序やその際に利用可能な情報についても明示的に扱うために，ツールとしてゲームの木を用いてゲーム状況を表現するものが，展開形ゲームの特徴である。

展開形ゲームでは，誰が，いつ，どのような順序で，そのときどのような情報を持って，行動を決定しようとするのか，をゲームの木によって記述できるのに対し，戦略形ゲームにおける利得行列では，行動決定時点で他のプレイヤーの決定を知らないような状況（同時決定）をそもそも念頭に置いて作成されており，展開形ゲームにおいては当然明示されるべき時間の経過やその情報構造がそこでは圧縮され簡略化される。

シンプルな構造を持つこの戦略形ゲームを用いることで，それぞれ特徴的ないくつかのゲーム状況を設定できる。復習になるが，そこでのゲームを解く上で，キーとなってくる最重要概念の 1 つがナッシュ均衡である。以下で取り上げるこの種のゲームにおいては，簡単化のためにプレイヤー数は 2 人，戦略の選択肢は定義を除いて原則 2 つとする。このナッシュ均衡とは自らの最適反応戦略と相手のそれとの戦略同士の組合せ (s_i^*, s_j^*) を意味し，ここでは

$$U_i(s_i^*, s_j^*) \geqq U_i(s_i, s_j^*) \quad \text{for all } i \text{ and all } s_i \in S_i, \quad j \neq i, \quad i, j = \text{A, B}$$

のように定義される [1)]。この均衡においては，まず相手プレイヤーの戦略を予想し，そのときの自己の最適反応戦略を正に相手が予想しており，それに対する相手の最適反応戦略が正しくちょうど当初の自らが予想した相手の戦略になっている。この状況とは，両者ともに予想が整合的で矛盾がないものであり，したがってともに自らの相手に対する予想とそれに応じた戦略の選択を，その

均衡から自らの意思で変更するインセンティブを持たないケースである。その意味で自己充足的予想と自己拘束的合意が実現されており，安定的な均衡成立の状態といえる。

上記のナッシュ均衡の定義は，そもそも戦略という概念を複数の選択肢の中からある1つを選びとる意思決定の問題として形作られたものである[2)]。しかしこの概念をさらに拡張し，その戦略の選択に関する不確実性を均衡概念に取り込むことにしたい。そうすることでコントロールの対象を，複数の選択肢の中から選択される各戦略に対する頻度が付与された確率分布として捉え直してみよう。このように戦略を確定的なものとみなさずに，選択肢からの意思決定をミックスさせるという確率的ランダム化の手法を混合戦略と呼ぶ。他方，これと区別するために，これまで考えてきた確定的な戦略を純粋戦略と呼ぶことにする。このような工夫により，純粋戦略をある行動を100%の確率でとるものとし，混合戦略の特殊ケースとして位置付けることもできるようになる。

この混合戦略の概念が特に意味を持つのは，通常，純粋戦略としてのナッシュ均衡が見出せないケースが現実に多々起こりうるからである[3)]。つまりナッシュ均衡は必ずしも常に存在するわけではない。

2. コイン合わせゲーム

例えばコイン合わせとして知られるゼロ和ゲームを考えてみよう。この表9.1のケースでは上記の定義を満たしえず，その意味でそこにはナッシュ均衡が存在しないことになってしまう。このゲームでは次のような状況が想定されている。まず2人のプレイヤーが1枚のコインを手に握っており，それを同時に開いて相手プレイヤーに見せる。結局，それぞれ表と裏の2つの選択肢を持つことになり，組合せには計4通りがある。その組合せ如何でプレイヤーの利

表9.1

		B 表	B 裏
A	表	−1,　1	1, −1
A	裏	1, −1	−1,　1

得が確定する。もし2枚のコインの表裏がともに一致していればプレイヤーAの負け，Bの勝ちで，そのときBはAのコインを獲得できる。他方，表裏が一致していなければAの勝ち，Bの負けで，そのときにはAはBのコインをもらうことになる。

先に触れたように，従来の定義のままではどのような戦略の組合せを考えてみても決してナッシュ均衡の定義を満たすことはない。Aが表を選ぶのであればBも表を選ぼうとするが，Bが表を選ぶのであればAは裏を選ぼうとし，Aが裏を選ぶのであればBも裏を選ぼうとする。そしてBが裏を選ぶのであれば，最初に戻ってやはりAは表を選ぼうとするはずである。ここではこのように堂々巡りを招いてしまい，結局4つのどの組合せもナッシュ均衡の条件を満たしえないのである。他者のマイナスは自分のプラスとなり，各プレイヤーは常に相手の不利になる戦略を選ぼうとするため，純粋戦略の枠組みだけでは，ともに逸脱するインセンティブを持たないような安定的な組合せを見出し難いからである。

混合戦略まで考慮したときであれば，ナッシュ均衡 $(\mathbf{p}_i^*, \mathbf{p}_j^*)$ の定義は以下のように改められる。

$$E_i(\mathbf{p}_i^*, \mathbf{p}_j^*) \geqq E_i(\mathbf{p}_i, \mathbf{p}_j^*) \quad \text{for all } i \text{ and all } p_i, \quad j \neq i, \quad i, j = \mathrm{A}, \mathrm{B}$$
$$\text{where } E_i(\mathbf{p}_i, \mathbf{p}_j) = \Sigma\Sigma p_{ig} p_{jh} U_i(s_{ig}, s_{jh}),\ \Sigma p_{ig} = \Sigma p_{jh} = 1, \quad 1 \geqq p_{ig}, p_{jh} \geqq 0$$

これを先の純粋戦略ナッシュ均衡と比較してみられたい。ここでは各プレイヤーは自らの純粋戦略 s_{ig} に割り振られる確率 p_{ig} を決定すると考えている。混合戦略はその確率ベクトルである確率分布 $\mathbf{p}_i$ によって表される。その結果，純粋戦略のみのケースとまったく同様にして，依然として両者間における最適反応戦略の組合せとして定義されてはいるが，ここでは各プレイヤーによる確定的な純粋戦略の採用に代えて，純粋戦略間での確率的選択という混合戦略こそが，他のプレイヤーによる同じく混合戦略への最適反応になっている。当然，純粋戦略に割り振られる確率ベクトルが確率分布となるため，その選択肢を表す g，h の数について和をとったものは1でなければならない。

早速，表9.1のゲームにこの定義を適用してみよう[4)]。コイン合わせゲームはそもそもともに表裏という2つの選択肢しか持たない。そのためAが確率

ベクトル $\mathbf{p}_A=(p_{A1}, p_{A2})=(p_{A1}, 1-p_{A1})$　where $1 \geqq p_{A1} \geqq 0$，B が確率ベクトル $\mathbf{p}_B=(p_{B1}, p_{B2})=(p_{B1}, 1-p_{B1})$　where $1 \geqq p_{B1} \geqq 0$ との混合戦略をとることになると，純粋戦略は僅か2つであるにもかかわらず，混合戦略を考慮することによってその選択肢の数は飛躍的に増大し，事実上無限となる。このことがゼロ和ゲームにおいても均衡を見出しうる理由となっている。このとき両者にとっての最大化の対象となる期待利得を定式化して，それぞれ最適反応戦略を導出する。その後，その組合せとして混合戦略ナッシュ均衡を求めてみる[5)]。ただし，ここでは誤解を招く恐れがほぼないため，添え字の1は省略される。

まずAの期待利得は

$$\begin{aligned} E_A &= p_A p_B \cdot (-1) + p_A(1-p_B) \cdot 1 + (1-p_A) p_B \cdot 1 + (1-p_A)(1-p_B) \cdot (-1) \\ &= 2p_A(1-2p_B) + 2p_B - 1, \end{aligned}$$

となり，Aは最大化プレイヤーとしてBによる p_B の値を与えられたものとし p_A をコントロールする。したがってそこでのAの最適反応戦略は

$$1-2p_B \begin{Bmatrix} > \\ = \\ < \end{Bmatrix} 0 \Leftrightarrow p_B \begin{Bmatrix} < \\ = \\ > \end{Bmatrix} 1/2 \Rightarrow p_A = \begin{cases} 1 \\ \text{all } p_A \quad (1 \geqq p_A \geqq 0) \\ 0 \end{cases}$$

である。$p_B<1/2$ であれば，$p_A=1$ として確定的に表を選ぶ。逆に $p_A>1/2$ であれば，$p_A=0$ として確定的に裏を選ぶ。ちょうど $p_B=1/2$ の際には p_A の如何によらずAの期待利得は $2p_B-1$ であり，すべての戦略間で無差別となる。以上をまとめて，p_B に対する p_A の最適反応は図9.1のようなものとなる。

他方，Bについてその期待利得は

$$\begin{aligned} E_B &= p_A p_B \cdot 1 + p_A(1-p_B) \cdot (-1) + (1-p_A) p_B \cdot (-1) + (1-p_A)(1-p_B) \cdot 1 \\ &= 2p_B(2p_A-1) + 1 - 2p_A \end{aligned}$$

である。BはAによる p_A の値を与えられたものとして p_B をコントロールして期待利得最大化する。したがってBの最適反応戦略は

図 9.1

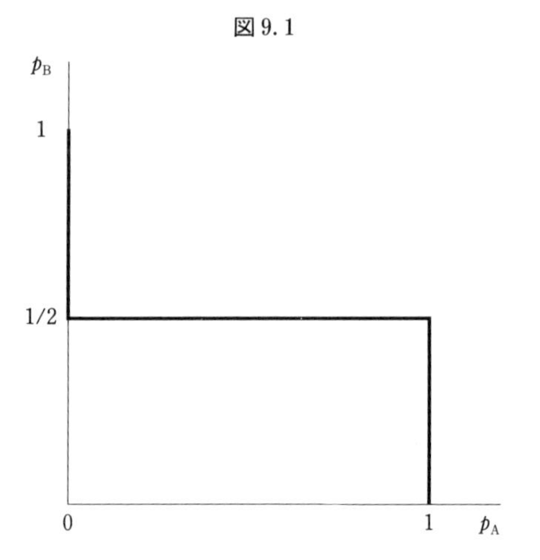

図 9.2

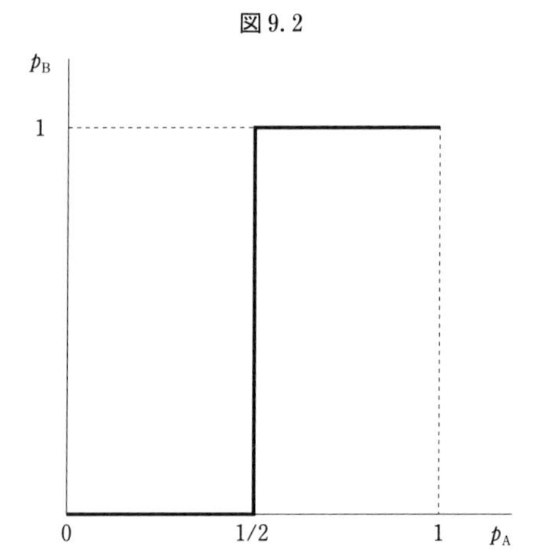

$$2p_A - 1\begin{Bmatrix} > \\ = \\ < \end{Bmatrix}0 \Leftrightarrow p_A\begin{Bmatrix} > \\ = \\ < \end{Bmatrix}1/2 \Rightarrow p_B = \begin{cases} 1 \\ \text{all } p_B \quad (1 \geqq p_B \geqq 0) \\ 0 \end{cases}$$

となる。$p_A > 1/2$ であれば，$p_B = 1$ として確定的に表を選ぶ。逆に $p_A < 1/2$ であれば，$p_B = 0$ として確定的に裏を選ぶ。ちょうど $p_A = 1/2$ の際には p_A の如何によらず B の期待利得は $1-2p_A$ であり，やはりすべての戦略間で無差別と

図 9.3

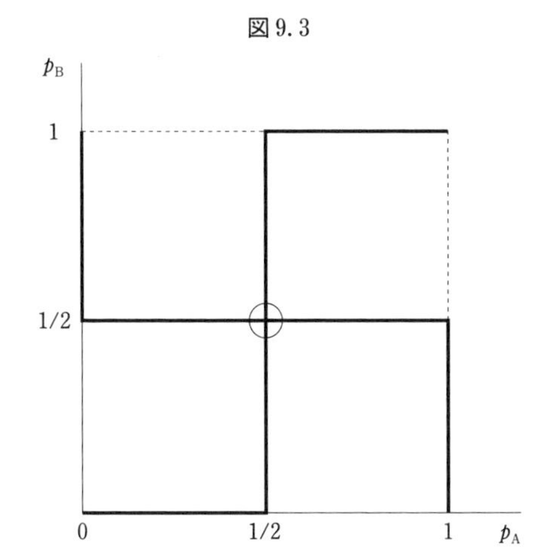

なる。p_A に対する p_B の最適反応は図 9.2 のように示される。

図 9.1 と図 9.2 を重ね合わせれば，その組合せとして混合戦略を考慮したときのナッシュ均衡が，図 9.3 において示される交点 $(p_A, p_B)=(1/2, 1/2)$ となり，そこでは均衡期待利得がゼロ和 $(0, 0)$ であることも容易に求まる。

3. 予測不可能性と混合戦略

ここで若干の注意点を指摘しておく。それは混合戦略ナッシュ均衡の成立時には，純粋戦略に固執することは許されないということである。仮に相手を出し抜きやりこめる自信があったとしても，もはやランダム化を避けて通ることはいかなる意味においても正当化できない。

確かにすでに確認したように，一旦相手プレイヤーによる混合戦略の採用となった暁にはいかなる戦略（純粋戦略・混合戦略を含めて）も期待利得は同一となってしまう。したがって利得上では必ずしも混合戦略にこだわる必要はないことになる。例えば A が表を選べば，A の期待利得は

$$-p_B+(1-p_B) = 1-2p_B,$$

裏を選べば

$$p_B-(1-p_B) = 2p_B-1$$

となる。$p_B=1/2$ のときにのみ両方の利得が一致し，そこでは 0 になる。B が混合戦略 $p_B=1/2$ を採用するとき，A の対処できることはなく，その結果，ただこの同一の期待利得を得るしかない。他方，B が表を選べば B の期待利得は

$$p_A-(1-p_A) = 2p_A-1,$$

裏を選べば

$$-p_A+(1-p_A) = 1-2p_A$$

となる。やはり $p_A=1/2$ においてのみ両方の利得が一致し，0 となる。A が混合戦略 $p_A=1/2$ を採用するとき，B は A と同様，何をしようともこの同一の期待利得を得ることしかそもそもできないのである。

しかしだからといって，もし B がその A による変更に対応して前提となっていた混合戦略から一方的に離脱すると，翻って A の方も混合戦略を採用するインセンティブを失ってしまう。逆もまたしかりである。一方が混合戦略採用を怠れば，他方もまた容易に混合戦略から離反しようとするであろう。相手プレイヤーによる混合戦略には自らも積極的に混合戦略で応えることがなければ，混合戦略均衡はナッシュ均衡として成立しえず，直ちに崩壊してしまうのである。

結局，相手プレイヤーに混合戦略を採用させたければ自らがそれを採用するほかはない。このようなケースでは事前に各プレイヤーが互いにどのような行動をとり合うかを確定的に予測できないことになる。混合戦略を考慮したときのナッシュ均衡は B による $p_B=1/2$ という混合戦略に対して A は混合戦略 $p_A=1/2$ で反応し，A による $p_A=1/2$ に対して B は $p_B=1/2$ で反応することになる。相手の合理性を前提にする限り，確率的にはもはやこれ以上相手を出し抜くことはできない。またこれにより少なくとも相手には絶対的に有利な手を作り出せないよう強いているともいえる。ただ単に偶然に身を任せればよいというものではなく，選択のパターン化を避け，生じる確率が合理的にコントロ

ールされている。互いがこのように相手を出し抜くことができないと悟り合っているとき意図的に予測不可能性を作り出し，その結果としてナッシュ均衡が混合戦略の範囲の中で見出されることになる[6)]。

4. テニス：サーバーとレシーバー間での駆け引き

戦略的思考の理解を深めるために，他により具体的な例を挙げてこの混合戦略という概念の扱い方と意味付けを見てみよう。特にスポーツを題材としたものとしては，サッカーのPK戦におけるキッカーとキーパー間での駆け引きや，野球のピッチャーとバッター間での駆け引き等[7)]，ゲーム状況のバリエーションには事欠かないが，ここでは特にテニスのサーブ時におけるサーバーとレシーバー間での駆け引きの問題を取り上げ，これを混合戦略の視点から詳細に分析してみることにしよう[8)]。

このテニス競技における一場面がゲーム状況として成り立っていることを確認しておく。状況はこうである。まずサーバーがレシーバーと1対1の状況でサーブを打つ。そのときにレシーバーはサーブが打たれた後でそのボールの方向を見極めてから動き出したのでは十分にリターンの対応はできないはずである。そこで少しでもレシーブの成功率を高められるよう，あらかじめサーブの方向を予測し，サーブと同時にその予測に応じたストロークの動きを開始する。しかし予測が外れていればリターンの成功率は低いものとなる。もし以上の想定が該当していれば，プレイヤー間で戦略がほぼ同時決定されており，状況を戦略形ゲームとみなしてもよいことになる。

若干の補足として以下の点に留意されたい。ここでは単純化のためフォールトの可能性は考慮に入れない。つまりボールはサービスコートを外れることはないものとする。またレシーバーは必ずどちらかのコースに山を張るものとし，中途半端な対応はしないものとする。さらにダブルスを想定することも許容されうるかもしれないが，ここでは状況をシングルスに限定している。また混乱を招くことのないようにプレイヤーは両者ともに右利きとし，最後にサーブは右サイドからなされるものとしておこう。

4.1　ケースⅠ

このような想定の下，今プレイヤーAがサーブを打ち，そしてプレイヤーBがサーブを受けようとしている。この後者のレシーバーBはフォアハンド・ストロークがやや得意であり，そのため事前にサーバーAによるフォア狙いを確実に読んでさえいればレシーブの成功率を60%（サーブの成功率は40%）とすることができる。しかしその得意なフォアハンドも当初にバックハンドを予測していたときには虚を突かれた形となり，レシーブの成功率は30%（サーブの成功率は70%）と大きく低下する。他方，このBはバックハンド処理を不得意としており，的確にAによるバック狙いのサーブを読み切っていたとしてもレシーブの成功率は高々40%（サーブの成功率は60%）である。ましてやフォア狙いであると予測していたのにもかかわらず，その裏をかかれた場合にはリターンの成功率は10%（サーブ成功率は90%）と急落してしまう[9]。以上の関係は表9.2のようにまとめられる。

表9.2

		B	
		フォア	バック
A	フォア	0.4, 0.6	0.7, 0.3
	バック	0.9, 0.1	0.6, 0.4

さてここで問題なのはBにとってバックが弱点であるということだけではない。もしそれだけならばAはBによるバックハンド処理のみを常に強いるよう生真面目にセンター狙いを続ければよいことになる。それに対応してBは自然とAのバック狙いを期待に織り込んで，毎回速やかにバックハンド・ストロークに移れるよう準備を整えることになろう。その結果，サーブの成功率は60%となる。しかしこのようなやり方はAにとって下策であり，決して適切な戦術とはいえないであろう。確かにBは仮にサーブのコースを読み切っていたとしてもバックハンドの処理を苦手にしている。しかしそれだけでなく真に問題なのは，裏をかかれたときにこそ，そのバックハンドを最も苦にしているということである。数値でいえばBはAによるバック狙いの読みを外したときにリターン成功率は30%であるのに対し，フォア狙いの読みを外したときにはリターン成功率は僅か10%にまで落ち込んでしまう。

ここで議論の振り出しに戻ってAはサーブのセンター狙いを多用しBの苦手なバックハンド処理を強いたとしよう。そのときサーブ成功率は先のとおり60%である。しかしこのように遮二無二バック狙いを継続するのはナンセンスであることにやがて気づくであろう。Bがそれに釣られて意識をセンター側に意識を向け始めたら，すかさずワイド狙いに切り替えたとき成功率は70%となるからである。さらにこれに懲りてBがワイド狙いを警戒し始めたら，今度は裏をかきバック狙いに戦術を切り替えるであろう。このときサーブ成功率は90%に跳ね上がる。

お気づきのとおり，このゲームもすでに確認済みのコイン合わせゲームと同様の構造を持っており，堂々巡りの状況を招いている。ここでも利害が100%対立するので，やはり混合戦略を考慮することなくしてはナッシュ均衡を導くことは不可能である。Aはフォアへバックへとランダムにコースを打ち分けることによりサーブの成功率を高（リターンの成功率を低）めようとし，他方でBはフォアとバックのコースの読みをランダム化することでリターンの成功率を高（サーブの成功率を低）めようとする。このようにして相反する両者の間で折り合いをつけねばならない。取り扱い方はわかっている。第2節と同様にして，サーバーによるフォア狙いに付与される確率は$p_{A1}=p_A$，バック狙いに付与される確率は$p_{A2}=1-p_A$とする。レシーバーによるフォアハンドの読みに付与される確率は$p_{B1}=p_B$，バックハンドの読みに付与される確率は$p_{B2}=1-p_B$とする。このようにプレイヤー間に予測不可能性を導入し，そこにおいてナッシュ均衡を求めればよい。

先のコイン合わせゲームと照らし合わせつつ同様の処置を施すと，次の通りである。Aが確率ベクトル$\mathbf{p}_A=(p_A, 1-p_A)$　where $1 \geqq p_A \geqq 0$，Bが確率ベクトル$\mathbf{p}_B=(p_B, 1-p_B)$　where $1 \geqq p_B \geqq 0$との混合戦略をとったときの両者の期待利得を求め，それぞれ対応する最適反応戦略を導出し，その組合せとしてのナッシュ均衡を得る。

まずここでのAの期待利得は

$$E_A = p_A p_B \cdot 0.4 + p_A(1-p_B) \cdot 0.7 + (1-p_A)p_B \cdot 0.9 + (1-p_A)(1-p_B) \cdot 0.6$$
$$= 0.1p_A(1-6p_B) + 0.3p_B + 0.6,$$

となる。AはBによるp_Bの値を所与としてp_Aを操作する。最適反応戦略は

$$1-6p_B\begin{Bmatrix}>\\=\\<\end{Bmatrix}0\Leftrightarrow p_B\begin{Bmatrix}<\\=\\>\end{Bmatrix}1/6\Rightarrow p_A=\begin{cases}1\\ \text{all } p_A \quad (1\geqq p_A\geqq 0)\\ 0\end{cases}$$

のようにまとめられる。$p_B<1/6$であれば，Aは$p_A=1$としてフォア狙いに徹する。逆に$p_B>1/6$であれば，$p_A=0$としてフォア狙いをとり止め，バック狙いに徹すればよいことになる。ちょうど$p_B=1/6$の際にはp_Aの如何によらずAの期待利得は$0.3p_B+0.6$である。この対応関係は図9.4に示される通りとなる。

図9.4

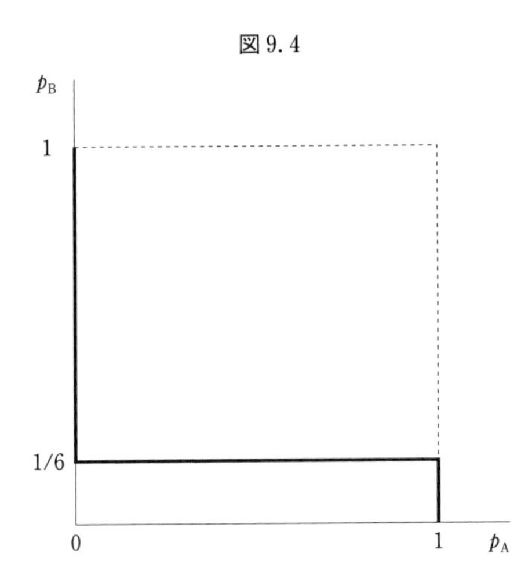

他方，Bの期待利得は

$$\begin{aligned}E_B&=p_Ap_B\cdot 0.6+p_A(1-p_B)\cdot 0.3+(1-p_A)p_B\cdot 0.1+(1-p_A)(1-p_B)\cdot 0.4\\&=0.3p_B(2p_A-1)+0.4-0.1p_A\end{aligned}$$

である。BはAによるp_Aの値を所与としてp_Bを操作する。最適反応戦略は

$$2p_A-1\begin{Bmatrix}>\\=\\<\end{Bmatrix}0\Leftrightarrow p_A\begin{Bmatrix}>\\=\\<\end{Bmatrix}1/2\Rightarrow p_B=\begin{cases}1\\ \text{all } p_B \quad (1\geqq p_B\geqq 0)\\ 0\end{cases}$$

である。$p_A > 1/2$ であれば，Bは $p_B = 1$ として読みをフォア狙いに絞る。逆に $p_A < 1/2$ であれば，$p_B = 0$ として読みをバック狙いに絞ればよい。ちょうど $p_A = 1/2$ の際には p_B の如何によらずBの期待利得は $0.4 - 0.1p_A$ である。この対応関係は図9.5で次のようにまとめられる。そして両図を重ね合わせればその組合せとして混合戦略を考慮したときのナッシュ均衡は図9.6において両者の最適反応の交点により $(p_A, p_B) = (1/2, 1/6)$，均衡期待利得は $(13/20, 7/20)$ となっていることが確かめられる。サーバーとしてAはBのフォアハンド側とバックハンド側に半々の割合でサーブのコース打ち分けを行う。レシーバーとしてBはフォアハンド側に1/6，バックハンド側に5/6の割合でサーブを予想し身構えることになる。

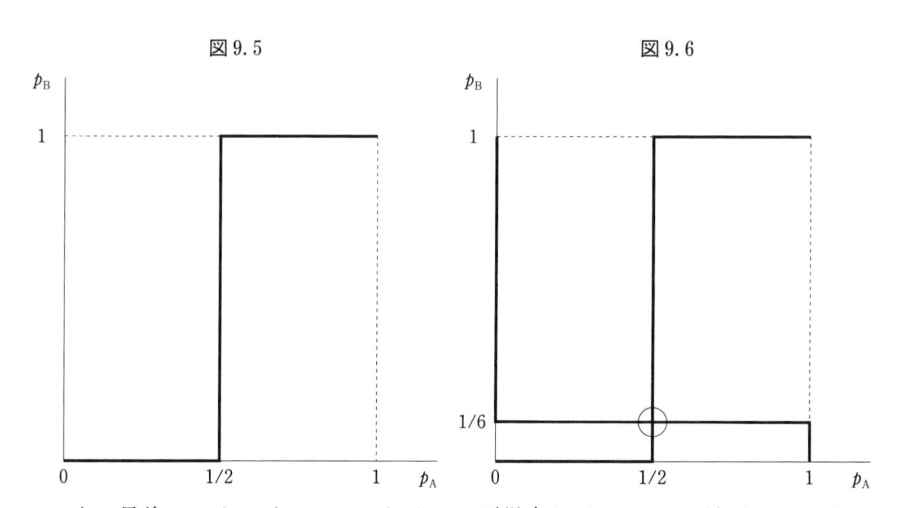

さて最後に，サーバーのAはなぜBの不得意なバックハンド側をもっと狙わないのか，という至極もっともな疑問をここで1つ提起してみよう。実はこの問いに対する解答についてはもうすでに部分的には触れている。Bはバックハンド処理が苦手というよりも，フォアハンド側を予想しているときに虚を突かれてバックハンド側を攻められることをより苦にしているのであった。したがってAはBに読まれて打ち返されることを覚悟の上で，意図的にフォアハンドの得意なBに対し有利となるサーブのワイド狙いの割合を増やし，Bの意識をフォアハンド側へと誘導し，逆にセンターへの意識を薄れさせるよう仕

向けているのである。確かにＢの得意なフォアハンドの出番を増やせばある程度リターンされるリスクを高めてしまう。Ａはその代償を，Ｂの不意を突くことによりそのバックハンド処理の不手際を際立たせることによって十分に補っているのである。この戦術の正当性は，単純にセンター狙いを続けたときのサーブの成功率については60％であったものが，ここでは65％（13/20）に高まっていることから十分に是認されうるであろう。これが先の疑問に対するここでのより正確な解答となる。

4.2　ケースⅡ

さてここでレシーバーＢのスキルに一部変化が生じたとしよう。今やＢはワイド側におけるフォアハンドの予測の裏をかかれたとしても，ある程度バックハンドの対応ができるようになった。このため表9.3のように数値が変更される。そこではリターンの成功率が10％から20％に高まり，他方でサーブの成功率が90％から80％に低まる。この点の変更を除いて，他の点での想定はケースⅠから不変のまま維持される。したがってやはりここでも利害が100％対立する堂々巡りの状況は基本的には変わらず，混合戦略を考慮しなければナッシュ均衡を見出すことはできない。

表9.3

		B	
		フォア	バック
A	フォア	0.4, 0.6	0.7, 0.3
	バック	0.8, 0.2	0.6, 0.4

Ａはフォアとバックにランダムにコースを打ち分けることによりサーブの成功率を高（リターンの成功率を低）めようとし，他方でＢはフォアとバックのコースの読みをランダム化することでリターンの成功率を高（サーブの成功率を低）めようとする。この点は先のケースⅠと同様である。そしてやはりサーバーによるフォア狙いの確率はp_A，バック狙いの確率は$1-p_A$であり，レシーバーのフォアハンドを読む確率はp_B，バックハンドを読む確率は$1-p_B$である。このとき実際にナッシュ均衡を求めてみる。Ｂのスキルの変化がＡ，Ｂのプレイ・スタイルにどのような影響を及ぼすのであろうか。

そこでAが確率ベクトル $\mathbf{p}_A=(p_A, 1-p_A)$ where $1\geqq p_A\geqq 0$，Bが確率ベクトル $\mathbf{p}_B=(p_B, 1-p_B)$ where $1\geqq p_B\geqq 0$ との混合戦略をとったときの両者の期待利得を求め，対応する最適反応戦略を導出し，その組合せとしてナッシュ均衡を求める。

まずAの期待利得は

$$\begin{aligned} E_A &= p_A p_B\cdot 0.4+p_A(1-p_B)\cdot 0.7+(1-p_A)p_B\cdot 0.8+(1-p_A)(1-p_B)\cdot 0.6 \\ &=0.1p_A(1-5p_B)+0.2p_B+0.6, \end{aligned}$$

となる。Aは p_B の値を所与として p_A を操作する。最適反応戦略は

$$1-5p_B\begin{Bmatrix}>\\=\\<\end{Bmatrix}0\Leftrightarrow p_B\begin{Bmatrix}<\\=\\>\end{Bmatrix}1/5\Rightarrow p_A=\begin{cases}1\\ \text{all } p_A \quad (1\geqq p_A\geqq 0)\\ 0\end{cases}$$

である。$p_B<1/5$ であれば，Aは $p_A=1$ としてフォア狙いに徹する。逆に $p_B>1/5$ であれば，$p_A=0$ としてバック狙いに徹する。ちょうど $p_B=1/5$ の際には p_A の如何によらずAの期待利得は $0.2p_B+0.6$ である。この対応関係は図9.7のようにまとめられる。

他方，Bの期待利得は

図9.7

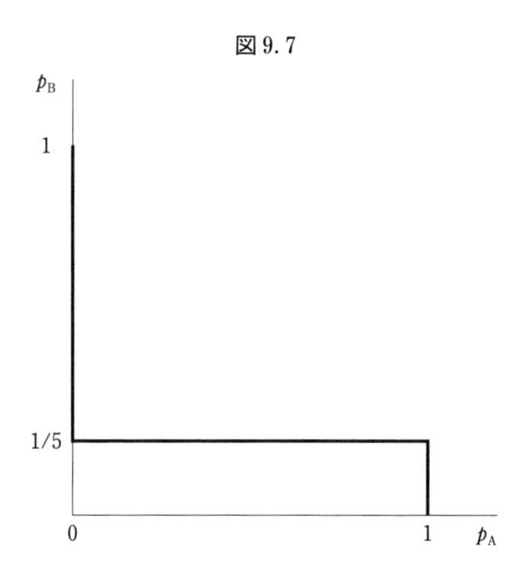

$$E_B = p_A p_B \cdot 0.6 + p_A(1-p_B)\cdot 0.3 + (1-p_A)p_B \cdot 0.2 + (1-p_A)(1-p_B)\cdot 0.4$$
$$= 0.1 p_B(5p_A - 2) + 0.4 - 0.1 p_A$$

となる。BはAによるp_Aの値を所与としてp_Bを操作する。最適反応戦略は

$$5p_A - 2 \begin{Bmatrix} > \\ = \\ < \end{Bmatrix} 0 \Leftrightarrow p_A \begin{Bmatrix} > \\ = \\ < \end{Bmatrix} 2/5 \Rightarrow p_B = \begin{cases} 1 \\ \text{all } p_B \quad (1 \geqq p_B \geqq 0) \\ 0 \end{cases}$$

である。$p_A > 2/5$であれば，Bは$p_B = 1$として読みをフォア狙いに絞る。逆に$p_A < 2/5$であれば，$p_B = 0$として読みをバック狙いに絞ればよい。ちょうど$p_A = 2/5$の際にはp_Bの如何によらずBの期待利得は$0.4 - 0.1p_A$である。この対応関係は図9.8のようになる。そして両図を重ね合わせれば，その組合せとして混合戦略を考慮したときのナッシュ均衡は図9.9において示されているとおり，両者の最適反応の交点により$(p_A, p_B) = (2/5, 1/5)$，また均衡期待利得は(16/25, 9/25)となっていることが確かめられる。Aはサーブのコース打ち分けをBのフォアハンド側に2/5，バックハンド側に3/5の割合で行う。Bはフォアハンド側に1/5，バックハンド側に4/5の割合でサーブを予想し動き出すこ

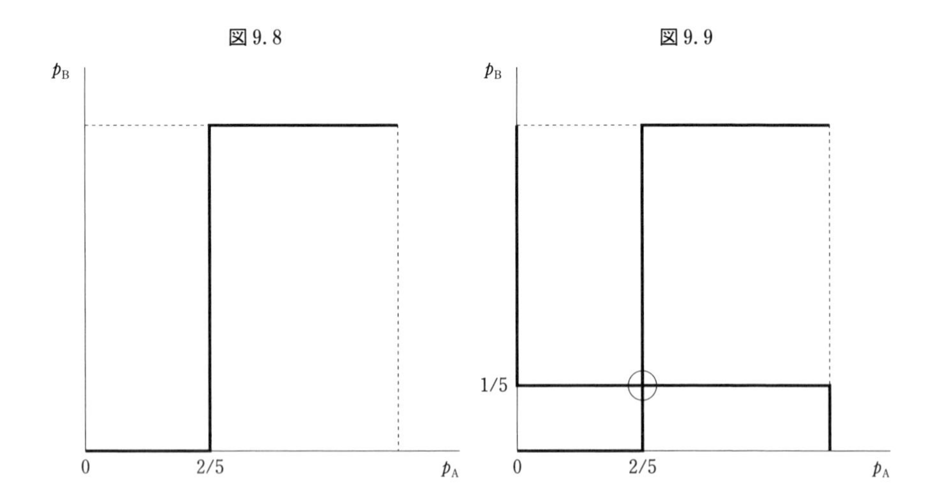

とになる。

ケースⅡでは読みが外れた場合でもある程度対応できるようになったことが，Bの意識をフォアハンド側に向けるためのAによる努力を弱めるよう作用している。つまりここではAはBの苦手なバックハンド側をより素直に攻めるようになり，それに対応してBはフォア狙いを読んで裏をかかれることへの警戒心を多少なりとも解くようになった。とはいえ混合戦略によるナッシュ均衡は先のものと比較すると，Aによるフォア狙いの割合が引き下がっているにもかかわらず，Bによるフォアハンド側への読みの割合が逆に高まるようになっている。これは一見矛盾する結果といえよう。しかしこの点はむしろ先のケースで自らの不手際のため過度に裏をかかれることを警戒していたものが，ここではスキル・アップにより若干緩和されたと解釈し，正当化されるべきであろう。

4.3　ケースⅢ

今度はレシーバーBのスキルにケースⅡとはまた違った種類の変化が生じたものとしよう。つまりBはフォア狙いの読みを外したときのバックハンド対応のまずさは相も変わらずであるが，しかしバック狙いの読みを当てたときのバックハンド処理のスキルが向上することになった。このため表9.4のように数値が変更される。つまりリターンの成功率が40%から50%に高まり，他方でサーブの成功率が60%から50%に低まる。この点の変更を除いて，他の点ではケースⅠと同等としておく。この変化の影響を順を追って見てみると，表9.4のようになろう。

表9.4

		B フォア	B バック
A	フォア	0.4, 0.6	0.7, 0.3
A	バック	0.9, 0.1	0.5, 0.5

やはりここでもサーバーによるフォア狙いの確率はp_A，バック狙いの確率は$1-p_A$であり，レシーバーのフォアハンドを読む確率はp_B，バックハンドを読む確率は$1-p_B$である。先と同様に，Aが確率ベクトル$\mathbf{p}_A=(p_A, 1-p_A)$

where $1 \geqq p_A \geqq 0$，Bが確率ベクトル $\mathbf{p}_B = (p_B, 1-p_B)$　where $1 \geqq p_B \geqq 0$ との混合戦略をとったときの両者の期待利得を求め，対応する最適反応戦略を導出し，その組合せとしてナッシュ均衡を求める。

Aの期待利得は

$$\begin{aligned} E_A &= p_A p_B \cdot 0.4 + p_A(1-p_B) \cdot 0.7 + (1-p_A)p_B \cdot 0.9 + (1-p_A)(1-p_B) \cdot 0.5 \\ &= 0.1 p_A(2-7p_B) + 0.4p_B + 0.5, \end{aligned}$$

となる。AはBによる p_B の値を所与として p_A を操作する。最適反応戦略は

$$2 - 7p_B \begin{Bmatrix} > \\ = \\ < \end{Bmatrix} 0 \Leftrightarrow p_B \begin{Bmatrix} < \\ = \\ > \end{Bmatrix} 2/7 \Rightarrow p_A = \begin{cases} 1 \\ \text{all } p_A & (1 \geqq p_A \geqq 0) \\ 0 \end{cases}$$

である。$p_B < 2/7$ であれば，$p_A = 1$ としてフォア狙いに徹する。逆に $p_B > 2/7$ であれば，$p_A = 0$ としてフォア狙いをとり止め，バック狙いに徹すればよいことになる。ちょうど $p_B = 2/7$ の際には p_A の如何によらずAの期待利得は $0.4p_B + 0.5$ である。この対応関係は図9.10に示されるとおりである。

他方，Bの期待利得は

図9.10

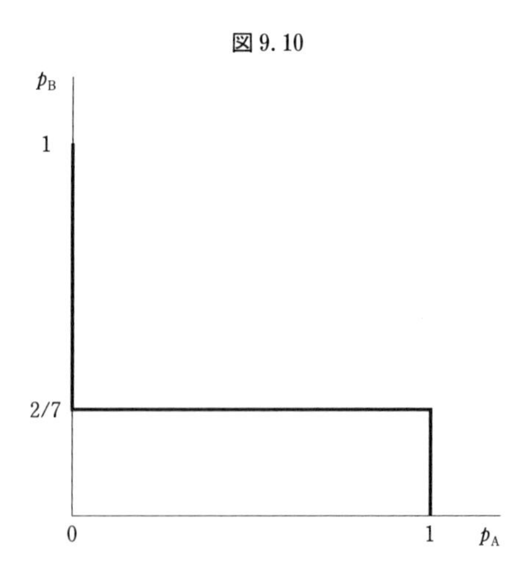

$$\begin{aligned} E_B &= p_A p_B \cdot 0.6 + p_A(1-p_B) \cdot 0.3 + (1-p_A)p_B \cdot 0.1 + (1-p_A)(1-p_B) \cdot 0.5 \\ &= 0.1 p_B(7p_A - 4) + 0.5 - 0.2p_A \end{aligned}$$

となる。BはAによるp_Aの値を所与としてp_Bを操作する。最適反応戦略は

$$7p_A - 4 \begin{Bmatrix} > \\ = \\ < \end{Bmatrix} 0 \Leftrightarrow p_A \begin{Bmatrix} > \\ = \\ < \end{Bmatrix} 4/7 \Rightarrow p_B = \begin{cases} 1 \\ \text{all } p_B \quad (1 \geqq p_B \geqq 0) \\ 0 \end{cases}$$

である。$p_A > 4/7$であれば，$p_B = 1$として読みをフォア狙いに絞る。逆に$p_A <$ $4/7$であれば，$p_B = 0$としてバック狙いに絞ればよい。ちょうど$p_A = 4/7$の際にはp_Bの如何によらずBの期待利得は$0.5 - 0.2p_A$である。この対応関係は図9.11のようにまとめられる。そして両図を重ね合わせれば，その組合せとして混合戦略を考慮したときのナッシュ均衡は図9.12において交点$(p_A, p_B) = (4/7, 2/7)$，そこでの均衡期待利得は(43/70, 27/70)となっていることが確かめられる。Aはサーブのコース打ち分けをBのフォアハンド側に4/7，バックハンド側に3/7の割合で行う。Bはフォアハンド側に2/7，バックハンド側に5/7の割合でサーブを予想し動くことになる。

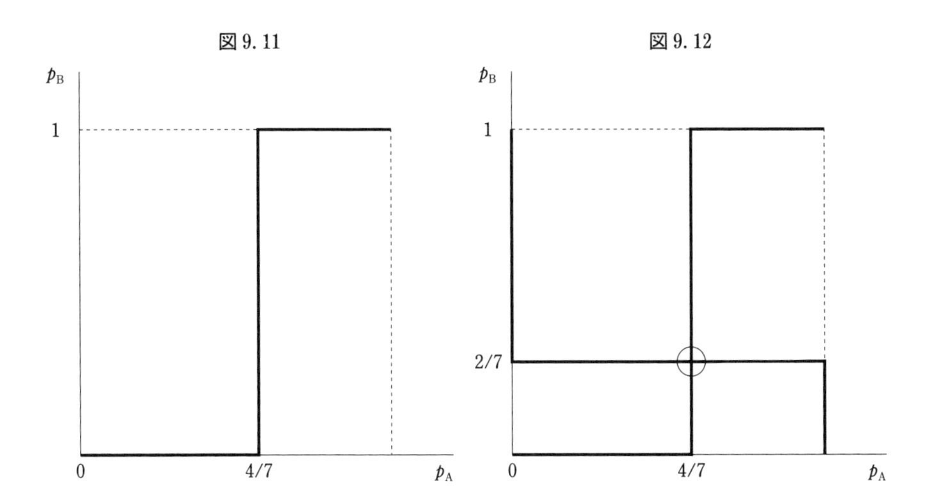

以前のＢはバックハンド処理自体が苦手というだけでなく，フォアハンド側を予想しているときに裏をかかれてバックハンド側を攻められることをそれ以上に苦にしていた。今や読みが当たってさえいればバックハンド処理は向上し，50％のリターン成功率となったのである。Ａは相対的に不利となったバックハンド狙いの割合を低めようとする。そしてさらにはあえてバックハンド側を狙うのであれば，より一層Ｂにフォアハンド側を意識させた上でなければできなくなってくる。もちろんその代償としてフォアハンドを的確に読まれたときには，先と同様に60％のリターン成功率を甘受せねばならないことはいうまでもない。このようにして両効果相俟って57％（4/7）という割合でフォアハンド狙いを高めることになっている。

ここではＢの読みが当たった際，不得意なバックハンド処理を克服しつつあることが，Ａにとってそのまま Ｂによるバックハンドのリターンを恐れるだけではなく，Ｂの意表を突くことのメリットをも相対的に増大させ，併せてフォア狙いのインセンティブを増大させている。このようにしてケースⅢでは結果的にＡによるサーブのフォア狙いの頻度を高めるよう作用し，そしてそれに合わせてＢはごく自然にフォア狙いの読みの割合を高めるよう対応しているのである。

ま と め

コイン合わせのように100％プレイヤー間で利害の対立するゲームでは，純粋戦略の枠組みの中だけではナッシュ均衡を得ることは決してできない。そのようなゲームでは，混合戦略まで考察の対象を広げ，純粋戦略を確率的に決めるものとみなすことによって，新たに均衡を見出しうるようになる。本章ではこの点を明らかにし，混合戦略についてのいくつかの応用例を確認した。次章ではプレイヤー間で利害が共通する部分を含むゲームにおける混合戦略の適用例とさらに進化ゲームへの関連性についても見てみることにする。

注

1）ナッシュ均衡とその応用例についての議論は第1章，第2章を参照されたい。
2）つまりこれまでは戦略という概念を，複数の選択肢の中からある1つだけを選びとる意思決定の問題と関連付け，その解釈をしてきたことになる。
3）純粋戦略のみによってナッシュ均衡が得られるケースにおいてさえ，依然としてこの種の混合戦略の考え方は有効である。すでに純粋戦略ナッシュ均衡が得られていても，それとは別に他に混合戦略ナッシュ均衡が求められるかもしれないからである。これについては次章で取り上げたい。
4）コイン合わせゲームに限らず，混合戦略ナッシュ均衡に関するより一般的でかつ厳密な議論はFudenberg and Tirole（1991），岡田（1996）等を参照のこと。
5）本章では一方のプラスは他方のマイナスとなる定和ゲームやさらに特殊なゼロ和ゲームに議論が限定されているため，そもそもマックスミニ・ミニマックス混合戦略により導出されるゲームの値を求めること（ミニマックス定理）で，ここでのナッシュ均衡に代えることができる。場合によってはこの最悪の状態を想定し，その下で最善策を講じる前者のやり方の方が，直感に訴える点で説明には適しているかもしれない。しかし次章でのより一般的なゲーム状況における議論と関連させるため，ここでは一部（第3節）を除いて非定和ゲームに合わせた導出方法をとっている。
6）ここのゲーム状況では確率（頻度）の決定はプレイヤーの技術や選好を反映している。そして混合戦略を使用するときであっても最終的には自分の意思で純粋戦略のいずれかを選びとっている。つまり混合戦略であってもプレイヤー自らにとっては最終的には確定したものといえなくもない。しかしこのようにプレイヤー自身には選択がはっきりしていてさえも，事前に他の観察者にとってはそのとる行動がランダムに見える。あるいは相手にそう見えるように意図的にランダム化を工夫する（予測不可能性）。その意味では情報の非対称性という不確実性がそこに抜き難く存在し，当該プレイヤーに関する私的情報となっている。相手プレイヤーの混合戦略とは，純粋戦略の採用に付随して発生する不確実性に関するものであり，相手に対して抱かせうる信念となる。このような混合戦略の意味付けと解釈の仕方については，Gibbons（1992），Osborne and Rubinstein（1994），Bierman and Fernandez（1998），Rasmusen（2007）等をそれぞれ参照されたい。
7）堀他（1995），McCain（2004）等を参照のこと。
8）ほぼ同じ問題をよりやさしく論じたものに，Dixit and Nalebuff（1991）がある。ただしそこでは，先に注5）で触れたような本章と異なる解法がとられていることに注意されたい。

9) もちろんこのときレシーバーにはバック狙いのサーブをフォアに回り込んでリターンする余裕はないものとする。

第10章　戦略形ゲームにおける不確実性の取り扱い（応用）

コイン合わせ等のゲームのようなプレイヤー間で100％利害が対立している状況下においては，純粋戦略の枠組みの中だけでは均衡導出に際して堂々巡りを招いてしまい，安定的な組合せをそこで得ることができない。その種のゲームでは，混合戦略まで考察の対象を広げ，プレイヤーの戦略が確率的に決まるものとみなすことによって，初めてそこにおいて均衡を見出すことができるようになる。この点はすでに前章で確認し，併せてその応用問題もいくつか取り上げた。

しかしながら純粋戦略のみによってナッシュ均衡が十分に得られうるケースにおいてさえ，依然としてこの種の混合戦略の考え方は有効である。なぜならある種のゲームでは，すでに純粋戦略ナッシュ均衡が得られているにもかかわらず，それとは別に他に混合戦略ナッシュ均衡の存在が認められるかもしれないからである。

そこでこのような不確実性を取り込んだナッシュ均衡の一般化を見るため，本章では対象をゼロ和を含む定和ゲームに限ることなく，まずチキン・ゲームとシカ狩りの2つの非定和ゲームを取り上げ分析する。前者のチキン・ゲームにはともに「裏切る」という最悪の組合せを避けようとする意味で，プレイヤー間に利害の共通する部分が存在する。また後者のシカ狩りとは調整ゲームの1つであり，そこではプレイヤー間で戦略選択の調整が適切に行われさえすれば，そもそも利害対立はまったく生じない。したがってこれら両ケースにおいてはもともと純粋戦略のみでナッシュ均衡を十分に求められる構造となっている。しかしそれらにおいてさえ，純粋戦略以外に新たに混合戦略ナッシュ均衡をも見出しうるのである。この点を確認し，次いで意味付けを行い，ゲーム理論の理解をより深めたい。

さらに非定和ゲームにおける混合戦略の議論によって得られた結果を踏まえながら，続いてタカ－ハト・ゲームに基づき進化ゲームにおけるレプリケータ・ダイナミクスの手法に議論を関連付ける。そして最後にその分析手法に基づきつつ進化ゲームの考え方を企業組織内部の問題に適用し，組織腐敗のメカニズムを見ることにする。

1. 非定和ゲームにおける混合戦略

本節では，純粋戦略のみによってナッシュ均衡を得られるような戦略形ゲームにおいても，混合戦略を考慮することに十分に意義を持ちうることを明らかにする[1)]。そのようなケースとして，特にここではチキン・ゲームとシカ狩りとして知られる非定和ゲームの2つを取り上げ，純粋戦略とともに新たに混合戦略ナッシュ均衡が導き出されうることを以下，2つの項においてそれぞれ確認する[2)]。

1.1 チキン・ゲーム

表10.1のようなチキン・ゲームにおいては，ナッシュ均衡が（裏切り，協調），（協調，裏切り）と複数存在している。ともに裏切るという最悪の組合せを避けたいことから，利害の共通する部分が両者間には存在する。それでも相手の協調を前提とした際には裏切りを選んだ方が有利であるし，自分が裏切りを選ぶのであれば相手は協調を選ばざるをえず，基本的には利害が対立している。

表10.1

		B 裏切り	B 協　調
A	裏切り	1, 1	4, 2
A	協　調	2, 4	3, 3

このゲームを混合戦略まで考慮に入れて分析するため，裏切りを選ぶ確率をp_A，協調を選ぶ確率を$1-p_A$とし，Aの確率ベクトルは$\mathbf{p}_A=(p_A, 1-p_A)$ where $1 \geqq p_A \geqq 0$，同様にBのそれは$\mathbf{p}_B=(p_B, 1-p_B)$ where $1 \geqq p_B \geqq 0$と表記されるものとしよう。そこではAの期待利得が

$$E_{\mathrm{A}} = p_{A}(1-2p_{\mathrm{B}})+3-p_{\mathrm{B}},$$

となり，そこでの A の最適反応戦略は

$$1-2p_{\mathrm{B}}\begin{Bmatrix}>\\=\\<\end{Bmatrix}0 \Leftrightarrow p_{\mathrm{B}}\begin{Bmatrix}<\\=\\>\end{Bmatrix}1/2 \Rightarrow p_{\mathrm{A}} = \begin{cases}1\\ \text{all } p_{\mathrm{A}} & (1 \geqq p_{\mathrm{A}} \geqq 0)\\ 0\end{cases}$$

である。他方，B についてその期待利得は

$$E_{\mathrm{B}} = p_{\mathrm{B}}(1-2p_{\mathrm{A}})+3-p_{\mathrm{A}}$$

であり，その最適反応戦略は

$$1-2p_{\mathrm{A}}\begin{Bmatrix}>\\=\\<\end{Bmatrix}0 \Leftrightarrow p_{\mathrm{A}}\begin{Bmatrix}<\\=\\>\end{Bmatrix}1/2 \Rightarrow p_{\mathrm{B}} = \begin{cases}1\\ \text{all } p_{\mathrm{B}} & (1 \geqq p_{\mathrm{B}} \geqq 0)\\ 0\end{cases}$$

となる。両最適反応を重ね合わせれば，その交点においてナッシュ均衡が求まる。ここでは交点は 3 箇所で得られ，純粋戦略としては $(p_{\mathrm{A}}, p_{\mathrm{B}}) = (1, 0)$ と $(0, 1)$ が，混合戦略としては $(1/2, 1/2)$ が，それぞれナッシュ均衡に対応している。このことをまず図 10. 1 において確認されたい。そして併せて混合戦略ナ

図 10. 1

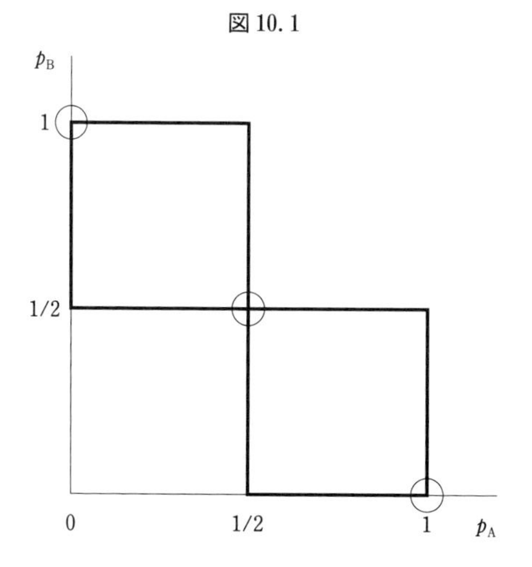

ッシュ均衡では期待利得が (5/2, 5/2) となっていることも確かめられたい。このように混合戦略まで考慮することによって, 新たな均衡 {(裏切り1/2, 協調1/2), (裏切り 1/2, 協調 1/2)} がもともとの純粋戦略のみの複数均衡（裏切り, 協調), (協調, 裏切り）に追加される。そしてこのとき, チキン・ゲームにおける悲劇的な結末（裏切り, 裏切り）の確率が 1/4 として引き出されることとなる。

1.2　シカ狩り

表 10.2 のようなシカ狩りでは低位均衡（裏切り, 裏切り）と高位均衡（協調, 協調）がともにナッシュ均衡として得られる。相手プレイヤーが協調すると予想すれば進んで協調を選ぶ。そして自分が協調を選ぶのであればまた相手も協調で応えるからである。しかし反対に裏切りを予想すればやむなく裏切りを互いに選び合うことになってしまう。このようにプレイヤー間で戦略選択が適切に調整されさえすれば, そもそも利害対立が存在しないため, このシカ狩りは調整ゲームの 1 つとされる。

表 10.2

		B 裏切り	B 協　調
A	裏切り	1, 1	1, 0
A	協　調	0, 1	3, 3

さてここでもチキン・ゲームと同様に A の期待利得が

$$E_{\mathrm{A}} = p_A(3p_{\mathrm{B}} - 2) + 3 - 3p_{\mathrm{B}},$$

となることから, A の最適反応戦略は

$$3p_{\mathrm{B}} - 2 \begin{Bmatrix} > \\ = \\ < \end{Bmatrix} 0 \Leftrightarrow p_{\mathrm{B}} \begin{Bmatrix} < \\ = \\ > \end{Bmatrix} 2/3 \Rightarrow p_{\mathrm{A}} = \begin{cases} 1 \\ \text{all } p_{\mathrm{A}} \quad (1 \geqq p_{\mathrm{A}} \geqq 0) \\ 0 \end{cases}$$

である。他方, B についてその期待利得は

$$E_{\mathrm{B}} = p_B(3p_{\mathrm{A}} - 2) + 3 - 3p_{\mathrm{A}},$$

となり，B の最適反応戦略は

$$3p_A - 2\begin{Bmatrix} > \\ = \\ < \end{Bmatrix} 0 \Leftrightarrow p_A \begin{Bmatrix} < \\ = \\ > \end{Bmatrix} 2/3 \Rightarrow p_B = \begin{cases} 1 \\ \text{all } p_B \quad (1 \geqq p_B \geqq 0) \\ 0 \end{cases}$$

である。図 10. 2 において示されているように，最適反応をそれぞれ重ね合わせれば，その交点は，純粋戦略として $(p_A, p_B) = (1, 1)$ と $(0, 0)$，さらに混合戦略として $(2/3, 2/3)$ の計 3 箇所で得られ，それぞれナッシュ均衡となっている。この最後の混合戦略ナッシュ均衡では期待利得が $(1, 1)$ となる。このように混合戦略まで考慮することによって，新たにここで均衡 {(裏切り 2/3，協調 1/3)，(裏切り 2/3，協調 1/3)} が純粋戦略のみの 2 つの複数均衡（裏切り，裏切り），（協調，協調）に追加されることになる [3]。

図 10. 2

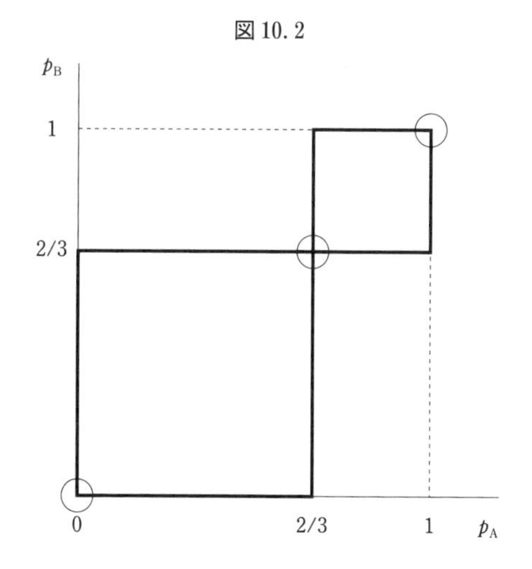

2. タカ－ハト・ゲームと進化的安定戦略

前節で非定和ゲームに対し混合戦略を適用する際になされた議論を踏まえ，ここでは進化ゲームの考え方とその特徴について述べることにする [4]。この進化ゲームにおいては，任意の個体 A と B が 1 対 1 でランダムに遭遇するものとされる。各個体の行動様式には2通りあり，これらの行動様式は各個体に特有なものであって，個体にとっての選択肢ではない。換言すると先天的に組み込まれ（遺伝子レベルで決まっ）ており，その意味ではプレイヤーがある一定の行動パターンを具現化する存在となり，自らが戦略そのものとなっているとみなすのである。またランダムに選ばれた対戦相手との相互作用の結果は利得の数値によって表される。ただしここでの利得はむしろ適応度として取り扱われ，子孫を残す可能性の高さを表している。適応度の高い行動様式を持った個体は繁殖に成功し，集団内で勢力を拡大することになる。他方，適応度の低い個体は繁殖に失敗し駆逐され，そこでは勢力を維持拡大することができない[5)]。

このように状況次第では，それぞれの個体が利得の組合せを総合的に考えて相手の出方を合理的に予測し，意識的，自覚的に戦略を決定するとみなすよりも，ときには習慣や惰性，思い込み，ないし勘に従って，いわば無意識的ないし反射的に決定すると想定した方が妥当な場合もあるかもしれない。人間においてさえ，その持つ合理性は限定的であることが少なくないため，その行動パターンをモデル化しようとする場合には，かえって上述の進化ゲームにおける想定の方がより適切であることも多い。

この種の進化ゲームを論じる際に，しばしば関連して取り上げられるものとして，タカ－ハト・ゲームがある[6)]。その特徴は次のとおりである。まずそこでは2羽の鳥がランダム・マッチングで出会うものとされる。したがって1羽の鳥がタカと出会う確率は全体に占めるタカの割合に等しいことになる。ハトと出会う確率も全体に占めるハトの割合に等しくなる。タカの行動様式は攻撃であり，ハトのそれは逃亡である。タカ同士が遭遇すると1/2の確率で勝利するが，その代わり争いのため酷く傷ついてしまう。ハト同士が遭遇すると傷つくことなく縄張りを分け合う。異種のタカとハトが対戦すればタカが無傷で勝利を収め，縄張りを占有でき，ハトは追い払われる。ここでは表10.3におけ

表10.3

		B: タカ	B: ハト
A	タカ	−1, −1	4, 0
A	ハト	0, 4	2, 2

る数値例で，以上の関係がゲーム状況に反映されているものとしておこう。

さて上ではタカ－ハト・ゲームをタカとハトが種として各個体で事前に確定しており，これら意思を持たぬ個体が環境下での生存に適するかどうかで各種の占める割合が変化する，というように説明したが，これとは別にプレイヤーがタカ・タイプ戦略とハト・タイプ戦略を選択肢として持ち，いずれかを決定するものと考えれば，従来通りに混合戦略ナッシュ均衡導出の際と同様の手法で解を求めることができる[7)]。そこで先のチキン・ゲームとシカ狩りに対して行ったものと同様に，ここでもAが $\mathbf{p}_A=(p_A, 1-p_A)$　where $1 \geqq p_A \geqq 0$，Bが $\mathbf{p}_B=(p_B, 1-p_B)$　where $1 \geqq p_B \geqq 0$ という混合戦略をとったものとし，そのときの両者の期待利得を求め，そこから対応する最適反応戦略を導出の後，その組合せによってナッシュ均衡を得ることにする。ただしここではタカ・タイプを選ぶ確率が p_A，ハト・タイプを選ぶ確率が $1-p_A$ である。まずAの期待利得は

$$
\begin{aligned}
E_A &= p_A p_B \cdot (-1) + p_A(1-p_B) \cdot 4 + (1-p_A) p_B \cdot 0 + (1-p_A)(1-p_B) \cdot 2 \\
&= p_A(2-3p_B) + 2 - 2p_B,
\end{aligned}
$$

となる。AはBによる p_B の決定を与えられたものとして p_A をコントロールする。最適反応戦略は

$$
2-3p_B \begin{Bmatrix} > \\ = \\ < \end{Bmatrix} 0 \Leftrightarrow p_B \begin{Bmatrix} < \\ = \\ > \end{Bmatrix} 2/3 \Rightarrow p_A = \begin{cases} 1 \\ all\ p_A \quad (1 \geqq p_A \geqq 0) \\ 0 \end{cases}
$$

である。$p_B < 2/3$ であれば，$p_A=1$ としてタカ・タイプ戦略である。逆に $p_B >$ 2/3 であれば，$p_A=0$ としてタカ・タイプをとり止めてハト・タイプ戦略に変更する。ちょうど $p_B=2/3$ の際には p_A の如何によらずAの期待利得は2/3である。

他方，Bの期待利得は

$$
\begin{aligned}
E_B &= p_A p_B \cdot (-1) + (1-p_A) p_B \cdot 4 + p_A(1-p_B) \cdot 0 + (1-p_A)(1-p_B) \cdot 2 \\
&= p_B(2-3p_A) + 2 - 2p_A
\end{aligned}
$$

となる。BはAによるp_Aの決定を与えられたものとしてp_Bをコントロールする。最適反応戦略は

$$2-3p_A\begin{Bmatrix}>\\=\\<\end{Bmatrix}0\Leftrightarrow p_A\begin{Bmatrix}<\\=\\>\end{Bmatrix}2/3\Rightarrow p_B=\begin{cases}1\\ \text{all } p_B \quad (1\geqq p_B\geqq 0)\\ 0\end{cases}$$

である。$p_A<2/3$であれば，$p_B=1$としてタカ・タイプ戦略である。逆に$p_A>2/3$であれば，$p_B=0$としてハト・タイプ戦略である。ちょうど$p_A=2/3$の際にはp_Bの如何によらずBの期待利得はやはり2/3である。

図10.3のように最適反応をそれぞれ重ね合わせると，その交点により，混合戦略として$(p_A, p_B)=(2/3, 2/3)$，純粋戦略として(1, 0)と(0, 1)，の計3つがナッシュ均衡となっている。もし集団内に2/3の割合でタカ，1/3の割合でハトがいるとすると，個体の対峙する相手がタカである確率は2/3で，ハトである確率は1/3である。この確率に基づいて期待適応度が求められるため，混合戦略ナッシュ均衡を得る際とまったく同様にしてここでの均衡が引き出されることとなっている。この混合戦略均衡ではタカとハトがそれぞれ2/3，1/3の割合で共存するという解釈になる。そしてこれとはまた別に，タカ100%とハト0%，タカ0%とハト100%，という極端な純粋戦略の選択による両均衡

図10.3

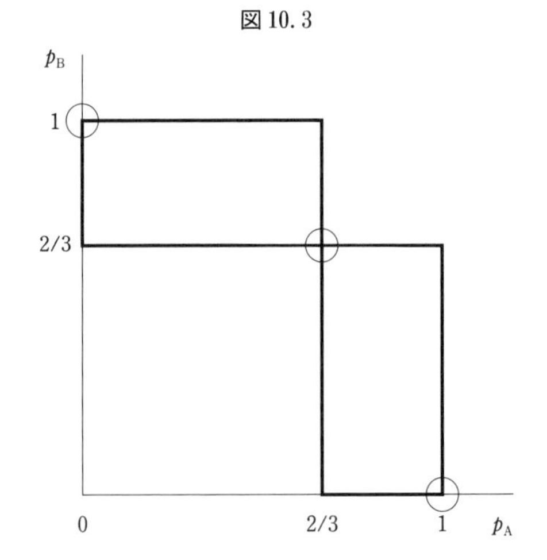

も導出される。つまりここではタカとハトは共存できず，どちらか一方が優勢となり他方を駆逐してしまうことになる。

もしタカの割合が2/3を下回っていればタカの期待適応度はハトのそれを上回るためタカの割合は増大する。逆にタカの割合が2/3を上回っていればタカの期待適応度がハトのそれを下回るためタカの割合が減少する。タカの割合がちょうど2/3のときにはタカの割合は変化しないことになる。このようにして正にこの2/3という割合がステディ・ステートとなっており，しかも今見たように少なくともこの近傍においては安定的であることがわかる。しかしタカばかりいる集団内にハトが1羽迷い込むと

$$U(\text{タカ},\ \text{タカ}) = -1 < U(\text{ハト},\ \text{タカ}) = 0$$

となるため，意外にもハトがそこでは繁殖してしまい，タカ100%の状態に戻ることはない。またハトばかりいる集団内にあるタカ1羽が侵入すると

$$U(\text{ハト},\ \text{ハト}) = 2 < U(\text{タカ},\ \text{ハト}) = 4$$

となるため，そこではタカが勢力を拡大してしまい，ハト100%の状態に戻ることはやはりない。このように混合戦略均衡が安定的であるのに対して，純粋戦略均衡はともに不安定であることが確かめられる。この意味で前者のような均衡は進化的安定戦略（ESS）と呼ばれる。

このESSの条件は

$$\begin{aligned}&(1-\varepsilon)E(\mathbf{p}^*, \mathbf{p}^*)+\varepsilon E(\mathbf{p}^*, \mathbf{p}^*) > (1-\varepsilon)E(\mathbf{p}, \mathbf{p}^*)+\varepsilon E(\mathbf{p}, \mathbf{p})\\&\text{for all } \mathbf{p} \neq \mathbf{p}^* \text{ and all } \varepsilon \in (0, \bar{\varepsilon})\end{aligned}$$

であり，これを満たすある$\bar{\varepsilon}$が存在することである。この定義は，戦略$\mathbf{p}^*$がESSであるためには，他にどのような戦略が侵入してこようとも，それが十分に少数であれば$\mathbf{p}^*$の方が期待適応度が高くなければならないことを示している。またεを0に近づけていけば，

$$E(\mathbf{p}^*, \mathbf{p}^*) > E(\mathbf{p}, \mathbf{p}^*)$$

であり，この条件からESSが対称ゲームにおけるごく単純なナッシュ均衡に

対応していることも確かめられる。さらには戦略$\mathbf{p}^*$と$\mathbf{p}$がそれぞれ$\mathbf{p}^*$と遭遇したときの適応度が，もしたまたま同一，つまり

$$E(\mathbf{p}^*, \mathbf{p}^*) = E(\mathbf{p}, \mathbf{p}^*)$$

となっているならば，そのとき

$$E(\mathbf{p}^*, \mathbf{p}) > E(\mathbf{p}, \mathbf{p})$$

のように，$\mathbf{p}^*$が$\mathbf{p}$と遭遇したときの適応度が$\mathbf{p}$同士が遭遇したときのそれを上回っていなければならないことをも，この定義は示している。

以上をまとめよう。$\mathbf{p}^*$がESSであるための必要十分条件はこうである。つまり$\mathbf{p} \neq \mathbf{p}^*$であるような任意の$\mathbf{p}$に対して

$$E(\mathbf{p}^*, \mathbf{p}^*) \geqq E(\mathbf{p}, \mathbf{p}^*),$$

そして

$$E(\mathbf{p}^*, \mathbf{p}^*) = E(\mathbf{p}, \mathbf{p}^*)$$

のときには，

$$E(\mathbf{p}^*, \mathbf{p}) > E(\mathbf{p}, \mathbf{p})$$

が成立していることである。

今$p=2/3$とする戦略を$\mathbf{p}^*$，それ以外の任意の戦略を$\mathbf{p}$とすると

$$E(\mathbf{p}^*, \mathbf{p}^*) = E(\mathbf{p}, \mathbf{p}^*) = 2/3$$

が得られ，また

$$E(\mathbf{p}^*, \mathbf{p}) = -4p+10/3,$$
$$E(\mathbf{p}, \mathbf{p}) = -3p^2+2$$

であることから，両者の差をとると

$$E(\mathbf{p}^*, \mathbf{p})-E(\mathbf{p}, \mathbf{p}) = (3p-2)^2/3$$

が得られる。これより確かに$p \neq 2/3$ではこの値がプラスとなることから，このケースではこの混合戦略がESSの条件を満たしていることになる。しかし他の2つの純粋戦略に対してはこの条件を満たしていないことが同様のやり方で比較的容易にチェックできる。このように単なる混合戦略ナッシュ均衡とは異なり，ここでは安定性の条件を満たしているかどうかがキーとなり，この点が追加的に吟味されなければならない。この意味でESSはナッシュ均衡戦略より厳しい均衡概念といえる[8)]。この安定性に関しては節を改め，そこにおいてここととはやや異なったアプローチでより視覚的に検討することにしたい。

3. レプリケータ・ダイナミクス

本節ではタカ－ハト・ゲームを題材とし，調整・学習プロセスの意味について説明する[9)]。その上でその手法をチキン・ゲームとシカ狩りにも適用し，先の第1，2節における諸結果と比較してみる。

プレイヤーの中でその平均を上回る利得を得ているタイプの割合は増加し，平均を下回る利得しか得られていないタイプの割合は減少するものとしよう。このような種の分布の変化を進化と捉えることもできるし，もう少しタイム・スパンを短くとって，学習プロセスと解釈することもできよう。特に後者の場合には純粋戦略に限られることなく，混合戦略という確率分布を次期にわたって調整していくことを認めることになる[10)]。つまりそこでは最初から意識を持たず戦略が遺伝子レベルで規定されているのではなく，かといってすべてのプレイヤーが瞬時に最適化問題を解くほどに過度の合理性を帯びているとの想定をおく必要もない。ゲームが繰り返されるプロセスで試行錯誤により最適行動様式（戦略）に気づいたプレイヤーから徐々にその高い適応度（利得）のものへ乗り換えたり，あるいはそのウェイトを移しつつ調整していくのである。

いずれにしても今期における各行動様式の適応度の数値に比例して次期における行動様式の構成割合が変化していく動学プロセスは，レプリケータ・ダイナミクスとして知られている。モデル化は次のようである。学習プロセスは先の想定を反映し，以下の動学方程式によって記述される。2つの種ないし戦略(s_1, s_2)があり，s_1に付与される確率をp，s_2に付与される確率を$1-p$とする

と，レプリケータ・ダイナミクスは

$$dp/dt = p(E(s_1, \mathbf{p}) - \bar{E})$$

となる。ただし E（s_1, $\mathbf{p}$）は s_1 をとったときの期待適応度または利得，$\bar{E}$ は s_1 と s_2 をとったときの期待適応度または利得を意味する。またここでの p は割合とも解釈できることにも注意されたい。したがって $dp/dt>0$ であれば p は上昇し s_1 の割合は増加する。逆に $dp/dt<0$ であれば p は低下し s_1 の割合は減少する。$dp/dt=0$ のときに限り p の値が一定となり割合は不変となりうる。このときがステディ・ステートである。状況が以上のいずれかを確認するにはこの方程式の軌道をまず探らなければならない。この軌道は右辺によって記述される。つまり s_1 をとったときの期待戦略が s_1 と s_2 間での平均利得を上回っているか否かで，この戦略に転換するタイプの割合が時間の経過を伴って増えるか減るかが決まる。この関係式の右辺では，その時点での平均との差にそのタイプの割合を乗じたものに応じて，そのタイプの割合が増大する形となっている。すべてのタイプが平均利得を得る状態に至っておれば，先に触れたようにステディ・ステートとなる。この状態を求めればよい。

しかし分析はそれだけでない。ここでの動学方程式ではさらにそのステディ・ステートが安定性を満たしているかどうかも，併せて吟味されなければならない。この条件を満たしていればレプリケータ・ダイナミクスによってプレイヤーのタイプの割合が変化し，早晩ステディ・ステートに到達することになるし，満たしていなければ侵入者や突然変異が種の分布上の攪乱要因となり，かつその後ステディ・ステートからの乖離をますます大きくさせ，もはや元の均衡を回復することはできないことになる。この意味で前者のみがESSに対応するといえる。前節の繰り返しになるが，このようにしてレプリケタ・ダイナミクスによってナッシュ均衡が誘導されうるかどうかを論じる点で，ESSはナッシュ均衡戦略より厳しい均衡概念となっていることが確かめられる。

タカ－ハト・ゲームにおいてタカ戦略を選択する確率を p とすると，その時間を通じた変化は

$$dp/dt = p(3p-2)(p-1)$$

であり，図10.4におけるpの動きは矢印のように描写されうる。ここで意味を持つのは$p=[0, 1]$に限られ，かつそこにおいて位相線が横軸を3回横切っている。つまり$dp/dt=0$となり，すべてのプレイヤーが平均利得を得ているステディ・ステートは3つ存在することになる。これらはすべてナッシュ均衡に対応している（図8.3参照）。しかしそのうち，$p=0$と$p=1$は位相線が横軸を左下から右上に横切っているため，ともに不安定となっており，そのためここでのESSは2/3のみであることが確かめられる。この結果は前節における安定性に関する議論と一致していることが確認できよう。

図10.4

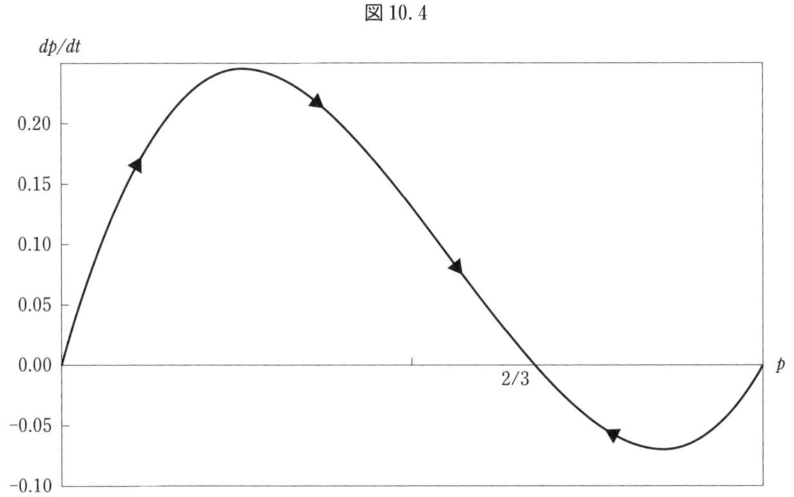

チキン・ゲームの計算も同様にして，裏切り戦略を選択する確率をpとするとその時間を通じた変化が

$$dp/dt = p(2p-1)(p-1)$$

で表され，その軌道は図10.5のように描かれる。$p=[0, 1]$において位相線がやはり横軸を3回横切っており，ステディ・ステートは3つ存在することになる。これらはすべてナッシュ均衡に対応しているが（図10.1参照），そのうち，$p=0$と$p=1$は位相線が横軸を左下から右上に横切っているため，ともに不安

定となっており，そのためここでのESSは1/2のみであることが確かめられる。このゲームはタカ－ハト・ゲームと同じ構造をしているため，純粋戦略均衡の方が不安定となり，混合戦略均衡の方がESSとなるという意味で，ここでもまったく同じパターンとなっている。

図10.5

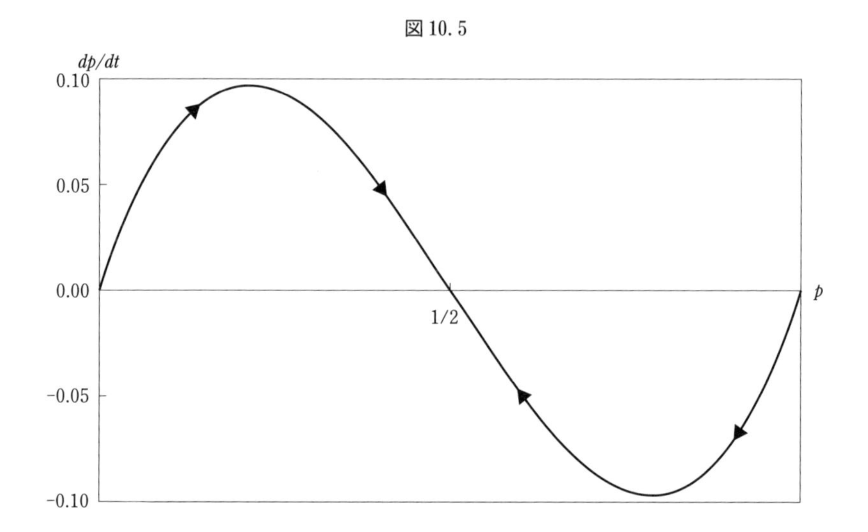

シカ狩りの計算についても裏切り戦略を選択する確率をpとすると，その時間を通じた変化は

$$dp/dt = -p(3p-2)(p-1)$$

で表され，その軌道は図10.6のように描かれる。$p=[0, 1]$において位相線がここでもやはり横軸を3回横切っており，ステディ・ステートは3つ存在することになる。これらはすべてナッシュ均衡である（図10.2参照）。しかし今度は位相線が$p=2/3$において横軸を左下から右上に横切っているため，不安定となっており，むしろ$p=0$と$p=1$の方がESSとなっていることが確かめられる。

このようにして第1節，第2節のゲーム状況における純粋戦略・混合戦略ナッシュ均衡が，本節でのレプリケータ・ダイナミクスによるステディ・ステー

図 10. 6

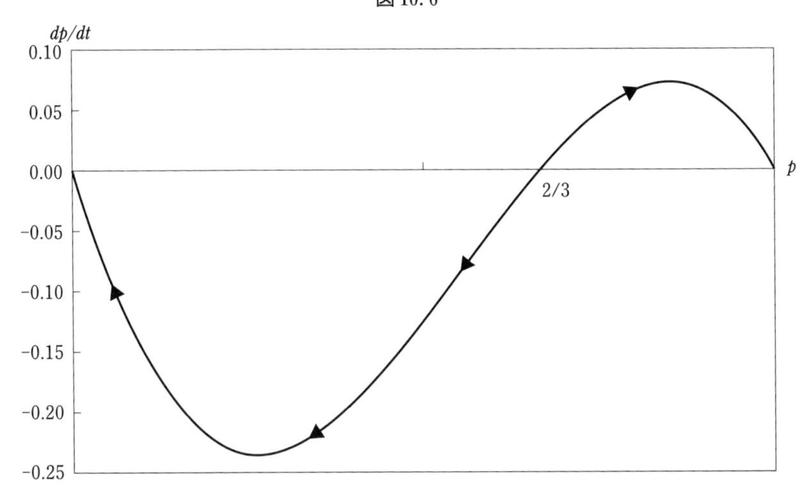

トにそれぞれ1対1に対応しており，さらにここではその中から得られるはずの ESS に関しても位相図において併せてその導出を確認できるのである。

4. 組織の腐敗

最後に以上の進化ゲームにおける分析手法を組織内部の問題に適用する[11)]。まず表 10. 4 を見ていただきたい。まずここでの進化ゲームでは2タイプの従業員または2つの行動様式（武闘派と宦官）が存在しており，これまでと同様にランダム・マッチングで対戦するものとする。

今ベンチャー・ビジネスを考えよう。創業間もない頃には組織の規模も小さく，メンバー間で気心も知れており，創業者を中心によくまとまっていたはず

表 10. 4

		B 武闘派	B 宦官
A	武闘派	2, 2	0, 4
A	宦官	4, 0	1, 1

である。そこでは業務も商品開発等，現場の視点を素朴に生かすものが主であり，ルールやモニタリングに細かく心を砕くまでもなかったであろう。しかし幸いにもそのビジネスが成功を収めて組織が大きくなるにつれて，単純に高い求心力や組織への忠誠心をメンバーに期待することはもはやできなくなってくる。メンバーをまとめていくためには，打算や利己心に訴えながら，それら個人的動機を組織目標に収斂させるべく，適切で合理的な人事制度を含めたルールを確立し，その運営を心掛けておく必要性が生じてくる。つまり皆が当たり前のように全社一丸で献身的に働くのではなく，彼らのインセンティブに働きかけるシステムの設計・運営の工夫が欠かせないのである。

さらに一層，組織が肥大化し，かつ業務も多様化した折りには，ルールがますます複雑化する。そのことがその運用者としての宦官の台頭を引き起こしてしまう。その結果，現場主義的な行動をとる武闘派との軋轢を生む。しかしながら両タイプの対立時にはルール運用に通じた宦官に対し武闘派が太刀打ちできずに敗退し，最終的に武闘派は一掃される。理屈はこうである。武闘派はその名前が示す通り，ビジネス・シーンにおいてリスクを負って攻撃的に出る。そのため勇み足も多く失敗の可能性が少なくない。そこに付け込まれる隙が生じてしまうのである。宦官は自分でリスクを負わず，相手の言動に対し常に批判だけを行う。そのため直接的には企業業績に対してさしたる成功はなくとも失敗もないことになる。その結果，宦官の勢力は徐々に拡大し，武闘派の勢力は縮小していく。やがては若年層にまで宦官化を善しとする風潮が蔓延し，この傾向が一層進んでいくことになる。

武闘派はときにルールを無視し越権行為をも辞さないのに対し，宦官は相手の行動や意見の不備を指摘し，ルールの抜け道や裏技に通じて，相手を徐々に窮地に追い込んでいくことを得意とする。会社組織にとっては，多少の過失を招いたとしても，現場で目に見える実績をあげようとする武闘派の貢献が大であることはいうまでもない。商機を読み，ここぞというときに決断力を持って危ない橋を渡り，火中の栗を拾える人材は貴重である。確かにルールは必要であり，それを運用し，チェックする宦官タイプの存在意義は小さくない。しかしこのタイプばかりで組織が構成されるようでは，何をなそうとしても内向きの議論倒れとなり，積極的に外向きに他業者と競争し打ち勝って，全体として業績を拡大していく担い手がいないことになってしまう。これこそが組織の行き詰まりであり腐敗であり劣化である[12)]。

やはり官官が他を一掃してしまうほどに存在感を強めることはタイプ分布のバランス上行き過ぎといえ，適度な割合での武闘派との共存が望ましいであろう。このことはモデルから説明可能であろうか。実は残念ながらこのゲームには，次に示されるように，構造的に組織腐敗のメカニズムが深く根差していることが明らかとなる。

まずモデルである。ここでは武闘派戦略を選択する確率をpとするとその時間を通じた変化は，動学方程式

$$dp/dt = p(p^2-1) = p(p-1)(p+1)$$

で表現され，図10.7のように描写されうる。ここで意味を持つのは$p=[0, 1]$であり[13)]，そこではステディ・ステートとして$p=0$と$p=1$の2つが存在している。しかしそのうち，$p=1$では位相線が左下から右上にかけて横切っており，不安定といえ，そのためここでのESSは$p=0$のみで，武闘派の居場所はそこにはないことになる。この結論は上記における組織腐敗のメカニズムの

図10.7

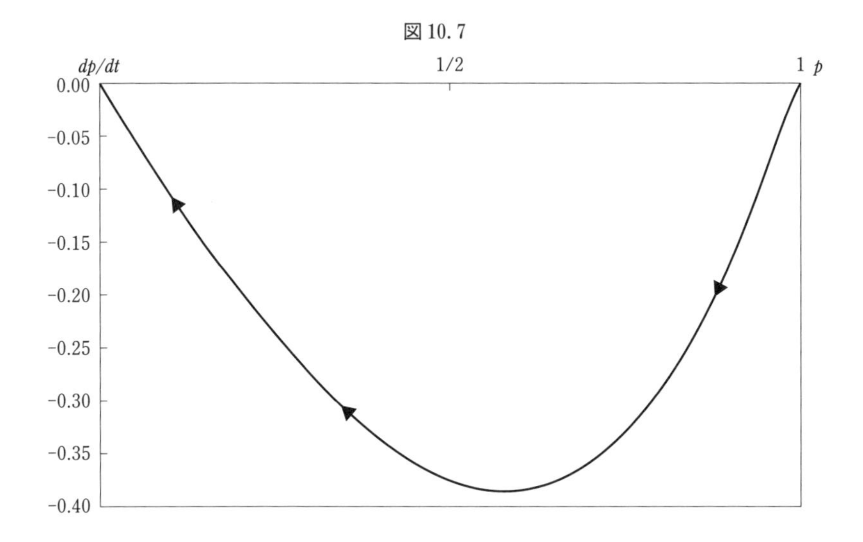

内容と一致していることが見てとれよう。

この進化ゲームにおいて，長期的に武闘派と宦官の2つのタイプが共存することはありえない。武闘派は宦官との争いに負け，最終的に組織内から一掃されてしまう。業績や組織の活性化に本来役立つのは実務で辣腕を振るう武闘派であるが，宦官の属する組織内ではその勢力を伸ばすことができず，やがては淘汰を余儀なくされる。このように宦官の環境適応の成功が結果として組織のじり貧を招いている。宦官にとっても不利となることが明らかであるにもかかわらず，有為の人材を長期的に駆逐してしまい，集団全体としての競争力喪失がここでの組織の力学上避けられない結末となる。

このゲーム自体はタカ－ハト・ゲームではない。しかしそこでのプレイヤーに引きつけて論じれば，武闘派と宦官の関係をタカとハトとのそれにある程度なぞらえて考えることができる。そうすると本節においての武闘派はタカではないし，宦官はハトではないことになる。名称から受ける印象とは対照的に，実質的には武闘派はここではむしろハトに対応する。そしてむしろ宦官こそがタカとして振る舞っている[14)]。タカ（宦官）がタカ（宦官）と遭遇したときの利得が，ハト（武闘派）がタカ（宦官）と遭遇したときのそれを下回っている際に，そのゲームはタカ－ハト・ゲームとなりうるが，ここではその大小関係が逆転している。実はこの点がここでのゲームの特徴になり，そのため両タイプの折り合いがつかず，共存実現を阻むことにつながっている。これら利得の大小関係がもたらす特徴は正に囚人のジレンマそのものである[15)]。もともと宦官という戦略が支配戦略となっているのである。宦官の占める割合が100% のとき，それがESSであることも，そもそもこの組合せ自体が支配戦略均衡であること考えれば，その意味では当然といえる。これで進化ゲームの枠組みで，レプリケータ・ダイナミクスによりESSの存在とそこへの調整プロセスを組織腐敗のメカニズムとして見たことになる[16)]。

ま　と　め

プレイヤー間で100% 利害が対立しているゲーム状況下では，純粋戦略の枠組みの中だけでナッシュ均衡を得ることはできないが，そのようなゲームにおいても，混合戦略まで考察の対象を広げて戦略を確率的に決めるものとみなすことによって，新たに均衡を見出しうるようになる。しかし純粋戦略のみによってナッシュ均衡を得られるゲームにおいてさえ，この種の混合戦略の考え方は依然として意味を持つ。なぜならゲームにおいてはすでに純粋戦略ナッシュ均衡が得られているにもかかわらず，それとは別に混合戦略ナッシュ均衡が求められるかもしれないからである。本章ではそのような条件に合致するものとしてチキン・ゲームとシカ狩りの両ケースを取り上げ，これらにおいて純粋戦略以外に新たに混合戦略ナッシュ均衡が導き出されうることを見た。その後，以上の議論を踏まえながら混合戦略ナッシュ均衡をタカ－ハト・ゲーム等の進化ゲームにおけるレプリケータ・ダイナミクスに関連付け，応用例とその意味を論じた。最後にこれらの分析手法のより具体的な応用例として企業組織の問題点に触れ，学んだ手法をこの問題に適用した。そこでは実質的に囚人のジレンマ的状況下にあり，進化的に武闘派と宦官の2タイプが共存することはありえず，武闘派は宦官との争いに負け，最終的に組織内から一掃されてしまうことが確認された。

注

1）この点についてはStahl（1999）が詳しく，かつわかりやすい。

2）チキン・ゲームとシカ狩りの特徴については第1章を参照のこと。

3）ここではあえて前章とパラレルな方法で均衡を導出したが，チキン・ゲーム，シカ狩りはともに対称ゲームであるから，結果を導き出すだけならば両プレイヤーが同じ確率を使っているものとして，より簡単に混合戦略ナッシュ均衡を見つけることができる。以下取り上げるタカ－ハト・ゲームにおいてもこの点は同様に当てはまる。

4）この種の進化ゲームの考え方を，認知科学を軸により広い範囲にわたって考察したものとして佐伯・亀田（2002）が挙げられる。

5）ゲーム理論の生物学への応用についての初の体系的研究書には，Maynard Smith（1982）がある。

6）Barash（2003）第6章を参照のこと。また進化生態学の観点からは酒井・高田・近（1999）がわかりやすい。

7）本章の他に混合戦略を進化ゲームとの関連で論じたものとしては荒木

(2001) が挙げられる。

8) この点に関するより詳細な議論は，Weibull (1995)，生天目 (2004) 等を参照されたい。

9) 本節の内容は Romp (1997) 第 11 章の実験経済学に関する議論を参考にした。より詳細には Vega-Rendondo (1996) 等を参照されたい。

10) 先に少し触れたが，このように進化ゲームにおいて個体が当初より混合戦略をとることを認めて，その後の学習プロセスを考慮する場合も，当初の個体が意思を持たずに（遺伝子レベルで決まっているため）機械的に行動する場合と結局は同一の結果が得られる。要はタイム・スパンをどの程度に想定しているかという，調整速度の問題となる。

11) 本節と関連し，進化論的なアプローチで企業組織や経済システムを分析したものには，青木・奥野 (1996) が挙げられる。

12) この話は，環境適応に成功したはずの宦官が皮肉にも自ら属する組織を衰退へと導いてしまい，結果，不利益を被るというジレンマを説いたものである。以上の議論についての詳細は，沼上 (2003) 第 9 章の「組織腐敗のメカニズム」を参照されたい。

13) したがって他のステディ・ステート $p=-1$ は，ここでは除かれている。

14) 宦官は内弁慶で，内部に対してはタカ派であるが，外部に対しては弱い。対照的に武闘派は外部に対しては積極的であり，タカ派とみなせるが，その実，組織内部ではハト派に類するといえる。

15) 囚人のジレンマについては第 1 章を参照のこと。

16) 混合戦略を用いたレプリケータ・ダイナミクスではなく，タイム・スパンをより長くとれば次のような素朴な進化ゲームとしての解釈もここでは可能である。つまりどちらのタイプとなるかは入社時に指導を受ける上司のタイプによって決まってくるものとする。そこでは社員にとって自らのタイプは意識的に選びとったものではなく，組織内での立ち居振る舞い，処世術，仕事のコツや要領，価値観，これらすべてが OJT として経験を通じて上司の持つ行動様式が好むと好まざるとにかかわらず知らず知らずのうちに受け継がれ，植え付けられ，体に染み付いたスタイルになる，と考えるのである。そして三子の魂，百までの譬えの如く，最初の情報が脳に刷り込まれ，抜き難い傾向となり，その後の変節はありえないことになる。そのためここでは利得は厳密に適応度とされる。こうして部下に感化を及ぼしうる上司の勢力拡大は，その部下の今後の出世とランダム・マッチングでの勝利により，次世代におけるより一層の勢力拡大へと次々とつながっていく。

第11章　交渉ゲーム（基礎）

ゲーム理論では，自分の決定が他者へ，他者の決定が自分へと，相互に影響し合う依存関係での意思決定問題が分析対象となる。そのような相互依存関係を取り扱うためには，そのゲーム状況がどのように表現されるのかが重要となってくる。ゲームのルール（構造）が，まずそこで明確に規定されなければならないのである。この点で特にプレイヤーとしては誰がいるのか，プレイヤーが持つ戦略には何があるのか，そして戦略の組合せに対応する利得はいくらなのか，という3つの要素のみからコンパクトに構成されるものが利得行列であり，それによってゲームが同時決定される状況を表現・分析しようとするのが，所謂戦略形ゲームの特徴である。

他方，この戦略形ゲームで曖昧化されている行動決定の順序やその際に利用可能な情報の役割についても，より明示的に描写しようと工夫されたツールがゲームの木であり，それによってゲーム状況を表現・分析するフレームワークが展開形ゲームである。

本章では2人のプレイヤーが交互に提案を繰り返す交渉ゲームを取り上げ，これを特に後者の展開形ゲームと捉えて，以下，考察を加える。そこでは，有限回と無限回，それぞれのフレームワーク下での賃金交渉における交渉力要因と交渉遅延の有無について議論される。

1. 基本モデル：有限労使賃金交渉

さてある対象物の分割にまつわる交渉事の問題点としては，自分の取り分を多くすれば相手の取り分がちょうどその分少なくなるという意味で，それぞれ相手を出し抜く駆け引きが要求される側面と，他方，妥結しなければそもそもともに得るものがなく（乏しく）なってしまうという意味で，両者間で協調を要する側面とが併存する二面性の特徴が挙げられよう。プレイヤー間で利害が真っ向から 100% 対立するならば，一方のプラスは必ず他方のマイナスとなり，その種のゲーム状況は定和ゲームの形で反映させうる。しかし交渉にはそれだけではなくプレイヤー間で利害の共通する部分も含まれているのである。

協調により全体の取り分は部分の合計をしたものを上回るはずである。そもそもそうでなければ交渉自体が無意味である。そしてその交渉に何らかの費用が生じるのであれば，両者間で合意を見るタイミングは早ければ早いほど望ましい。しかしその合意のために自らが歩み寄るのではなく，むしろ相手に妥協を強いるようにしたい。この二面性の特徴ゆえに交渉ゲームが複雑化し，またそれによって汲み取るべき意味を多く含んでいるともいえる。このような通常の交渉のゲーム状況下において[1]，先の 2 つの側面のどちらにどの程度，重きを置けばよいのであろうか。

このような特徴を持った交渉事の定式化として，ここでは基本的に一方が提案後に反対提案ができる交互提案交渉を想定する。一方がまずある成果を対象としてその分割・分配について提案し，もしその提示が他方に受け入れられれば交渉は妥結する。もし拒否されれば，攻守ところを変えて逆提案がなされる。以降，妥結しない限り，同様にして交互に提案が繰り返されるとする[2]。さらに完備情報の仮定をおく。以上の想定に関しては本章を通して変更をせず，共通のものとしておく[3]。

以下，具体例を提示しながら，展開形ゲームとしての交渉の特徴とその解法を押さえておこう。そこでの特に重要な概念となるのは，均衡経路外での意思決定である。この含意の把握に役立つよう，基本モデルとして次のようなゲーム状況を考える[4]。

夏季のみオープンする海の家の営業再開を巡って，組合の代表（委員長）と経営者の 2 人が交渉に入る。この労使間での賃金交渉が妥結しない限り，その海の家をオープンすることは，とりあえず原則できないものとする。交渉プロセスに関しては単純化したより具体的な想定をおく。営業期間は今年の夏，7 週間だけである。営業により 1 週当たり 100 万円の収益が見込める。オープン前日に，両者が交渉する。まず組合側が要求額を提示し，それが経営側に承諾されれば交渉は妥結し，翌日から営業開始となる。もし拒否されればその週には営業できず，翌週，経営側が新たに逆提案する。以降，妥結しない限り，同様にして1週ごと交互に提案がなされるものとする。最後に両者ともに承諾することと拒否することが無差別であるときには，その提案を承諾するものとしておこう。

交渉のルールがこのようであるとき，この交渉は実際どのような経過を辿るであろうか。そしてその経過を所与とすると，そもそも最初に組合側がどのような提示をすべきなのであろうか。

ここで展開されるようなシンプルなゲームでは，各決定節におけるプレイヤー単独の意思決定問題に還元しうるため，プレイヤーの行動決定が各部分ゲームにおいて最適なものとなっていることをチェックすればよい。終点に一番近い決定節にてプレイヤーの最適行動を求め，次いでその決定を踏まえその先行節における最適行動を次々に求めていく。こうして導かれた解がサブゲーム完全均衡である。この均衡では，ゲームのどこから考えても，そこから先の戦略がナッシュ均衡となっていなければならない。事後的なインセンティブを欠く脅しのような不合理なものを排除するためにも，このような部分ゲーム完全均衡の導出手順は有効である。こうして経路が確定し，均衡プレイが実現する。

本モデルでは営業収益をなしで済ますという機会費用を被るため，速やかな合意が望まれることになっている。それがここでの均衡経路となろう。しかし本来，両プレイヤーにとって妥当で納得できることとその結果が均衡プレイとして成立するかどうかはまったく別の問題である。そこで交渉が揉めに揉め，縺れに縺れた先の最後の提案の場において，組合側がどのような提案をするのかをあえて考えてみなければならない。こうした手続きが部分ゲーム完全均衡導出に直接結び付いていることは明白である。つまり最終局面から順番に1つずつ前に戻り，その都度，プレイヤーによる決定に関して合理的に推論していく，というバックワード・インダクションの手法を使うのである。しかしながらこうして得られる均衡プレイにのみ，あるいは均衡の結果にのみ，注意を払うという態度では分析には不適切である。均衡経路外での意思決定もそれと同程度に重要であるため，それに対しても目配せを怠ってはならず，明示化せねばならない。展開形ゲームでは，戦略は決定節すべてにおけるプレイヤーによる行動を順番に指定した計画リストであり，その組合せとして均衡が定義されるのであるから，行動決定が潜在的なもの，実現しないものであっても，欠かすことは決してできない。そのため交渉ゲームにおいても，こうした均衡経路外での意思決定の確認と記録作業をも必ず経ることになる[5]。

1.1 ケースⅠ

交渉で最後の日は残り 1 週間となるその前日である。このタイミングを逃すと，今年は一切営業できなくなってしまい，双方，取り分ゼロとなる。最後にこの場で提案する番は組合側にある。ここでは提案する際には相手が承諾するぎりぎりの提示を行う前提になっている。経営側にとって承諾と拒否とが無差別となる金額はゼロであるから，それを考慮すると組合側は，残り 1 週間の営業による 100 万円の収益のすべてを組合側の取り分として要求し，それを受けると経営者は，渋々ながらもこれに同意せざるをえない，という推論になる。基本的には最終提案者が優位に立てる結果である[6]。このようにしてゲームの最終段階で，提案者が持つ優位性を前提として，それ以降の議論が逆算で組み立てられる。容易に確認できるように，このパターンは本節のすべてのケースにおいて踏襲される。

さて次に 1 つ戻って 2 営業週を残す交渉の席に着くと，今度は 200 万円の収益に対して経営側の方が提案権を持つことになる。このとき経営者は最後の交渉の場に持ち込まれた場合，組合側の取り分が 100 万円であることを見越して，彼らにその 100 万円の金額を保証してやり，経営側自らの取り分を差し引き 100 万円とするであろう。そのとき組合側は最後の交渉の場では 100 万円を得られるため，この提案は彼らにとって無差別となり，同意されることになる。

さらに 1 つ戻って営業週数 3 では何が起こるであろうか。この交渉では利益合計 300 万円の配分方法に対し組合側が提案権を持つが，ここでの提案が同意を見なければ次の交渉の場で経営側に 100 万円の取り分を認めざるをえないことがわかっているので，それを見越して彼らにその 100 万円分を保証し，自らに残り 200 万円の取り分とすれば，その提案は経営側に同意されることとなる。

この論理を同様に追及すれば，最後に提案する優位性に基づき手にした組合側の取り分を，その手前の週で経営側が取り返し，またその 1 つ手前で得る組合側の取り分を，さらにその手前で経営側が取り戻すという繰り返しであり，（交渉の経過を逆転させると）組合側の先取り分を経営側による奪回で埋め合わせ，帳尻を合わせるという流れとなっていることが確認できよう。結局，提案回数が1回だけ多い組合側が，夏季直前における営業週数7の交渉開始時に，100万円の上積み分を含めた提案，つまり組合自らの取り分400万円，経営側の取り分300万円とする提案が，経営側によって直ちに同意されるという形での交渉の妥結となる（以上，表11.1[7] 参照のこと）。

表11.1

残りの営業週数	7	6	5	4	3	2	1
組合側の取り分	400	300	300	200	200	100	100
経営側の取り分	300	300	200	200	100	100	0

もしここで合意を先送りにすれば，その分，営業開始の時期を遅らせることとなり，その間に獲得しうる取り分を双方がともに機会費用として負わねばならない。この意味で交渉を長引かせる費用を補うだけの相手からの妥協が保証されない限り，早期の妥結が望ましいことになる[8]。

先に強調したように，事後的なインセンティブを欠く不合理な決定を排除するために上述の導出手順は有効である。行動決定が潜在的なもの，実現しないものであっても，欠かすことは決してできず，ここでの提案に次ぐ逆提案という交渉遅延に伴う均衡経路外での意思決定の確認を必ず経ることになる。このようにバックワード・インダクションの手法により部分ゲーム完全均衡が導かれ，確かにここにおいて効率的な均衡経路が確定している。同様の手法を以下の追加条件の下でも適用し，初回において所望の効率的な結果を得ることができるかどうか，そしてその提案はいかなるものになるのか，をそれぞれ検証する。

1.2　ケースII

ケースIに対する追加条件として，経営者が組合員以外のアルバイト要員を雇い入れ，営業を開始でき，その場合，その経費を差し引いても40万円の収益が残るものとする。これをケースIIとする。さてこのとき組合は初回にどのような提案をすべきであろうか。これを検討するために，この交渉ゲームをどう捉えればよいのか。組合側は経営側の代替手段の存在を考慮しなければならず，もちろん経営側もそのことを踏まえて提案を変えてくるであろう。そこで経営側による代替手段保有以外は前ケースと同様であり，やはりここでも行き着く先，すなわち最終提案権を有する組合側の出方から議論を始めよう。

まず残り1週間となる前日，組合側は最後の提案を行う。ここで経営側による諾否が無差別となる金額はもはやゼロではない。最後の1週間に他所からのアルバイト要員を雇用でき，40万円の収益をあげうるためこの金額を下回るいかなる申し出も却下せざるをえない。そこで組合側はこの40万円を考慮に入れ，1週間の営業による100万円の収益からこの分を差し引き残りの60万円を組合側の取り分として提案する。この金額に達して初めて経営側の同意を得ることになる。このように最後の交渉の場では弱い立場であった経営側が代替手段により，より強気での対応が可能となっている。

次に1つ戻って2営業週を残す交渉の段においては，今度は200万円の収益に対して経営側に提案権がある。このとき経営側の対応としては，今しがた確認したように，最後の交渉で組合側の取り分が60万円であることを織り込み，彼らにちょうどその金額を保証し，その上で経営側の取り分としてその60万円を差し引いた140万円を要求するというものとなる。そして組合側は最後の交渉では60万円しか得られないため，この提案は彼らにとって無差別であり，同意されることになる。

さらにもう1つ戻って営業週数3ではどうか。この交渉では300万円が対象となり，これに対し提案権を持つ組合側には，ここでの提案が拒否されれば次の交渉の場で経営側の取り分が140万円となることがわかっている。しかしこれだけでは不十分であり，アルバイト要員の貢献による収益分40万円をも所与として彼らにその合計金額180万円を保証しなければならない。こうして相手側の取り分を差し引き，自らに対して120万円の取り分として初めて合意をとりつけられる。

この手順で推論を続ければ，最終的に営業週数7の交渉開始時において組合側による自らの取り分240万円，経営側取り分460万円という提案が経営側との間で合意を見ることになる（表11.2参照）。これがここでの均衡の結果である。表に基づき確認されたい。

表 11.2

残りの営業週数	7	6	5	4	3	2	1
組合側の取り分	240	180	180	120	120	60	60
経営側の取り分	460	420	320	280	180	140	40

1.3　ケースⅢ

今度はケースⅠに対する追加条件として，組合員は他の場所で 1 週当たり 30 万円でアルバイトができるものとする。これがケースⅢである。組合側は自らの代替手段を念頭に置いて交渉の席に着く。経営側もそのことを見越した対応を迫られるであろう。さてこのとき組合は，初回にどのような提案をすべきであろうか。

ここでもバックワード・インダクションを議論に適用し，やはり最後の交渉における組合側の提案から始めよう。ここでは経営側には代替手段は存在せず，その意味でケースⅠでの議論がこの部分ではそのまま当てはまることになる。よって経営側は取り分ゼロでも無差別となり，組合側によって 1 週間分の収益をすべてとられることを余儀なくされる。このようにこのケースでは最後の交渉の場において，経営側は弱い立場に再び戻ってしまう。

次に 1 つ遡って 2 営業週を残す交渉においてはどうであろうか。今度は 200 万円の収益に対して経営側が提案する。このとき経営者は最後の交渉の場にまでずれ込んだ場合に，自らの側にはゼロの取り分に対して組合側の取り分が 100 万円となるという不利な立場を自覚するだけでは不十分である。彼らの同意を得るためにはその 100 万円の金額に加えて，この週における彼らの代替手段によるアルバイト代 30 万円を上乗せして保証しなければならない。したがって経営側の取り分は 70 万円という金額にしかなりえない。そして組合側は 130 万円を得られるとき初めて彼らにとって諾否が無差別となり，仮定により同意せざるをえなくなるのである。

さらに 1 つ戻って営業週数 3 ではどうなるか。この交渉では 300 万円が対象となり，ここで提案権を持つ組合側には，提案が拒否されれば次の交渉で経営側の取り分が 70 万円でしかなく，しかも経営側には有効な代替手段がないこともわかっている。したがって彼らにその 70 万円を保証し，そして 300 万円

表 11.3

残りの営業週数	7	6	5	4	3	2	1
組合側の取り分	490	390	360	260	230	130	100
経営側の取り分	210	210	140	140	70	70	0

からの差額230万円を自らの取り分とした提案を行うことになる。このとき経営側はこの要求を飲まざるをえない。

この手順で推論すると，結果として最終的に当初の営業週数7の交渉開始時において組合の取り分として490万円，経営側の取り分として210万円という組合による提案が経営側によって直ちに同意されることになる（表11.3参照）。

1.4 ケースⅣ

最後にケースⅡとケースⅢの条件を同時に考慮しよう。つまり組合員は他の場所で1週当たり30万円でアルバイトができ，他方，経営者も他所からアルバイト要員を雇い入れて営業の開始ができ，その際その経費を差し引いても40万円の収益が残るものとするのである[9]。これがこのケースⅣでの条件となる。このときこの交渉ゲームでは何が起きるであろうか。そもそも最初に組合側はどのような提案をすべきであろうか。

この場合，両者は相互に相手の代替手段を織り込んだ提案をしなければならない。ここでもバックワード・インダクションで考える。ケースⅡと同様，最終段階で組合側は経営側の代替手段を想定すると，組合側の提案を拒否しても営業可能であり，かつ経営側に40万円の収益をもたらすという事実に思い及ばねばならない。そこでそもそもの収益100万円に対し組合側に60万円，経営側に40万円という提案となるはずである。この提案は経営側に同意される。

以上を踏まえて1つ戻ると，そこでの収益200万円に対する交渉で，今度は経営側は，最後には組合側の取り分が60万円であること，加えて他の職場でのアルバイト代30万円を保証し，計90万円を差し引き，残り110万円を自らの取り分とする提案を行うことになる。組合側はもしここでこれを下回る提示がなされるのであればそれを拒否し，代替手段による30万円をまず確保する。加えて来りくる次回の交渉での獲得が見込める取り分60万円も当然その勘定に入ってくるからである。

さてさらに1つ戻ると，そこでは300万円を対象とした提案が組合側によってなされることとなる。経営側にはこの提案を拒否し代替手段による40万円を稼ぎ，加えて次回の自らの提案により110万円をとれることがわかっているので，合計150万円を下回る提案には目もくれないことになる。したがってこの段階での組合側による提案はともに150万円の取り分としたものになる。経営側は前提によりこれに応じることになる。

この思考実験を続けていくと，最終的に700万円の収益を対象とした交渉開始時において，組合側の取り分として330万円，経営側の取り分として370万円という組合側による提案がなされ，それが経営側の同意を得て直ちに賃金交渉が終結することになる（表11.4参照）。この提示による配分が部分ゲーム完全均衡の結果である。

表11.4

残りの営業週数	7	6	5	4	3	2	1
組合側の取り分	330	270	240	180	150	90	60
経営側の取り分	370	330	260	220	150	110	40

1.5　小　　括

以上，すべてのケースで共通して見受けられるように，交渉は極めて早期に妥結し，決して長引くことはない。そうならなければ，営業により本来得られるはずの収益獲得の機会をその間無駄にすることになり，先延ばしによる費用となることが両者にとって自明であるからである。この意味で，本節での最初の問いに対しては，利害の対立する側面と共通する側面の両面を持つ交渉のゲーム状況下において，後者の側面に重きを置けばよいとの回答になる。しかし注意すべきは，この効率性を重んじるべきとの結論は，交渉がまとまらず遅延されるという，実際には生じない頭の中だけでのやりとりを，均衡経路外での意思決定としてすべて考慮した結果，得られたものであるということである。煩わしく面倒な交渉遅延や万一の交渉決裂に伴う非効率なやりとりはあくまで可能性としてのみ存在するものの，均衡経路外での意思決定の1つとしてここでの効率的なゲームの結果となる組合側による提案にやはり影響をも与えているのである。したがって無条件に利害の共通する側面が重視されたわけではない。

さらにケースⅡ以降においては，お互いに相手の代替手段の価値について，議論の前提によって正確な情報を持つとされているため，その金額が下限となることを相互に認識し合っている。したがって自らの持つ代替手段が強力であれば，より相手からの妥協を引き出しやすく働き，交渉事を自らに有利に運ぶことができるようになっている。このように代替手段の有利不利が交渉参加者の取り分に影響を与えているのである。しかしながら前項までの説明では必ずしも明確にはなってはいなかったかもしれないが，その代替手段の金額自体に意味があるわけではない。仮に自らの代替手段が不利になっても相手のそれがより不利化すれば自らの取り分は増大しうるからである。つまり交渉力を高めるのは，相手と比較した代替手段の相対的有利さである。この点は例えばケースⅣにおいて，経営側の代替手段により金額 50 万円，組合側の代替手段により 40 万円を獲得できるとするとき，少なくとも残りの営業週数が偶数の段階では，経営側の代替手段 40 万円，組合側の代替手段 30 万円であった表 9.4 の結果と同一となることからも確認できよう。

そして最後に上の 2 つの論点から自然に導かれることとして，最初の提案が即座に受け入れられる以上，代替手段の利用は実際にはありえない，ということを強調しておきたい。あくまで潜在的な可能性でしかない。したがって代替手段が有利となったからといって，そのことが直接，自分の取り分を増やすことにつながるのではない。代替手段の有利化が交渉を強気で進めることへのコミットメントとして働き，それが交渉相手からの妥協を引き出すのである。その意味で代替手段の存在が，いわば間接的に交渉力を高めている。本節における以上の諸点の含意に注意されたい。

2. モデルの変更：無限労使賃金交渉

前節での提案機会が有限回に留まるとの想定を本節では変更し，ここではむしろ交渉の期限のない状況，あるいは交渉の最後がわからない状況を対象として考察を続けることにする。しかしながらやはり同様に労使間での賃金交渉が行われるものとし，その交渉プロセスに関しても依然として極力単純化した想定を置いておく。また情報も完備なものとしておく。

交渉経過は次のようである[10)]。まず組合側が，ここではより一般的にπという利得の配分方法を最初に提案し[11)]，もしそれが経営側に受け入れられれば，そのとき交渉は妥結し，直ちにその提案に従って分配がなされることになる。他方，もし拒否されれば，一定期間経過後に，今度は経営側が新たに逆提案する。以降，妥結しない限りは，同様にして交互に提案が繰り返されるものとする。このように交互提案の様相は前節のケースとさしたる変化はない。最後にやはりここでも両者ともに承諾することと拒否することが無差別であるときには，その提案は受け入れられるものとしておく。このようであるときどのような交渉経過を辿り，交渉結果はどのようなものに落ち着くのであろうか。そしてそもそもまず最初に組合側によってどのような提示がなされるべきなのであろうか。

2.1　ケースI

ここでは代替手段の存在が交渉結果に及ぼす影響を確認することとする。前節においてすでにこの種の代替手段の存在を念頭に置いた議論が行われていたが，交渉が外的に決裂する可能性までは考慮されていなかった。まず本節のケースIでは，このように交渉が何らかの理由でランダムに打ち切られる恐れのある状況を想定する[12)]。

前節では，代替手段に焦点を当て，その相対的有利不利が交渉参加者の取り分にそれぞれ違った影響を与えることを見てきた。しかしながら上述のとおり，このケースでの交渉においては何らかの理由でランダムに打ち切られるリスクが介在する。この決裂は提案者によってはコントロールしえない外的な要因で生じる。また前節では交渉妥結を先送りすると，営業再開を遅らせ，ひいては生じるはずの収益が断念されねばならず，機会費用としての先延ばし費用が交渉過程で負わされることになっていた。ここでは交渉が各段階で決裂するリスクによって，その種の交渉費用が負担されるものとする[13)]。この交渉の決裂する確率pは，当然ながら$1 \geqq p \geqq 0$の値をとり，その決裂の際，代替手段による利得は組合側に$\bar{\pi}_L$，経営側に$\bar{\pi}_K$であるものとする。

そこでここでの想定に基づき，より具体的な交渉の定式化を施しておくと，次のようになる。今，交渉のある段階で組合側の提案がなされるものとしよう。

この提案により，ここで組合の得られるであろう最大利得を π_L と定義する。これが議論の出発点である。

ここから1段階先に戻って経営側の提案を考える。この段階で妥結しない場合には，組合側にとっての結果は次期に交渉が確率 p で決裂して $\bar{\pi}_L$ を得るか，確率 $1-p$ で決裂せずに π_L を得るか，の2通りである。このため経営側はこの平均利得を保証し，組合側に $(1-p)\pi_L+p\bar{\pi}_L$，自らに $\pi-(1-p)\pi_L-p\bar{\pi}_L$ という提案を行うであろう。そしてこの提案は想定により組合側に受け入れられることになる。

さてさらに1つ戻って再び組合側が提案をする際にはどうか。ここで妥結しない場合，経営側は次期に確率 p で決裂して $\bar{\pi}_K$ を得るか，$1-p$ で決裂せずに $\pi-(1-p)\pi_L-p\bar{\pi}_L$ を得るかである。組合側はこう考えるに違いない。今回，拒否しても精々この平均的利得の獲得が関の山である以上，この水準の確保が配慮されているのであれば，経営側はいかなる提案も飲むのではないかと。そこで組合側はこの水準を経営側に保証してやり，自らに $\pi-(1-p)\{\pi-(1-p)\pi_L-p\bar{\pi}_L\}-p\bar{\pi}_K$，そして経営側に $(1-p)\{\pi-(1-p)\pi_L-p\bar{\pi}_L\}+p\bar{\pi}_K$ の提案を行うことになる（以上，表11.5参照のこと）。この提案は経営側にとっても無差別であるため受け入れられることになる。

表11.5

	初　　回	次　　回	次々回	…
組合側の利得	$\pi-[(1-p)\{\pi-(1-p)\pi_L-p\bar{\pi}_L\}+p\bar{\pi}_K]$	$(1-p)\pi_L+p\bar{\pi}_L$	π_L	…
経営側の利得	$(1-p)\{\pi-(1-p)\pi_L-p\bar{\pi}_L\}+p\bar{\pi}_K$	$\pi-(1-p)\pi_L-p\bar{\pi}_L$	$\pi-\pi_L$	…

ここでの議論の前提から，提案機会が無限に存在しうることになっているため，組合側にとって議論の出発点の最初の段階（交渉の第3段階）から眺めたときのゲーム自体が，最後の段階（交渉の第1段階）から眺めたときのゲーム全体とほとんど変わらず，事実上同一であることに注意されたい。したがってここでの部分ゲーム完全均衡の結果として，$\pi_L=\pi-(1-p)\{\pi-(1-p)\pi_L-p\bar{\pi}_L\}-p\bar{\pi}_K$ が成立することになり，組合側の提案からその組合自身の利得は

$$\pi_L^*=\frac{\pi+(1-p)\bar{\pi}_L-\bar{\pi}_K}{2-p} \tag{11.1}$$

となり，それを受けての経営側への利得は

$$\pi_K^* = \frac{(1-p)(\pi - \bar{\pi}_L) + \bar{\pi}_K}{2-p} \tag{11.2}$$

となる。

これら (11.1)，(11.2) の両式において，自らの代替手段を有利化すれば，自らの利得を増大させ，他方で相手の利得を減少させうることが容易に見てとれる。また $p=0$ とすれば，もはや交渉決裂の可能性を考慮しなくてよくなり，この場合，先の両式は，前節の結果を交渉が無限回繰り返されるケースに拡張したものと，自然に解釈されうることになる。さらにそこで $\bar{\pi}_L=\bar{\pi}_K$ とし，対称的な代替手段を持つ参加者を仮定すると，どちらが先手，後手になるかにかかわらず，労使が π を2等分する提案となることも容易に確認できる。交渉費用が発生せず，代替手段も同等であるため，ここではともに優位性を発揮できる立場にないからである。

逆に $p=1$ とすれば，初回の組合側による提案の拒否は交渉の100% 決裂を意味する。つまりそれぞれ最低限の代替手段による利得のみを得る結果となる。これは正しく最後通牒ゲームであり，組合側によって $\bar{\pi}_K$ を保証する提案がなされれば，経営側はそれに同意せざるをえない。それゆえ，$\pi_L^*=\pi-\bar{\pi}_K$, $\pi_K^*=\bar{\pi}_K$ となる。このようにここでは最初の提案者である組合側の優位性がより一層際立つこととなっている[14)]。

2.2　ケースⅡ

これまで前節のケースⅡ，Ⅲ，Ⅳ，および本節前項のケースⅠで，ともに代替手段に焦点を当て，その相対的有利不利の程度がそれぞれの利得に影響を及ぼすことを見てきた。特に前節での交渉では，参加者が妥結の先送りによりその期における収益獲得の機会を失い，機会費用を負担するという意味での交渉費用に直面していた。つまり交渉妥結の先送りが，営業再開を遅らせ，そのため本来生じるはずの収益が断念され，そうした機会費用としての先延ばし交渉費用が交渉過程で参加者に負わされていたのである。また前項ケースⅠでは，交渉が提案者によってコントロールしえない外的な要因でランダムに決裂するリスクを考慮し，それが交渉費用の一種として働く状況が想定されていた。

それらと比較し，このケースⅡでの交渉費用に関する想定は大きく異なっている。つまり時間自体に価値があり，将来得られるものは，額面上同じであっても現在得られるものよりも低い価値しか付与しえないものとするのである。したがって今，妥結を見送れば，仮に将来に得られる見込みの利得であっても，ある程度それを割り引いて評価しなければならなくなる。その割引の程度はある一定の割引率で測られる。割引率が低いと割り引く程度も低く，現在価値をあまり減じなくてよいことになる。そのときの状況を忍耐強い，辛抱強いなどと形容することができよう[15)]。

以上がここでの新たな交渉費用の一形態となり，新たな想定となる。具体的には，割引因子 δ_i $(1>\delta_i \geqq 0,\ i=\mathrm{L, K})$ を乗じて利得を各時点で測り直すことになる。これに伴う交渉の定式化は以下のようである。まずやはりここでも交渉のある段階で組合側の提案がなされるものとしよう。そしてこの提案によりここで組合側の得られるであろう最大利得を π_L と定義する。これが出発点となる。

ここから1段階先に戻って経営側の提案を考える。この段階で妥結しない場合に，組合側は次期において π_L を得るが，現段階であればその組合はその1期先の利得を δ_L で割り引いて評価しなければならない。そのため，経営側はその $\delta_\mathrm{L}\pi_\mathrm{L}$ を組合側に保証し，経営側自らに $\pi-\delta_\mathrm{L}\pi_\mathrm{L}$ という提案を行うこととなる。そして幸い想定によりそれは組合側によってぎりぎり受け入れられる。

さらに1つ戻って再び組合側が提案をする際には，まず組合側が考えることとして，今回妥結しない場合，経営側は次期に $\pi-\delta_\mathrm{L}\pi_\mathrm{L}$ を得るが，彼らはその利得を δ_K で割り引いて評価しなければならない点である。そこで組合側はそのような態度をとるであろう経営側に対して $\delta_\mathrm{K}(\pi-\delta_\mathrm{L}\pi_\mathrm{L})$ の利得を保証し，自らに $\pi-\delta_\mathrm{K}(\pi-\delta_\mathrm{L}\pi_\mathrm{L})$ となる提案を行うことになる（表11.6参照）。この提案はやはり経営側にとっても無差別であるため受け入れられる。

ここでもケースⅠと同様に期限がない設定であるため，組合側にとってこの

表11.6

	初　　回	次　　回	次々回	…
組合側の利得	$\pi-\delta_\mathrm{K}(\pi-\delta_\mathrm{L}\pi_\mathrm{L})$	$\delta_\mathrm{L}\pi_\mathrm{L}$	π_L	…
経営側の利得	$\delta_\mathrm{K}(\pi-\delta_\mathrm{L}\pi_\mathrm{L})$	$\pi-\delta_\mathrm{L}\pi_\mathrm{L}$	$\pi-\pi_\mathrm{L}$	…

最初の段階（第3段階）から眺めたときのゲーム自体が最後の段階（第1段階）から眺めたときのゲーム全体と，事実上変わらないことになる。したがって $\pi_{\mathrm{L}}=\pi-\delta_{\mathrm{K}}(\pi-\delta_{\mathrm{L}}\pi_{\mathrm{L}})$ が成立する。よって自らの提案により組合の利得は

$$\pi_{\mathrm{L}}^{*}=\frac{(1-\delta_{\mathrm{K}})\pi}{1-\delta_{\mathrm{K}}\delta_{\mathrm{L}}} \tag{11.3}$$

それを受けた経営の利得は

$$\pi_{\mathrm{K}}^{*}=\frac{\delta_{\mathrm{K}}(1-\delta_{\mathrm{L}})\pi}{1-\delta_{\mathrm{K}}\delta_{\mathrm{L}}} \tag{11.4}$$

となる。(11.3)，(11.4) の両式より $\pi_{\mathrm{L}}^{*}>\pi_{\mathrm{K}}^{*}$ となっており，先に提案する組合の利得が経営側のそれを上回っていることがここで確かめられる。

ここで対称的な参加者を想定し，共通の割引因子を用いることにしよう。$\delta_{\mathrm{K}}=\delta_{\mathrm{L}}\equiv\delta$ である。この場合，(11.3)，(11.4) の両式はそれぞれ

$$\pi_{\mathrm{L}}^{*}=\frac{\pi}{1+\delta} \tag{11.5}$$

$$\pi_{\mathrm{K}}^{*}=\frac{\delta\pi}{1+\delta}=\frac{\pi}{\frac{1}{\delta}+1} \tag{11.6}$$

と簡略化される。当然，ここでも依然として $\pi_{\mathrm{L}}^{*}>\pi_{\mathrm{K}}^{*}$ の関係が成立している。しかしながら両者に共通の割引因子を1に近づけ，将来を今と同等に評価しうる忍耐強い参加者を想定すると，スペシャル・ケースとして両者の利得はともに $\pi/2$ となり一致し，対象となっている成果をちょうど2等分することが，ここでの合理的な提案となってくる。このようにして，追加的想定の下で，以上の関係が新たに成立することが理解できよう。

さらにもともとの (11.3) が

$$\pi_{\mathrm{L}}^{*}=\frac{\pi}{1+\dfrac{1-\delta_{\mathrm{L}}}{\dfrac{1}{\delta_{\mathrm{K}}}-1}} \tag{11.7}$$

また π_K^*を表す (11. 4) が

$$\pi_K^* = \frac{\pi}{1+\frac{\frac{1}{\delta_K}-1}{1-\delta_L}} \tag{11.8}$$

と，それぞれ書き換えられる。これら (11. 7)，(11. 8) の両式から，自らの割引因子の自らの利得に関する効果はプラス，交渉相手の割引因子の自らの利得に関する効果はマイナスとなっていることが確認できよう。自らが忍耐強くなれば自身の利得を増大させ，交渉相手の利得を引き下げるよう作用することがわかる。簡略化された (11. 5)，(11. 6) においては，共通の割引因子が組合側の利得に与える効果はマイナス，経営側の利得に与える効果はプラスとなっている。これは，割引因子が共通であれば，最初に組合側が提案することにより，そもそも利得の大きいその組合側に割引因子変化に伴う効果がより強く直接的に影響するためである。

2.3　ケースⅢ

ケースⅠでは，互いに代替手段を持ちつつ，他方で交渉が外的な要因でランダムに打ち切られるリスクを考慮していた。ケースⅡでは，参加者が交渉に要する時間に価値を見出すため，将来に得られる利得に対しては割引因子を導入して評価する状況を取り扱っていた。ここでは最後に両ケースを統合して，より一般的なモデルとしたい。そのとき当初の組合側による提案はどのようなものとして表記されうるのであろうか。これまでと同様の手続きで以下，確認してみよう。

先の両ケースと同様に，交渉のある段階で組合側の提案がなされるものとするところから議論を始める。まずこの提案によりここで組合側の得られるであろう最大利得を π_L と定義しておく。

ここから 1 段階先に戻って経営側の提案を考える。この段階で妥結しない場合には組合側は，次期に交渉が確率 p で決裂して $\bar{\pi}_L$ を得るか，確率 $1-p$ で決裂せずに π_L を得ることになるため，この段階で妥結しない場合には組合側は平均利得 $(1-p)\pi_L+p\bar{\pi}_L$ を次期に得るが，現段階でそれを評価すれば δ_L で割り引いて測らなければならない。そのため，経営側は組合側に $\delta_L\{(1-p)\pi_L+p\bar{\pi}_L\}$ だけを保証し，自らに対して残り $\pi-\delta_L\{(1-p)\pi_L+p\bar{\pi}_L\}$ という提案を行えばよいことになる。そして当然この提案は想定により組合側に受け入れられる。

さてさらにもう1つ戻って再び組合側が提案をする番を考えてみる。この段階で交渉が妥結しない場合，経営側は次期に p で決裂して $\bar{\pi}_K$ を得るか，$1-p$ で決裂せずに $\pi-\delta_L\{(1-p)\pi_L+p\bar{\pi}_L\}$ を得ることはわかっている。しかしこれらは δ_K で割り引いて評価しなければならないので，組合側が経営側に対し保証すべきなのは，むしろ $\delta_K[(1-p)\{\pi-\delta_L\{(1-p)\pi_L+p\bar{\pi}_L\}\}+p\bar{\pi}_K]$ である。よって組合側は自らの利得を $\pi-\delta_K[(1-p)\{\pi-\delta_L\{(1-p)\pi_L+p\bar{\pi}_L\}\}+p\bar{\pi}_K]$ とする提案を行うことになる（表11.7参照）。そしてこの提案はやはり経営側にとっても受け入れと拒否の際の利得とが無差別となっているため，受け入れられる。

表11.7

	初　回	次　回	次々回	…
組合側の利得	$\pi-\delta_K[(1-p)\{\pi-\delta_L\{(1-p)\pi_L+p\bar{\pi}_L\}\}+p\bar{\pi}_K]$	$\delta_L\{(1-p)\pi_L+p\bar{\pi}_L\}$	π_L	…
経営側の利得	$\delta_K[(1-p)\{\pi-\delta_L\{(1-p)\pi_L+p\bar{\pi}_L\}\}+p\bar{\pi}_K]$	$\pi-\delta_L\{(1-p)\pi_L+p\bar{\pi}_L\}$	$\pi-\pi_L$	…

ここでの議論の前提で期限がないので，組合側にとって，議論の前提とした最初の段階（交渉の第3段階）から眺めたときのゲーム自体が，最後の段階（交渉の第1段階）から眺めたときのゲーム全体と，事実上変わらない。したがってここでは $\pi_L=\pi-\delta_K[(1-p)\{\pi-\delta_L\{(1-p)\pi_L+p\bar{\pi}_L\}\}+p\bar{\pi}_K]$ が成立する。よって自らの提案により組合の利得は

$$\pi_L^*=\frac{\{1-\delta_K(1-p)\}\pi+\delta_L\delta_K p(1-p)\bar{\pi}_L-\delta_K p\bar{\pi}_K}{1-\delta_L\delta_K(1-p)^2} \qquad (11.9)$$

またそれを受けた経営者の利得は

$$\pi_K^*=\frac{\delta_L\delta_K p(1-p)(\pi-\bar{\pi}_L)+(1-\delta_L)\delta_K(1-p)\pi+\delta_K p\bar{\pi}_K}{1-\delta_L\delta_K(1-p)^2} \qquad (11.10)$$

となる[16)]。これら(11.9)，(11.10)において，もし $\delta_L=\delta_K=0$ とすればケースⅠの(11.1)，(11.2)に，他方，もし $p=0$ とすればケースⅡの(11.3)，

(11. 4) に，それぞれ対応していることが容易に確認できる。

2.4 小　　括

本節においても交渉を長引かせる要因を見出しえなかった。本節で展開したいずれの交渉でも，組合側による最初の提案を交渉相手が受け入れて直ちに終結することになっている。これには前節のものと種類こそ異なれ，交渉遅延には何らかのロス（決裂リスク and/or 割引因子）が避けられない状況に変わりはないからである。

また交渉力を左右するのは提案の順序，相対的な代替手段の有利さ，相対的な忍耐強さの程度であった。ここでは交渉が無限に続きうる状況を考慮しているため，最終提案者は決まっていない。そのため前節でのように優位に立ちようがなく，むしろ割引因子などによって最初に提案する側の有利性のみが働いている。前節のまとめのところですでに確認したのと同様に，本節ケースＩにおいても交渉力を高めるのはやはり代替手段の相対的有利さである。また代替手段だけでなく，本節ケースⅡにおいては忍耐強さに関しても，その相対的大きさが交渉力に影響することが，同様に確認できる。したがって仮に自分の代替手段を有利化したり忍耐強さを強化することができなくとも，代わりに交渉相手の有する代替手段を不利化したり彼らの忍耐強さを挫くことができるならば，それによって自らの利得を同じように引き上げられるのである。最後に本節ではより一般的に，ケースＩとⅡを統合する議論をケースⅢとしてまとめることができた。

ま　と　め

完備情報の下では交渉機会が有限，無限の場合，いずれも意図的な遅延行為はありえない。初回での提案が承認され，交渉自体はその段階で直ちに妥結・終了する。本章ではまずこの種の交渉の効率性問題を具体例を用いて明らかにした。その際，この結末を引き出すためにも，あえて，最初の提案が承諾されないような事態を調べあげておくことの重要性をも強調した。つまり都合の悪いシナリオを見通すことで，より手前での意思決定にそれらを反映させるのである。

このような意味での均衡経路外での意思決定を，交渉力へと投影する要因としては，代替手段，決裂リスク，割引因子等がありうる。これらを考慮しながら，初回，組合側による提案にまで結実させ，取り上げた各ケースでの部分ゲーム完全均衡を逐次検討し，かつそれらに解釈を加えた。そして以上の結果としての交渉の効率性を踏まえて，提案の順序，相対的な代替手段の有利さ，相対的な忍耐強さの程度などが，それぞれ参加者の交渉力を左右することを確認したことになる。

次章では利得構造について正確な知識を持つ本章での想定を変更させ，新たに不完備情報の下でやや趣の異なった労使間賃金交渉を対象に議論を行い，そこでの結果を特に効率性や交渉力要因に関して比較してみることにしたい。

注

1）この点がいみじくもMuthoo（1999）においては“a situation in which two players have a common interest to co-operate, but have conflicting interests over exactly how to co-operate”と表現されている。

2）交互提案交渉の問題点については神戸（2005）を参照のこと。

3）簡単化のために本章ではプレイヤー数は2人（組）とする。

4）Dixit and Nalebuff（1991）第11章においてここと同種の議論がなされている。

5）部分ゲーム完全均衡の定義，バックワード・インダクションという手法，および均衡経路外での意思決定のポイント等については，本書第3章を参照のこと。

6）最初の提案がそのまま最終提案となるケースが，所謂最後通牒ゲームである。そこにおいて提案権を持たない者はなされた提案を承諾するかどうかを決めることしかできず，再提案の機会はない。そのため提案者は強い立場で要求を突きつけることができる。ここでの最終段階における部分ゲームは事実上の最後通牒ゲームといえる。

7）網掛け部分は提案権の保有を指している。

8）Dixit and Nalebuff（1991）でこの種の状況が‘a happy beginning’と表現されている。もちろん均衡経路外での意思決定の考慮があった上での，この‘a happy beginning’の成立であることはいうまでもない。

9)　ここでは100万円>30万円+40万円である。最初に触れたように，交渉の前提として合意による全体の取り分が両者の代替手段による合計を上回っていなければならないからである。

10)　ここでのモデルの設定に関しては，McMillan（1992）第5章の議論を参考にした。

11)　前節で用いた交渉の対象物となる成果の取り分が，ここではより一般的に利得と表現されている。

12)　前節の議論では自らの代替手段の存在が，提案者からの妥協を引き出す上で最低限の保証水準として機能していた。この後明らかとなるように，本節ではそれ以上に受け手自らの交渉力を引き上げることにまで役立っている。この点に関して神戸（2004）第11章を参照のこと。

13)　このように交渉における外的に決裂する恐れを考慮することであっても，交渉費用がモデルに導入されることになる。そこでは交渉が継続される確率が割引因子としての役割を果たしている。この点でケースIをすぐ後のケースIIと比較されたい。

14)　p のそれぞれの利得に及ぼす効果は，$\pi > \bar{\pi}_L + \bar{\pi}_K$ より

$$\frac{\partial \pi_L^*}{\partial p} = \frac{\pi - \bar{\pi}_L - \bar{\pi}_K}{(2-p)^2} > 0$$

$$\frac{\partial \pi_K^*}{\partial p} = -\frac{\pi - \bar{\pi}_L - \bar{\pi}_K}{(2-p)^2} < 0$$

であり，組合側の利得へはプラス，経営側の利得へはマイナスとなっている。このようにして決裂する確率の上昇が初回提案権を持つ組合側の利得を増加させ，後手の経営側の利得を減少させていることがわかる。

さらにより一般的に，経営側が組合側の提案を受け入れなかった場合に決裂する確率と組合側が経営側の提案を受け入れなかった場合に決裂する確率を区別しよう。前者を p_K，後者を p_L とする。そのとき組合側の利得は

$$\pi_L^* = \frac{p_L(1-p_K)\bar{\pi}_L + p_K(\pi - \bar{\pi}_K)}{p_L + p_K - p_L p_K}$$

経営側の利得は

$$\pi_K^* = \frac{p_L(1-p_K)(\pi - \bar{\pi}_L) + p_K \bar{\pi}_K}{p_L + p_K - p_L p_K}$$

である。またこのとき $p_K = p_L$ とすると，これら両式よりそれぞれ(11.1)，

(11.2) 式を容易に得ることとなる。さてここで p_K と p_L のそれぞれの利得に及ぼす効果を確認しよう。以下のようになる。

$$\frac{\partial \pi_L^*}{\partial p_K} = \frac{p_L[(\pi - \bar{\pi}_L - \bar{\pi}_K) + (p_L + p_K - p_L p_K)\bar{\pi}_L]}{(p_L + p_K - p_L p_K)^2} > 0$$

$$\frac{\partial \pi_L^*}{\partial p_L} = -\frac{p_K(1 - p_K)(\pi - \bar{\pi}_L - \bar{\pi}_K)}{(p_L + p_K - p_L p_K)^2} < 0$$

$$\frac{\partial \pi_K^*}{\partial p_K} = -\frac{p_L(\pi - \bar{\pi}_L - \bar{\pi}_K)}{(p_L + p_K - p_L p_K)^2} < 0$$

$$\frac{\partial \pi_K^*}{\partial p_L} = \frac{p_K(1 - p_K)(\pi - \bar{\pi}_L - \bar{\pi}_K)}{(p_L + p_K - p_L p_K)^2} > 0$$

このように p_K の組合側の利得への効果はプラス，p_L の効果はマイナス，同様に p_K の経営側利得への効果はマイナス，p_L の効果はプラスとなっている。いずれも相手の提案拒否による交渉決裂の確率が上昇するとき，自らの利得を増加させ，逆に相手の利得を減少させており，相対的決裂リスクの大きさが重要であることがわかる。

15）　Dixit and Skeath（2002）第17章では，交互提案交渉モデルにおける合意先送りによる交渉費用に関し，‘total value decays’ と ‘impatience’ の2つに分け，わかりやすく解説されている。それぞれ本章においては前節の諸ケースと本節のケースⅡに対応する。

16）　ケースⅡにおいて組合側と経営側の割引因子をそれぞれ区別したのと同様に，交渉過程における決裂確率を区別して利得を算出することも可能である。もしこのケースⅢにおける決裂の確率 p を，組合側の提案時に決裂する確率 p_L，経営側の提案時の決裂する確率 p_K とし，もはや統一した扱いができないものに変更すると，それぞれの利得はどうなるであろうか。これまでの手法を同様に適用することにより，組合の利得は

$$\pi_L^* = \frac{\{1 - \delta_K(1 - p_L)\}\pi + \delta_L \delta_K (1 - p_L) p_K \bar{\pi}_L - \delta_K p_L \bar{\pi}_K}{1 - \delta_L \delta_K (1 - p_L)(1 - p_K)},$$

経営者の利得は

$$\pi_K^* = \frac{\delta_K(1 - p_L)\{1 - \delta_L(1 - p_K)\}\pi - \delta_L \delta_K (1 - p_L) p_K \bar{\pi}_L + \delta_K p_L \bar{\pi}_K}{1 - \delta_L \delta_K (1 - p_L)(1 - p_K)}$$

となることが確かめられる。もちろん $p \equiv p_L = p_K$ の際に，ケースⅢの議論に戻ることはいうまでもない。

第12章　交渉ゲーム（応用）

前章では，情報対称性の下，交互提案交渉を前提に，代替手段，決裂リスク，忍耐強さ等の相対的な大きさの相違が，均衡経路外での意思決定を通じてその取り分としての交渉結果の利得に影響を及ぼすことを確認した。双方が正確な情報を持つとされているため，自らと交渉相手，それぞれの代替手段，決裂リスク，割引因子の水準が互いに正しく認識され，その水準がときに有利不利となって働き，労使の利得に影響を与える。その意味でパラメータが利得に及ぼす影響の程度こそが交渉力要因であり，その交渉力に応じて利得が定まる。前章のモデルには，このように取り分に差はあっても，結局は組合側による最初の提案を交渉相手が受け入れ，直ちに終結するという意味で，効率性達成の特徴をもっていた。

このような交渉力要因と交渉結果の関係およびその効率性問題の取り扱い方自体を，本章ではすべて一新する。つまり理論的な結論では交渉が長引く可能性は排除されてはいるものの，実際には賃金交渉においてはときにロスを承知であえて妥結を先送りにする決断がなされ，その結果，ストライキ・工場閉鎖する事態を内生的に招いてしまうこともなくはないからである。以下ではこの点を理論的に反映できるように，モデルに大きく修正を加える。利得構造についての正確な知識を持つという想定を変更し，新たに不完備情報の下での労使間賃金交渉に関して議論を行うことになる。私的情報が交渉力をどのように高めるのか，その際に交渉遅延とどのようにかかわってくるのか，が示される。

1. 交互提案交渉

交互提案とは，前章ですでに見たように，一方の提案を他方が拒否した後，その他方の側からの反対提案が許されるケースを指す。そのため交互提案下の交渉では，一方がまずある成果の分割・分配について提案し，もしその提示が他方に受け入れられると，そこで交渉は妥結するが，もし拒否されれば，今度は逆提案を受ける立場となり，以降，妥結しない限りは，同様にして交互に提案が繰り返されていくという形態がとられる。

前章においてこの種の交渉を前提とし，外的な要因で決裂するリスクを認識しつつ互いの代替手段を考慮することや，さらには互いの決裂リスクの差異を区別すること，また交渉に要する時間に価値を見出して将来に得られる利得に対して割引因子を適用して評価することなどのさまざまなフレームワークの下，代替手段，決裂リスク，忍耐強さ等の相対的な大きさの相違が，均衡経路外での意思決定を通じてその取り分としての交渉結果の利得に影響を及ぼすことを確認した。しかし他方でそこでは，その交渉そのものを長引かせる内生的要素は一切見出しえないことも示されていた。そもそも議論の前提により，双方が正確な情報を持つとされているため，自らと交渉相手，それぞれの代替手段，決裂リスク，割引因子の水準が互いに正しく認識され，その水準がときに有利不利となって働き，労使の利得の多寡を左右する。その意味でパラメータが利得に及ぼす影響の程度こそが交渉力要因であり，その交渉力に応じて利得が定まってくる。前章のモデルには，このようにしてそれぞれ取り分に差はあっても，結局は組合側による最初の提案を交渉相手が受け入れて，直ちに終結するという意味での効率性達成の特徴が色濃く反映されていた[1)]。

このような交渉力要因と交渉結果の関係およびその効率性問題の取り扱い方自体を，本章では変更する。つまり理論的には交渉が長引く可能性は排除されてはいるものの，実際には賃金交渉においてはときにロスを承知であえて妥結を先送りにし，その結果，ストライキ・工場閉鎖する事態を招いてしまうこともありえるからである。以下ではこの点を理論的に説明できるように，モデルに大きく修正を加える。具体的には，利得構造についての正確な知識を持つという想定を変更し，新たに不完備情報の下での労使間賃金交渉に関して議論を行うことになる。

こうして労使間賃金交渉での私的情報の戦略的役割，そしてそれを認識した上での情報活用の在り方を具体的に考えてみたい。その上でここで得られた結果を，前章と同様に特に効率性や交渉力の観点から照らし合わせ，私的情報が交渉力を高めうるのかどうか，高められるのであればそれはどのようなときか，そしてそれはどのようにして高められるのか，さらにはその際に交渉遅延とどのようにかかわってくるのか，を論じていく。最終的には，情報の非対称性が前提とされるとき，交渉遅延という行為がもはや例外的な現象ではなく，その手法が情報優位者にとって，かえって十分に正当化されうる合理性を帯びた行動となることが示される。

2. 基本モデル：労使賃金交渉

当該企業は 2 期間にわたり操業できる。経営側は企業の 2 期間にわたる利潤の最大化を目的とし，組合側は 2 期間にわたる賃金所得の最大化を目的とする。各期の操業が始まる前に賃金交渉の場が設けられ，そこでは経営側のみに提案権が与えられている。したがってこの点では当然，経営側は有利な立場に立つことになる。

そこではそのようにして第 1 期が開始される前になされた提案を，組合側がそのまま受け入れれば，その段階で交渉は妥結し，その承諾された賃金が労働に伴い組合側へ 2 期間にわたり適用され支払われることとなり，企業は利潤を得る。その 2 期の終了後，当該企業は解散する。

他方でもし組合側がこれを拒否すれば，その組合員は企業に雇用されないことになる。その代わり組合員は他から何らかの形で一定の留保賃金を受け取ることができ，これが彼らにとっての代替手段となる。しかしながら他方の企業の側には代替要員の雇用は認められておらず，したがって自らの提案が拒否されたならば，少なくともその期に関しては操業することはできず，したがって一切の利潤を得る機会が断たれることとなる。この点では経営側に不利な状況となっている。そして第 2 期が開始される直前に経営側が再度提案を行う。組合側がその提案を受け入れれば，交渉は妥結し，その承諾された賃金が残り 1 期に関してのみ適用され，企業はその残余としての利潤を得る。その後に企業自体は解散されることになる。

さらに再度の拒否がなされる最悪のケースにおいても，組合員はやはりその際，ある一定の留保賃金を得るが，企業の方では代替要員を雇用できないため，結局一度も利潤を得ることなく解散せねばならないこととなる。

ここで1期当たりの収入としては10を仮定し，組合員の受け取りうる留保賃金総額には，高低で8ないし4の2種類（HないしL）があるものとする。ただしこの差異は何ら組合員の生産性の相違に基づくものではなく，他の要因によるものとする[2)]。経営側は2期間にわたる交渉機会において，相手の組合がそのいずれであるかを知りえないものとするが，経営側の持つ組合のタイプについての事前確率（pと$1-p$）については共有知識とする[3)]。そして最後に組合は両タイプともに諾否（AとR）が無差別であるときには，経営側による提案を受け入れるものとしておく。以上の想定をすべて盛り込みゲームの木を作成したものが図12.1である。ただし，qは第1期の提案が拒否（R）されたとき，それが高賃金機会（留保賃金）を持つものによる確率とする。確かめられたい[4)]。

しかしながら上述のとおり，経営側は組合（員）のタイプを知ることなく賃金提示を行わなければならず，その意味で情報劣位に置かれている。ここでは経営側は自然によるタイプ決定を待たずにW_1を決定する。確かにこれがもともとの基本モデルの想定ではある。にもかかわらず，もしここでW_1の決定後

図12.1

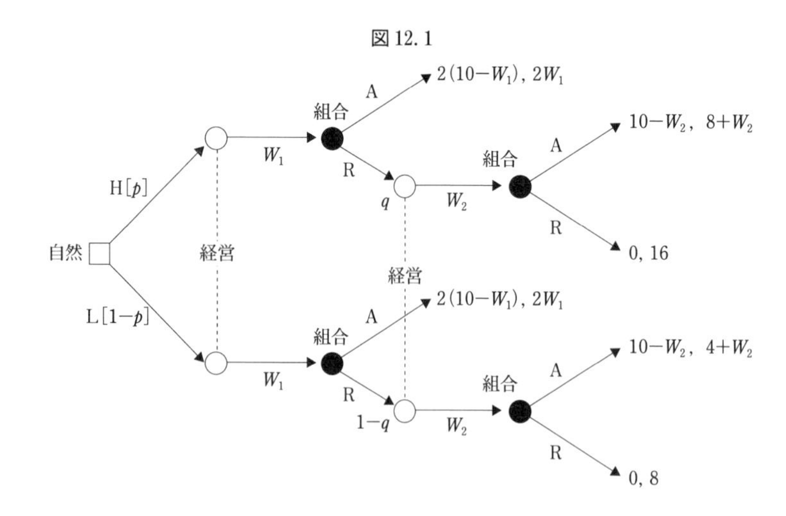

図 12. 2

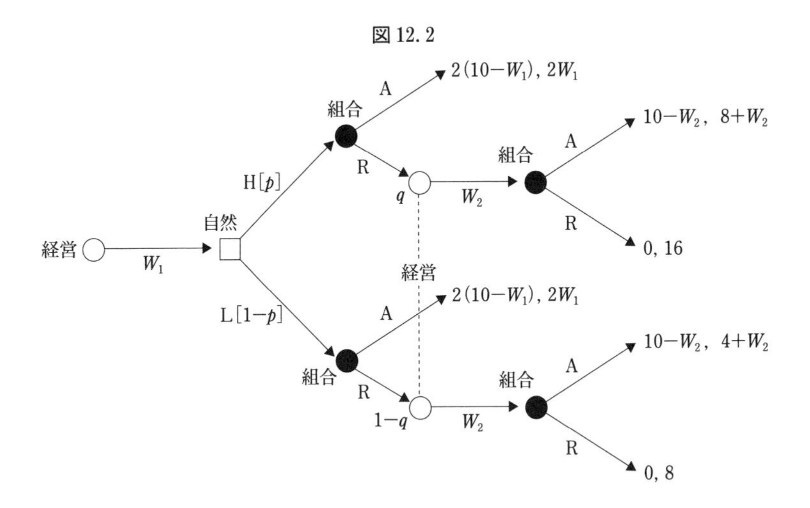

にそのタイプが定まるものとしても解釈上，問題は生じない。そこで図 12. 1 における自然との行動の順序をここで逆転させ，ゲームの木を図 12. 2 のように書き換えよう。ゲームの実質的な意味においてはいささかも変更を伴っていないことがわかる[5)]。

さらにこのゲームの木において経営側が 2 回目に 8 と 4 以外の W_2 の提示をすることはありえない。理由はこうである。そもそも組合側が最終回に自らのみが知っている留保賃金の総額をいささかでも下回るような賃金提示を承諾することは非現実的であるし，それ以上の提示を拒否することも同様にナンセンスである。しかし，そもそも経営側に 8 を上回る水準提示のインセンティブはない。したがって 8 を上回る水準，4 未満の水準に関する除外はほぼ自明となろう。しかしその間の水準に関してはどうか。経営側にとって高い賃金機会を持つ組合に対しては 4 を上回っていても 8 未満であれば拒否の回答を免れえないので，例えば 6 や 7 の水準といった中途半端な提示は意味をなさない。また低い賃金機会を持つ組合に対しては，この 4 を上回るような譲歩の姿勢はそもそも一切見せる必要がない。仮定により 4 で十分である。したがってこの図 12. 2 のゲーム状況下においては，2 回目に経営側による「8 と 4 以外の提示」という支配される戦略を，考察の対象からすべて除外することができるのである。

図 12.3

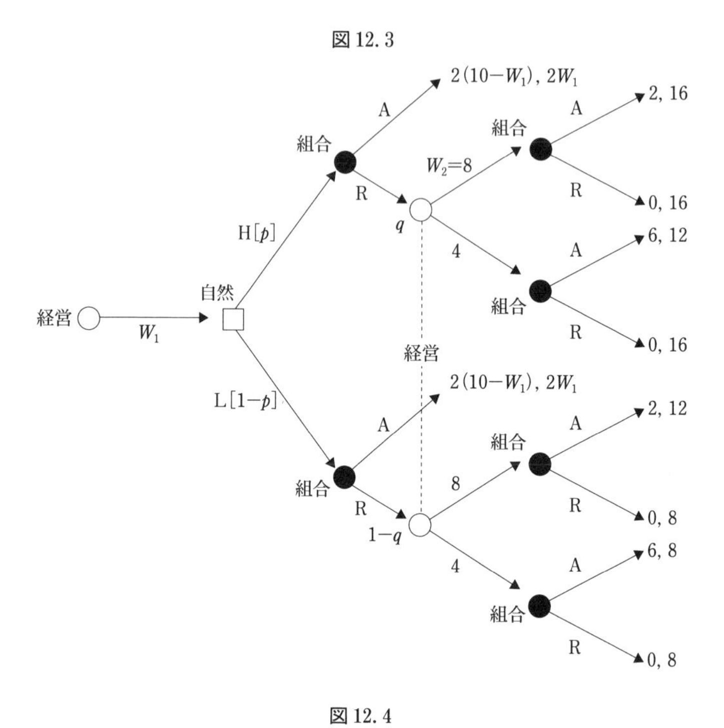
経営
W_1
自然
H[p]
L[$1-p$]
組合
A
R
2(10−W_1), 2W_1
q
$1-q$
W_2=8
8
4
経営
2, 16
0, 16
6, 12
0, 16
2, 12
0, 8
6, 8
0, 8

図 12.4

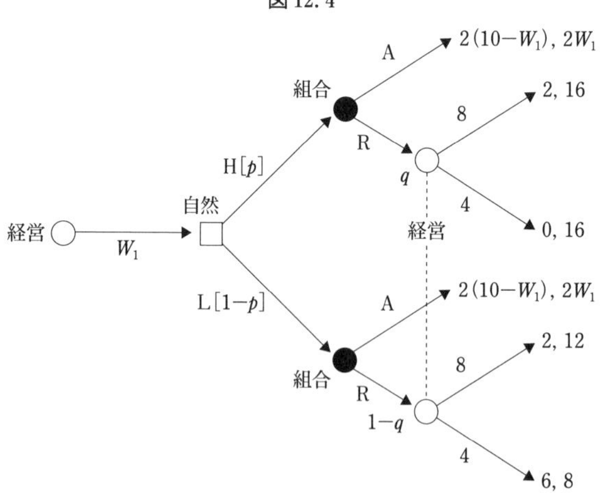
経営
W_1
自然
H[p]
L[$1-p$]
組合
A
R
2(10−W_1), 2W_1
q
$1-q$
8
4
経営
2, 16
0, 16
2, 12
6, 8

これら経営側と組合側によるインセンティブ構造を考慮すると，選択肢はより狭まることになる。そこで，以上の関係をこれら2つのオプションのみを有する形に修正した上でこれを図12.2に反映させると図12.3が得られる。そして結果的には予想されるバックワード・インダクションによる最終節での組合側からの諾否の決定までを踏まえると，さらに図12.4に示されているゲームの木の形にまで縮約されることになる。以下，節を改め，最終的に得られたこの縮約ゲームに基づき，交渉ゲームの具体的な分析を始めることにしよう。

3. モデル分析：ケース分け

図12.4においては初回の賃金提示に対応してそれぞれ部分ゲームが決まってくる。そこで最初にそれら部分ゲームを規定する W_1 のとりうる水準の範囲を確認しておく。仮定により，経営側が1回目に8を上回る賃金提示を行うことはありえないし，4を下回る提示を行うことも同様にありえない。他方，初回の提示を受けて組合側が8以上の賃金を拒否することはありえず，4を下回る賃金を承諾することもまた同様にありえない。それゆえ，初回に経営側によってなされる組合側への賃金提示の金額は，この4から8の間に限定されることになる。

このようにしてゲームにおいて最初に経営側が上記の範囲で W_1 の提示を行うと，その W_1 の水準に基づき，すぐ右横から $G(W_1)$ という部分ゲームが展開される。そこで手続き上，まずこの $G(W_1)$ の下での完全ベイジアン均衡を本節においてまず求め，続く次節でこれらを統合し，経営側による最適な W_1 の提示を含めた元の全体ゲームにおける解を求めることにする。

表 12.1

		経　営　側 (W_2)	
		8	4
組合側 (Hタイプ, Lタイプ)	AA	$(2W_1, 2W_1)$，$2(10-W_1)$	$(2W_1, 2W_1)$，$2(10-W_1)$
	AR	$(2W_1, 12)$，$2[p(9-W_1)+1]$	$(2W_1, 8)$，$2[p(7-W_1)+3]$
	RA	$(16, 2W_1)$，$2[10-W_1-p(9-W_1)]$	$(16, 2W_1)$，$2(1-p)(10-W_1)$
	RR	$(16, 12)$，2	$(16, 8)$，$6(1-p)$

ここで完全ベイジアン均衡を導出するため，一旦状況を戦略形ゲームに書き換えて表現しておく。そうして図 12.4 における部分ゲームに基づき，利得行列が表 12.1 のように作成されることになる[6]。以下，W_1 のとりうる水準に応じて 3 つのケースを取り扱う。

3.1 ケース I

このケースではまず $W_1=8$ が提示される。この数値を基にして表 12.1 が特定化され，そこからさらには表 12.2 のように書き換えがなされる。そこで得られた均衡を手始めとし，さらに信念に制約を課したものが，以下の完全ベイジアン均衡

$$(\mathrm{H\,L},\ W_2) = (\mathrm{A\,A},\ 8),\quad q(W_1) \geqq 2/3$$

であり，そのため均衡利得はそれぞれ

$$U(\mathrm{H}) = U(\mathrm{L}) = 16,$$
$$\pi^1(8) = 4 \tag{12.1}$$

となる。この均衡経路上ではいずれのタイプの組合側であっても初回における $W_1=8$ という提案を受け入れるため，ケース I では工場閉鎖といった交渉遅延行為は起きえない。しかもその均衡経路外においても $W_2=8$ との提示となっている。そのため，もし思いがけずに経営側による $W_1=8$ という提示が拒否された際には，彼らのその情報集合上での信念は，当然に $q(W_1)\geqq 2/3$ とならなければならないことになる[7]。

表 12.2

組合側 (Hタイプ, Lタイプ)	経営側 8	経営側 4
A A	(16, 16), 4	(16, 16), 4
A R	(16, 12), $2(p+1)$	(16, 8), $2(3-p)$
R A	(16, 16), $2(2-p)$	(16, 16), $4(1-p)$
R R	(16, 12), 2	(16, 8), $6(1-p)$

3.2　ケースII

ここでは $8 > W_1 \geqq 6$ が想定される。同様にこのケースでの完全ベイジアン均衡を表12.1に基づきながら同様に求めてみよう。そこでは

$$(\mathrm{H\,L}, W_2) = (\mathrm{R\,A},\ 8),\quad q(W_1) = 1$$

が得られ（表12.3参照），そこでの均衡利得はそれぞれ

$$U(\mathrm{H}) = 16,\quad U(\mathrm{L}) = 2W_1,$$
$$\pi^2(W_1) = 2[p + (1-p)(10 - W_1)] = 2[10 - W_1 - (9 - W_1)p] \qquad (12.2)$$

となる[8)]。

表12.3

	経営側 8	経営側 4
組合側 A A	$(2W_1, 2W_1),\ 2(10-W_1)$	$(2W_1, 2W_1),\ 2(10-W_1)$
組合側 A R	$(2W_1, 12),\ 2[p(9-W_1)+1]$	$(2W_1, 8),\ 2[p(7-W_1)+3]$
組合側 R A	$(16, 2W_1),\ 2[10-W_1-p(9-W_1)]$	$(16, 2W_1),\ 2(1-p)(10-W_1)$
組合側 R R	$(16, 12),\ 2$	$(16, 8),\ 6(1-p)$

この均衡の意味するところは以下の通りである。まず W_1 のとりうる水準がここでの範囲内であれば，高賃金機会を持つ組合の方は直ちに提案を拒否するであろう。また低賃金機会を持つ組合であっても，その留保賃金を上回る提示額を一旦拒否した上で2回目に8という高賃金の提案がなされるのでは，と期待することは十分に合理的な判断である。しかしそれでも当該組合はその1期間は4でしのがなければならず，初回の提示が $(4+8)/2$ から得られる6以上である限り，直ちに承諾する方がやはりより望ましく，無難に1回目でその提案を受け入れることを選ぶであろう。

したがってこのケースでは分離均衡が成立することになる。拒否するような組合であれば，むしろ高賃金機会を持つのではないかと，ここでは経営側によって正しく推測されるため[9)]，その際には経営側は信念を修正し戦略を切り替えて，2期目には8を提案するであろう。そしてそれは高賃金機会を持つ組合により当然のことながら承諾の回答を受けることになる。さらにいえば，この

ケースにおいて，もはや均衡経路外での意思決定までは考慮する必要はない。均衡経路外の情報集合がそもそもここには存在しないからである。

このようにしてこのケースⅡでは，低賃金機会を持つ組合であれば初回の提案を受け入れ，交渉遅延は起きえないが，高い賃金機会を持つ組合の方であれば1期間のみの工場閉鎖が生じることがわかる。

3.3　ケースⅢ

最後に$6>W_1\geqq 4$を想定する。やはりここでも表12.1に基づき均衡を求めることになる。しかしながら以下明らかとなるように，導出は少々厄介である。

まず$p\geqq 2/3$のときは均衡は（R R，8）となり，経営側は1期目は両タイプからともに拒否され，そして2期目には8を提示し，その結果，両タイプにより承諾され，結局，利得$\pi^3(W_1)=2$のみを得ることとなる。この数値はケースⅠにおける$\pi^1(W_1)=4$を下回っており，そのためそもそも初回からなぜ8を提示しなかったかという疑問が生じ，ここでの前提となっている行動をうまく正当化できない。$6>W_1\geqq 4$という前提は$p\geqq 2/3$という事前確率の範囲と矛盾していることは明らかである。そこでここでの考察対象を$p<2/3$に限定する。

ケースⅡにおいてもそうであったように，当然，W_1のとりうる水準がこのケースの範囲内であれば，高賃金機会を持つ組合の方は直ちに提案を拒否することになる。そこで表12.1はここでの支配される戦略の除去により選択肢が絞られ（表12.4参照），考察の対象が表12.5にまで絞り込まれる。つまりこの段階では，ゲーム状況が事実上，経営側と低賃金機会を持つ組合側との間でのものに限定される。

さてこの状況においては，必ずしも経営側と組合側の利害が正確に100％対立しているというわけではない。つまり経営側が利得を増加させたとき，ちょうどその増加分が組合の利得を減少させておらず，またその逆も同様に成立してはいない。その意味で厳密には定和ゲームとは確かにいえず，むしろ非定和ゲームである。しかし，それでも戦略の組合せによってともに利得を引き上げたり引き下げたりするような利害の共通する局面は生じることにはなっていない。したがってやはり基本的には利害関係が対立する定和ゲーム的傾向を持つ

表 12.4

		経営側 8	経営側 4
組合側	AA	$(2W_1, 2W_1)$, $2(10-W_1)$	$(2W_1, 2W_1)$, $2(10-W_1)$
	AR	$(2W_1, 12)$, $2[p(9-W_1)+1]$	$(2W_1, 8)$, $2[p(7-W_1)+3]$
	RA	$(16, 2W_1)$, $2[10-W_1-p(9-W_1)]$	$(16, 2W_1)$, $2(1-p)(10-W_1)$
	RR	$(16, 12)$, 2	$(16, 8)$, $6(1-p)$

表 12.5

		経営側 8	経営側 4
Lタイプ	A	$2W_1$, $2[10-W_1-p(9-W_1)]$	$2W_1$, $2(1-p)(10-W_1)$
	R	12, 2	8, $6(1-p)$

ものとみなすことができる。

表 12.5 においては，組合側が A を選ぶのであれば経営側は 8 を選ぶが，しかしそのとき組合側は R を選ぼうとする。そして組合側が R を選ぶのであれば，今度は経営側が 4 を選ぼうとする。さらに経営側が 4 を選ぶのであれば組合側は A を選ぼうとし，また議論の出発点に戻ってしまう。結局，どこから始めようともこのような堂々巡りを招いてしまい，純粋戦略だけでは均衡を見出しかねるゲーム状況となっており，そのため経営側・低賃金機会を持つ組合間での混合戦略を考えなければならないことがわかる[10)]。

そこで今混合戦略にまで考察対象を拡大し，そのタイプの組合側が W_1 の 4 以上の提示に同意するという正直戦略をとる確率を $p_U(p)$，4 以上であるにもかかわらず同意しないというブラフ戦略をとる確率を $1-p_U(p)$ とする。他方で，1 期目に 6 未満の提示をして拒否された後での 2 期目において，経営側が高賃金戦略（8）をとる確率を $p_M(W_1)$，また低賃金戦略（4）をとる確率を $1-p_M(W_1)$ とする。

そこでの組合側の期待利得はブラフ戦略により提案を拒否して 1 期目を 4 でしのぎ，その後，2 期目に首尾よく 8 を獲得しうることと，手の内を見透かされて 4 の再提示をやむをえず受け入れることの期待値（左辺）が，代替手段以上の提案を正直戦略によりそのまま受け入れる数値（右辺）と一致するように

$$p_{\mathrm{M}}(W_1)\cdot 12+(1-p_{\mathrm{M}}(W_1))\cdot 8 = 2W_1$$

が成立する。つまり

$$p_{\mathrm{M}}(W) = \frac{1}{2}W_1-2 \quad \left(\Leftrightarrow 1-p_{\mathrm{M}}(W_1) = 3-\frac{1}{2}W_1\right) \tag{12.3}$$

であり，このとき企業はブラフと正直の両戦略がそれぞれ無差別となるようにこの (12.3) で $p_{\mathrm{M}}(W_1)$ が定まってくる。

また企業の期待利得は高賃金戦略による 2（左辺）と低賃金戦略による期待値（右辺）とが一致するように

$$2=0\cdot q(W_1)+6\cdot(1-q(W_1)) \Leftrightarrow 2 = 6(1-q(W_1))$$

となる。つまり

$$q(W_1) = \frac{2}{3} \tag{12.4}$$

であり[11)]，この (12.4) において W_1 が拒否された際に高賃金と低賃金の両戦略がやはり無差別となるようにして，当該組合が高賃金機会を持つという企業側にとっての信念の程度 $q(W_1)$ が定められることになる。

さて，ある情報が追加されたときに，どのように確率が変化するのかを示す法則が，ベイジアン・ルールとして知られている。組合側による諾否（A ないし R）というシグナルを観察することで，経営側の信念のアップデートはこのルールに従ってなされる。この公式からここでの信念の修正結果は

$$\mathrm{p(H|R)} = \frac{\mathrm{p(H)p(R|H)}}{\mathrm{p(H)p(R|H)+p(L)p(R|L)}} \tag{12.5}$$

となる。つまり式における $\mathrm{p(H|R)}=q(W_1)$ は 1 期目の提案を拒否されたとき，その組合が高賃金タイプによるものである確率を表しており，後は同様に，$\mathrm{p(H)}=p$, $\mathrm{p(L)}=1-p$, $\mathrm{p(R|H)}=1$, $\mathrm{p(R|L)}=p_{\mathrm{U}}(p)$ であるから，以上と (12.4) より (12.5) は

$$q(W_1)=\frac{p\cdot 1}{p\cdot 1+(1-p)(1-p_{\mathrm{U}}(p))}=\frac{2}{3}$$

と書き換えられ，したがって $p_{\mathrm{U}}(p)$ が次のように求められる。

$$p_{\mathrm{U}}(p)=\frac{2-3p}{2(1-p)}\quad\left(\Leftrightarrow 1-p_{\mathrm{U}}(p)=\frac{p}{2(1-p)}\right)\qquad(12.6)$$

以上のようにして必ずしも純粋戦略に固執せず，適宜，戦略のランダム化が図られれば，双方の側から予測不可能性が作り出され，その結果としてナッシュ均衡が混合戦略の枠組みの中で新たに見出されることになる。

これで $6>W_1\geqq 4$ 内での部分ゲーム $G(W_1)$ における企業の期待利得を求める準備が，すべて整ったことになる。ケースⅢにおいて企業が高賃金機会を持つ組合と交渉する際の期待利得は (12.3) より

$$0+p_{\mathrm{M}}(W_1)\cdot 2+(1-p_{\mathrm{M}}(W_1))\cdot 0=2p_{\mathrm{M}}(W_1)=W_1-4,$$

であり，他方，低賃金機会を持つ組合との間での期待利得は (12.3) と (12.6) より

$$\begin{aligned}&p_{\mathrm{U}}(p)\cdot 2(10-W_1)+(1-p_{\mathrm{U}}(p))(p_{\mathrm{M}}(W_1)\cdot 2+(1-p_{\mathrm{M}}(W_1))\cdot 6)\\&=\frac{20-23p-2W_1(1-p)}{1-p}\end{aligned}$$

である。それゆえ，両タイプの事前確率を考慮すると，そもそものこのケースⅢにおける企業の期待利得は

$$\pi^3(W_1)=2(10-W_1)-3p(9-W_1)\qquad(12.7)$$

となることがわかる。

このようにして得られるケースⅢにおける完全ベイジアン均衡と均衡利得を，次のようにまとめておこう [12)]。すなわち

$$(\mathrm{H}\ p_{\mathrm{U}}(p),p_{\mathrm{M}}(W_1))=\left(\mathrm{R}\ \frac{2-3p}{2(1-p)},\frac{1}{2}W_1-2\right),q(W_1)=\frac{2}{3}$$

および

$$U(\mathrm{H}) = 16,\ U(\mathrm{L}) = 2W_1,$$
$$\pi^3(W_1) = 2(10-W_1)-3p(9-W_1)$$

である。

そしてここから得られる帰結として，このケースⅢにおいては，高賃金機会を持つ組合であれば初回の提案が必ず拒否され，次期において $(W_1-4)/2$ の確率で合意を見て１期間のみの工場閉鎖で済むものの，$(6-W_1)/2$ の確率で決裂し，その結果，２期間にわたる工場閉鎖となってしまう。また低賃金機会を持つ組合の方であれば $(2-3p)/2(1-p)$ の確率で交渉遅延は起きないが，他方，$p/2(1-p)$ の確率で１期間のみの工場閉鎖が生じる。両タイプ併せると，このケースでは速やかに交渉がまとまり２期ともに操業可能な確率は $(2-3p)/2$ でしかなく，１期間のみの工場閉鎖の確率は $(W_1-3)p/2$ であり，$\{(W_1-6)p+2\}/2$ の確率で少なくとも１期は工場閉鎖となる。そして $(6-W_1)p/2$ の確率で企業は１期たりとも操業されないまま解散に至る。

4. 全体ゲームへの統合と経営側による賃金提示

以上，ケースⅠからⅢまで，利得関数の値域はそれぞれ対応する一部区間に

図 12.5　$p>2/3$

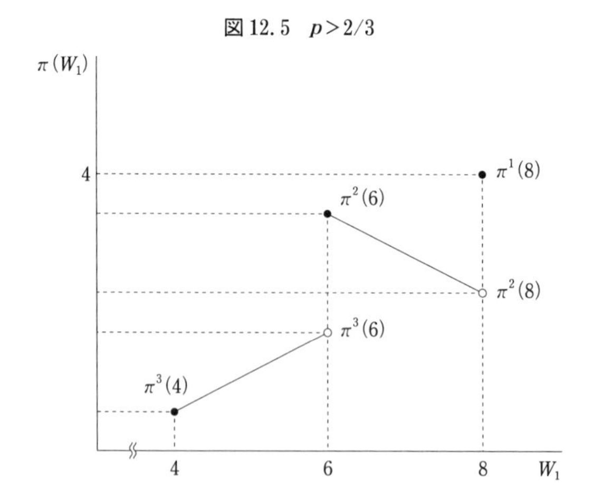

図 12.6　$p=2/3$

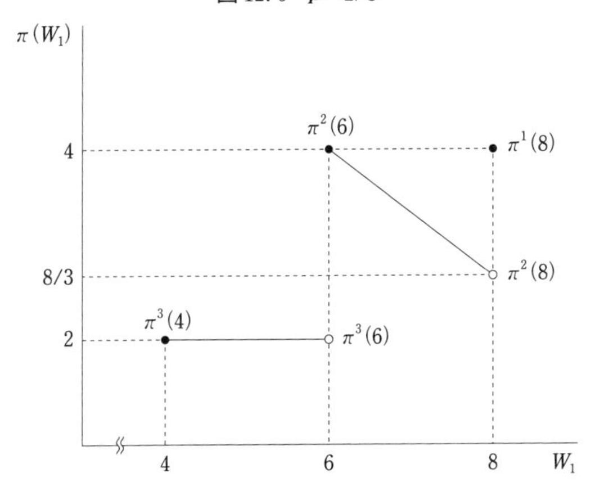

図 12.7　$2/3>p>8/15$

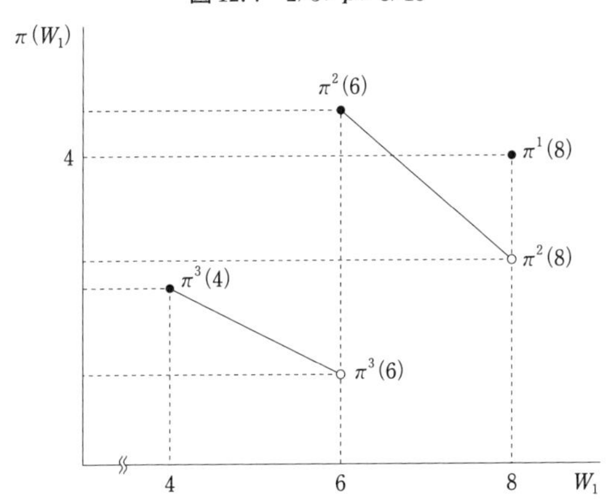

限定されていた。以下ではそれらを通して見てみる。それらの統合の上で W_1 に依存する企業の利得を p のとる値により，場合を分けることにする。まず最初に $p>2/3$ から始めよう。ここでは $\pi^1(8)>\pi^2(6)>\pi^2(8)>\pi^3(6)>\pi^3(4)$ となり，図にまとめると図 12.5 のように描かれることになる。また $p=2/3$ では $\pi^1(8)=\pi^2(6)>\pi^2(8)>\pi^3(6)>\pi^3(4)$ であり，図 12.6 のようになる。徐々に p の値を引き下げ，$2/3>p>8/15$ においては大小関係が $\pi^2(6)>\pi^1(8)>\pi^3(4)>\pi^3(6)$ となり，

図 12.8　$p=8/15$

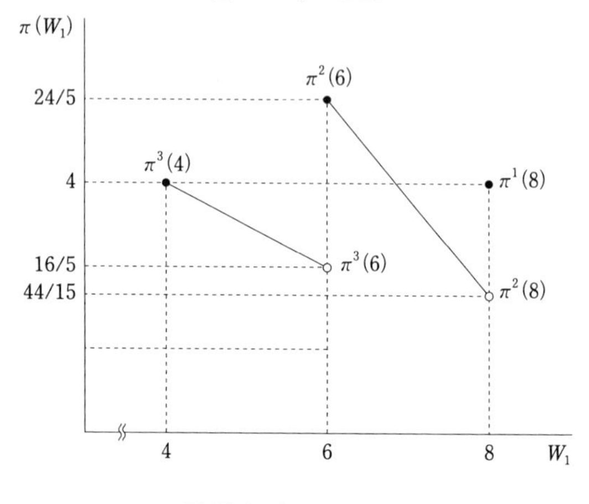

図 12.9　$8/15>p>4/9$

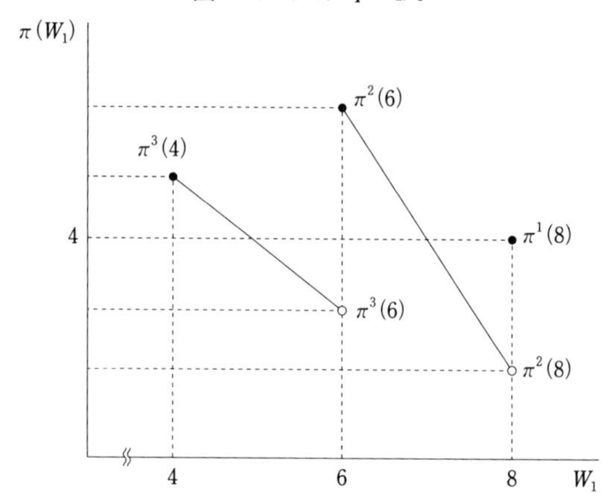

そこでの位置関係は図 12.7 のように変化することがわかる[13)]。

以下同様に続けて，$p=8/15$ では $\pi^2(6)>\pi^1(8)=\pi^3(4)>\pi^3(6)>\pi^2(8)$，したがって図 12.8 が成立，$8/15>p>4/9$ では $\pi^2(6)>\pi^3(4)>\pi^1(8)>\pi^3(6)>\pi^2(8)$ で図 12.9 が成立，$p=4/9$ では $\pi^2(6)=\pi^3(4)>\pi^1(8)=\pi^3(6)>\pi^2(8)$ であり，図 12.10 が成立する。そして最後に $4/9>p$ では $\pi^3(4)>\pi^2(6)>\pi^3(6)>\pi^1(8)>\pi^2(8)$ であり，図 12.11 のように図示されることになる。それぞれ確認されたい。

図12.10　$p=4/9$

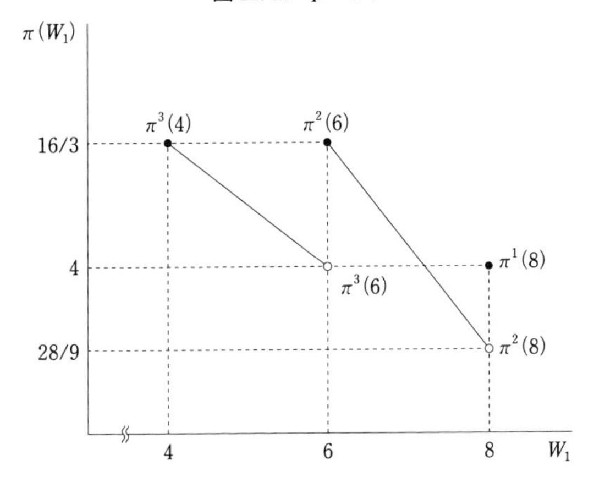

図12.11　$4/9>p$

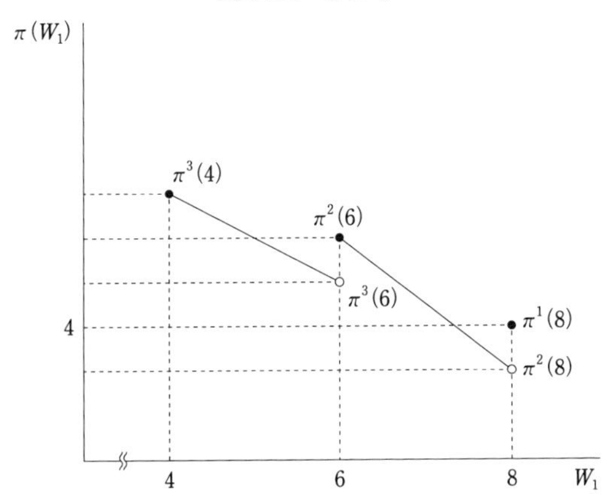

さらにこれらをまとめると，企業の期待利得の最大化が図られるのであれば，W_1 の提示は事前確率 p の値に応じて，(12.1)，(12.2)，および (12.7) より以下のように3つの場合に分けられる。

$$\pi^1(8) \geqq \pi^2(6) > \pi^3(4) \quad \text{if} \quad p \geqq \frac{2}{3} \rightarrow W_1 = 8$$

$$\left.\begin{aligned}\pi^2(6) > \pi^1(8) \geqq \pi^3(4) \quad \text{if} \quad \frac{2}{3} > p \geqq \frac{8}{15}\\ \pi^2(6) \geqq \pi^3(4) > \pi^1(8) \quad \text{if} \quad \frac{8}{15} > p \geqq \frac{4}{9}\end{aligned}\right\} \rightarrow W_1 = 6$$

$$\pi^3(4) > \pi^2(6) > \pi^1(8) \quad \text{if} \quad \frac{4}{9} > p \rightarrow W_1 = 4$$

このようにして，本章のモデルにおいて p の値と W_1 の水準の対応関係が明示化されたことになる。すなわち $p \geqq 2/3$ であればケースⅠに対応し，経営側による賃金提示は $W_1=8$ である。一部の低賃金機会を持つタイプの混在を認識してはいても，より高い確率での高賃金機会のタイプとの遭遇の可能性を考慮すれば，これはやむをえない提案であろう。その場合，情報の非対称性下で低賃金機会を持つ組合は大きくその利得を引き上げることになる。また $2/3 > p \geqq 4/9$ の範囲にあればケースⅡに対応して $W_1=6$ となる。ここでも私的情報の存在により，低賃金機会を持つ組合はある程度の利得の増大を得ている。最後にもし $4/9 > p$ であれば，本来，ケースⅢに対応するものの，$W_1=4$ となるため，そこでは $p_M=0$ ないし $1-p_M=1$ となり，少なくとも企業にとってはもはや混合戦略をとるべき状況とはいえない。高賃金機会を持つ組合である可能性を一部視野に入れながも，結局，経営側は低賃金戦略を100% 採用せざるをえず，高賃金機会を持つ組合との早期妥結の道をあえて断つ決定を下すことになっている。

また交渉の効率性については次のようにして結論を引き出すことができる。企業にとって直面する組合が高賃金機会を持つタイプである可能性が高い場合，初回の賃金提示が高水準となり，そのため工場閉鎖とはならずに効率性が満たされる。他方で，直面する組合が低賃金機会を持つタイプである可能性の方がむしろ高い場合には，p の確率で2期間にわたる工場閉鎖となり，$p/2$ の確率で1期間の工場閉鎖，そして $(2-3p)/2$ の確率で2期間ともに閉鎖がないことになる。ここでは速やかに交渉がまとまり2期ともに操業可能な確率は $(2-3p)/2$ でしかなく，$3p/2$ の確率で少なくとも1期は工場閉鎖となってしまう。しかしながら両タイプの可能性がほぼ拮抗している場合には，高賃金機会を持つ組合の方であれば1期間のみの工場閉鎖が生じるものの，2期間にわたる閉鎖はありえず，また低賃金機会を持つ組合であれば初回の提案が受け入れられ，交渉遅延は起きえないこととなる。ここでは2期にわたる工場閉鎖はありえず，p の確率で1期のみの閉鎖，$1-p$ の確率で効率性が達成されることになる。このように程度の差こそあれ，情報の非対称性によって交渉の効率性が損なわれていることがわかる。

最後に情報劣位にある企業が負うことになるコストについて確認してみる。もしそもそも情報の非対称性がなければ，交渉の初回において企業は高賃金機会を持つ組合に対しては8の提示を行い，低賃金機会を持つ組合に対しては4の提示を行い，ともに合意を見ることになる。したがってそこでの獲得しうる利潤は

$$\pi^* = 4(3-2p) \tag{12.8}$$

である。

しかしまず $p \geqq 2/3$ の場合には（12.1）と（12.8）よりその差が

$$\pi^* - \pi^1(8) = 8(1-p) \geqq 0$$

であり，これが情報劣位にある経営側が負うことになる損失である。$p=1$ でない限り，企業はこのコストを負担しなければならない。

さらに $2/3 > p \geqq 4/9$ の場合には（12.2）と（12.8）より

$$\pi^* - \pi^2(6) = 2(2-p) > 0$$

が得られ，ここでの経営側の損失分が求まる。情報の非対称性の下，ここでは p のとりうる値にかかわらず，企業は不利な立場を強いられることが不可避であることがわかる。

そして $4/9 > p$ の場合には（12.7）と（12.8）より

$$\pi^* - \pi^3(4) = 7p \geqq 0$$

であり，この両式の差が，ここでの情報の非対称性により経営側が失うことになる利得となる。やはり $p=0$ でない限り，組合との交渉上，分が悪い形勢となることは避けられない。

このように私的情報の存在が，交渉の効率性，ひいては交渉力を増減する要因の１つとなっている。ここでは情報優位ではあるものの，低賃金機会しか持たない組合が完全情報下では得ることのできない利得を追加的に収めている一方で，情報劣位にあるとはいえ，唯一，提案権を持つ経営側の方がむしろ妥協を強いられ，完全情報下では得ることのできたはずの利得の一部を手放す展開を強いられている。

ま　と　め

前章では労使間での賃金交渉を交互提案による交渉と捉え，展開形ゲームの枠組みで分析を行った。そこでは逆提案がなされうる状況が分析対象となり，また完備情報を仮定し，情報の非対称性を考察の対象から外していた。その結果，提案機会が有限，無限，いずれのケースにおいても共通して，交渉は直ちに妥結に至り，決して長引くことにはならなかった。意識的な交渉遅延や交渉決裂といった非効率なやりとりは均衡経路外において起こりうる可能性としてのみ存在し，むしろ交渉の効率性が損なわれるようなことはモデルからは決して説明できないという結論であった。

それを受けて，本章においては利得構造について正確な知識を持つとの想定を改め，新たに不完備情報の下での労使賃金交渉に関して論じた。交渉相手に関して正確な情報を持たないことが，先に挙げたもの以外の交渉力要因として特筆しうるものとなり，その結果，交渉の効率性に大きく影響を及ぼすものであることが明らかにされた。さらにその分析の過程での完全ベイジアン均衡の導出の際，展開形ゲームと戦略形ゲームとの関連性を意識しつつその都度使い分けることで，その導出がより容易となり，またその均衡の含意も，そこにおいてより明確化された。

注

1）以上の点は前章を参照のこと。また交渉のモデル分析については，Muthoo（1999）を，交渉論全般とその応用については，Raiffa, Richardson, and Metcalfe（2002），Brams（2003）等を，それぞれ参照されたい。

2)　これには，情報量の多寡，移動費用の差異，年齢や勤続年数に基づく何らかの制度的なもの，例えば失業給付金の差異などが考えられる。

3)　以上の想定に関しては，Bierman and Fernandez（1998）第16章のモデルを参考にしている。ただし本章のもとは異なり，そこではこの事前確率が1/2と特定化されているため，ここでの位置付けはそれの一般化である。

4)　図上では経営側による賃金提示がなされる際の情報集合は1本しか描かれていないが，当然，本来はその額に応じて無数に存在するはずである。それらはここでは省略されている。また右端における利得のペアは，ここでは先行プレイヤーの経営側，後続プレイヤーの組合側，という順になっている。また文中での記述のとおり，Hは高賃金機会を有するタイプ，Lは低賃金機会を有するタイプを表し，Aは W_1 の承諾を，Rはその拒否を表している。以下のゲームの木でもこの点は同様である。併せて注意されたい。

5)　このように図12.1と図12.2の両図は戦略的にまったく同一である。確かめられたい。

6)　ここでは経営側による初回の賃金提示後の部分ゲームが対象となっているため，組合側が先行プレイヤー，経営側が後続プレイヤーとなっている。そこでこれまでのゲームの木とは異なり，利得ベクトルを組合側，経営側の順としている。注意されたい。しかしながら，このようにあえて図表間でミスリーディングな取り扱いを施した最大の理由は，利得のペアを先の図と揃えた場合，組合がH，Lタイプを含め列プレイヤーとなり，対応する利得行列が極端に横長となってしまい，以下の頁に収まり切らないためである。

7)　このようにこの情報集合上で $W_2=8$ を提示することが是とされるためには $q(W_1)\geqq 2/3$ でなければならない。つまり交渉相手が高賃金機会を持つ組合である可能性が十分に高くなければ，この均衡経路外での意思決定は正当化されえないことになる。しかし低賃金機会を持つ組合が，ここでの限定となっている $W_1=8$ という提示を拒否することは，そもそも承諾すれば利得が16であったことを鑑みると，フォワード・インダクションによる信念の形成からはありえず，$1-q(W_1)=0$ とみなせる。したがってここでは事実上，$q(W_1)=1$ が成立するといってよい。

8)　このケースでの利得関数の形状より，$8>W_1\geqq 6$ に対し $\pi^2(8)=4-2p<\pi^2(W_1)\leqq\pi^2(6)=8-6p$ が成立する。

9)　この点は $q(W_1)=1$ で明らかとなっている。

10)　この種の予測不可能性に関しては本書第7章を参照されたい。

11)　このように(12.3)と異なって，(12.4)は定数関数となっている。

12) このケースでの利得関数の形状より，$6 > W_1 \geqq 4$ に対し $\pi^3(6) = 8 - 9p < \pi^3(W_1) \leqq \pi^3(4) = 12 - 15p$ が成立する。

13) $\pi^2(8)$ は図 12.7 のように $\pi^3(4)$ を上回ることもあるが，逆に $\pi^3(6)$ を下回ることもありうる。

参考文献

Alchian, A. A. and H. Demsetz (1972) "Production Information Costs and Economic Organization," *American Economic Review*, vol. 62, pp. 777–795.

Allman, W. F. (1994) *The Stone Age Present*, New York : Simon & Schuster. 掘瑞絵訳『ネアンデルタールの悩み』青山出版社，1996年。

Axelrod, R. (1984) *The Evolution of Cooperation*, New York : Basic Books. 松田裕之訳『つきあい方の科学』HBJ出版局，1987年。

Axelrod, R. (1997) *The Complexity of Cooperation*, Princeton : Princeton University Press. 寺野隆雄監訳『対立と協調の科学』ダイヤモンド社，2003年。

Barash, D. P. (2003) *The Survival Game*, New York : Henry Holt & Co. 桃井緑美子訳『ゲーム理論の愉しみ方』河出書房新社，2005年。

Barro, R. J. and D. B. Gordon (1983a) "Rules, Discretion and Reputation in a Model of Monetary Policy," *Journal of Monetary Economics*, vol. 12, pp. 101–121.

Barro, R. J. and D. B. Gordon (1983b) "A Positive Theory of Monetary Policy in a Natural Rate Model," *Journal of Political Economy*, vol. 91, pp. 589–610.

Basu, K. (1993) *Lectures in Industrial Organization Theory*, Oxford: Blackwell.

Berglof, E. T. and G. Roland (1998) "Soft Budget Constraints and Banking in Transition Economies," *Journal of Comparative Economics*, vol. 26, pp. 18–40.

Bierman. H. S. and L. Fernandez (1998) *Game Theory with Economic Applications*, 2nd ed., Reading : Addison-Wesley.

Brams, S. T. (2003) *Negotiation Games*, revised ed., New York : Routledge.

Burger, J. M. (1999) "Foot-in-the-Door Compliance Procedure : A Multiple-Process Analysis and Review," *Personality and Social Psychology Review*, vol. 3, pp. 302–325.

Camerer, C. F. (2003) *Behavioral Game Theory*, Princeton : Princeton University Press.

Cho, I. K. and D. M. Kreps (1987) "Signaling Games and Stable Equilibria," *Quarterly Journal of Economics*, vol. 102, pp. 179–221.

Choi, K. (2012) "Price and Quantity Competition in a Unionised Mixed Duopoly: The Cases of Substitutes and Complements," *Australian Economic Papers*, 51

(1), pp. 1–22.

Cialdini, R. B., J. E. Vincent, S. K. Lewis, J. Catalan, D. Wheeler and B. L. Darby (1975) "Reciprocal Concessions Procedure for Inducing Compliance : The Door-in-the-Face Technique," *Journal of Personality and Social Psychology*, vol. 31, pp. 206–215.

Cialdini, R. B. (2001) *Influence : Science and Practice*, 4th ed., Boston : Allyn and Bacon. 社会行動研究会訳『影響力の武器』第二版，誠信書房，2007 年。

Cialdini, R. B. and N. J. Goldstein (2004) "Social Influence : Compliance and Conformity," *Annual Review of Psychology*, vol. 55, pp. 591–621.

De Fraja, G. and F. Delbono (1989) "Alternative Strategies of a Public Enterprise in Oligopoly," *Oxford Economic Papers*, 41 (2), pp. 302–311.

De Fraja, G. and F. Delbono (1990) "Game Theoretic Models of Mixed Oligopoly," *Journal of Economic Surveys*, 4 (1), pp. 1–17.

Dewatripont, M. and E. Maskin (1995) "Credit and Efficiency in Centralized and Decentralized Economies," *Review of Economic Studies*, vol. 62, pp. 541–555.

Dewatripont, M. and G. Roland (2000) "Soft Budget Constraints, Transition, and Financial Systems," *Journal of Institutional and Theoretical Economics*, vol. 156, pp. 215–260.

Dixit, A. K. (1979) "A Model of Duopoly Suggestion a Theory of Entry Barriers," *Bell Journal of Economics*, 10 (1), pp. 20–32.

Dixit, A. and B. Nalebuff (1991) *Thinking Strategically*, New York : W. W. Norton. 菅野隆・嶋津祐一訳『戦略的思考とは何か』TBS ブリタニカ，1991 年。

Dixit, A. and S. Skeath (2002) *Games of Strategy*, 2nd ed., New York : W. W. Norton.

Dong, X. and G. K. Dow (1993) "Does Free Exit Reduce Shirking in Production Teams?" *Journal of Comparative Economics*, vol. 17, pp. 472–484.

Freedman, J. L. and S. C. Fraser (1966) "Compliance without Pressure : The Foot-in-the-Door Technique," *Journal of Personality and Social Psychology*, vol. 4, pp. 195–202

Fudenberg, D. and J. Tirole (1986) "Signal-Jamming Theory of Predation," *Rand Journal of Economics*, vol. 17, pp. 366–376.

Fudenberg, D. and J. Tirole (1991) *Game Theory*, Cambridge : MIT Press.

Ghosh, A. and M. Mitra (2010) "Comparing Bertrand and Cournot in Mixed Markets," *Economics Letters*, 109 (2), pp. 72–74.

Gibbons, R. (1992) *Game Theory for Applied Economists*, Princeton : Princeton University Press. 福岡正夫・須田伸一訳『経済学のためのゲーム理論入門』創文社，1995年。

Hargreaves Heap, S. P. and Y. Varoufakis（1995）*Game Theory*, London : Routledge. 荻沼隆訳『ゲーム理論』多賀出版，1998年。

Hart, O.（1995）*Firms, Contracts, and Financial Structure*, Oxford : Oxford University Press.

Haruna, S. and R. K. Goel（2015）“R&D Strategy in International Mixed Duopoly with Research Spillovers,” *Australian Economic Papers*, 54（2), pp. 88–103.

Hirshleifer, J. and J. G. Riley（1992）*The Analytics of Uncertainty and Information*, Cambridge : Cambridge University Press.

Holmstrom, B.（1982）“Moral Hazard in Teams,” *Bell Journal of Economics*, vol. 13, pp. 324–340.

Jensen, M. C. and W. H. Meckling（1976）“Theory of the Firm : Managerial Behavior, Agency Costs and Ownership Structure,” *Journal of Financial Economics*, vol. 3, pp. 305–360.

Kohlberg, E. and J. F. Mertens（1986）“On the Strategic Stability of Equilibria,” *Econometrica*, vol. 54, pp. 1003–1037.

Kornai, J.（1986）“The Soft Budget Constraint,” *Kyklos*, vol. 39, pp. 3–30.

Kreps, D. M. and R. Wilson（1982）“Reputation and Imperfect Information,” *Journal of Economic Theory*, vol. 27, pp. 253–279.

Kydland, F. E. and E. C. Prescott（1977）“Rules Rather Than Discretion : The Inconsistency of Optimal Plans,” *Journal of Political Economy*, vol. 85, pp. 473–491.

Li, D. D. and M. Liang（1998）“Causes of the Soft Budget Constraint Evidence on Three Explanations,” *Journal of Comparative Economics*, vol. 26, pp. 101–116.

MacLeod, W. B.（1988）“Equity, Efficiency and Incentives In Cooperative Teams,” in Jones, D. C, and J. Svejnar, eds., *Advances in the Economic Analysis of Participatory and Labor-Managed Firms*, vol. 3, Greenwich : JAI Press, pp. 5–23.

Mankiw, N. G.（2015）*Macroeconomics*, 9th ed., New York : Worth Publishers. 足立英之・地主敏樹・中谷武・柳川隆訳『マンキューマクロ経済学Ⅰ・Ⅱ』第4版，東洋経済新報社，2017，2018年。

Mas-Colell, A., M. D. Whinston and J. R. Green（1995), *Microeconomic Theory*, New York : Oxford University Press.

Maskin, E. and A. Simonovits, eds.（2000）*Planning, Shortage, and Transformation : Essays in Honor of Janos Kornai*, Cambridge : MIT Press.

Maskin, E. and C. Xu（2001）“Soft Budget Constraint Theories : From Centralization to the Market,” *Economics of Transition*, vol. 9, pp. 1–27.

Matsumura, T.（1998）“Partial Privatization in Mixed Duopoly,” *Journal of Public Economics*, 70（3）, pp. 473–483.

Maynard Smith, J.（1982）*Evolution and the Theory of Games*, Cambridge : Cambridge University Press. 寺本英・梯正之訳『進化とゲーム理論』産業図書，1985年。

McCain, R. A.（2004）*Game Theory*, Mason : South-Western.

McMillan, J.（1992）*Games, Strategies, and Managers*, Oxford : Oxford University Press. 伊藤秀史・林田修訳『経営戦略のゲーム理論』有斐閣，1995 年。

Milgrom, P. and J. Roberts (1982) “Limit Pricing and Entry under Incomplete Information : An Equilibrium Analysis,” *Econometrica*, vol. 50, pp. 443–459.

Milgrom, P. and J. Roberts（1992）*Economics, Organization and Management*, Englewood, NJ : Prentice-Hall. 奥野正寛・伊藤秀史・今井晴雄・西村理・八木甫訳『組織の経済学』NTT 出版，1997 年。

Muthoo, A.（1999）*Bargaining Theory with Applications*, Cambridge : Cambridge University Press.

Osborne, M. J. and A. Rubinstein（1994）*A Course in Game Theory*, Cambridge : MIT Press.

Poundstone, W.（1992）*Prisoner's Dilemma*, New York : Doubleday. 松浦俊輔訳『囚人のジレンマ』青山社，1995 年。

Raiffa, H. J., Richardson and D. Metcalfe（2002）*Negotiation Analysis*, Cambridge : Belknap Press.

Rasmusen, E.（2007）*Games and Information*, 4th ed., Malden : Blackwell. 細江守紀・村田省三・有定愛展訳『ゲーム理論と情報の経済分析Ⅰ・Ⅱ』九州大学出版会，1989，1991 年。

Romer, D.（2000）*Advanced Macroeconomics*, 2nd ed., New York : McGraw-Hill. 堀雅博・岩成博夫・南條隆訳『上級マクロ経済学』日本評論社，1998 年。

Romp, G.（1997）*Game Theory*, New York : Oxford University Press.

Salanie, B.（2005）*The Economics of Contracts*, 2nd ed., Cambridge : MIT Press. 細江守紀・三浦功・堀宣昭訳『契約の経済学』勁草書房，2000 年。

Schelling, T.（1960）*The Strategy of Conflict*, Cambridge : Harvard University Press. 河野勝監訳『紛争の戦略』勁草書房，2008 年。

Silberberg, E. and W. Suen（2000）*The Structure of Economics*, 3rd ed., New York : McGraw-Hill.

Stahl, S. (1999) *Gentle Introduction to Game Theory*, Providence : American Mathematical Society.

Tadelis, S. (2013) *Game Theory: An Introduction*, Princeton: Princeton University Press.

Tirole, J. (1988) *The Theory of Industrial Organization*, Cambridge : MIT Press.

Vega-Redondo, F. (1996) *Evolution, Games, and Economic Behaviour*, New York : Oxford University Press.

Vives, X. (1999) *Oligopoly Pricing*, Cambridge : MIT Press.

Weibull, J. W. (1995) *Evolutionary Game Theory*, Cambridge : MIT Press. 大和瀬達二監訳『進化ゲームの理論』オフィスカノウチ，1998年。

Wilkinson, N. (2008) *An Introduction to Behavioral Economics*, Princeton : Palgrave Macmillan.

Yanagihara, M. and M. Kunizaki, eds. (2017) *The Theory of Mixed Oligopoly*, Tokyo: Springer.

青木昌彦・奥野正寛（1996）『経済システムの比較制度分析』東京大学出版会。

荒井一法（2001）「混合戦略の進化論的解釈」永田良編『経済学の数理と論理』早稲田大学出版部。

井澤秀記（1995）『金融政策の国際協調』勁草書房。

一般社団法人日本経営協会（2019）『若手社会人就労意識ギャップ調査報告書 2019』，第13章。

伊藤秀史（2003）『契約の経済理論』有斐閣。

伊藤秀史・小佐野広編著（2003）『インセンティブ設計の経済学』勁草書房。

伊藤元重（2003）『ミクロ経済学』第2版，日本評論社。

石井安憲（2000）『現代ミクロ経済学』東洋経済新報社。

印南一路（2001）『ビジネス交渉と意思決定』日本経済新聞社。

岡田章（2011）『ゲーム理論』新版，有斐閣。

小佐野広（2001）『コーポレート・ガバナンスの経済学』日本経済新聞社。

小田切宏之（2001）『新しい産業組織論：理論・実証・政策』有斐閣。

梶井厚志・松井彰彦（2000）『ミクロ経済学：戦略的アプローチ』日本評論社。

神戸伸輔（2004）『入門ゲーム理論と情報の経済学』日本評論社。

神戸伸輔（2005）「2人交渉ゲーム：非協力ゲームアプローチによる定式化について」今井晴雄・岡田章編『ゲーム理論の応用』勁草書房。

グレーヴァ香子（2011）『非協力ゲーム理論』知泉書館。

小林慶一郎・加藤創太（2001）『日本経済の罠』日本経済新聞社。

佐伯胖・亀田達也（2002）『進化ゲームとその展開』共立出版。

酒井聡樹・高田壮則・近雅博（1999）『生き物の進化ゲーム』共立出版。
佐々木宏夫（2003）『入門ゲーム理論』日本評論社。
清水克俊・堀内昭義（2003）『インセンティブの経済学』有斐閣。
数土直紀（2005）『自由という服従』光文社。
都丸善央（2014）『公私企業間競争と民営化の経済分析』勁草書房。
濱田弘潤・李坤麗（2014）「混合寡占市場における民営化前後の社会厚生比較：シュタッケルベルク均衡への拡張」『新潟大学経済論集』第97巻。
中泉拓也（2004）『不完備契約理論の応用研究』関東学院大学出版会。
中込正樹（2008）『経済学の新しい認知科学的基礎』創文社。
生天目章（2004）『ゲーム理論と進化ダイナミクス』森北出版。
沼上幹（2003）『組織戦略の考え方』筑摩書房。
花輪俊哉・小川英治・三隅隆司（2002）『はじめての金融経済』東洋経済新報社。
堀義人他・株式会社グロービス編（1995）『MBA マネジメント・ブック』ダイヤモンド社。
松村敏弘（2005）「混合寡占市場の分析とゲーム理論」今井晴雄・岡田章編『ゲーム理論の応用』勁草書房。
松本直樹（2000）『労働者管理企業の経済分析』勁草書房。
松本直樹（2009）『企業行動と組織の経済分析』勁草書房。
松本直樹（2015）「公企業の民営化と製品差別化（1）：複占のケース」『松山大学論集』第27巻第3号。
松本直樹（2016）「製品差別化と混合寡占——一般化された私企業数のケースにおける民営化効果—」『岡山大学経済学会雑誌』第47巻第3号。
松本直樹（2018）「製品差別化されたシュタッケルベルクモデルにおける民営化問題（2）：3企業のケース」『松山大学論集』第30巻第3号。
松本直樹（2019）「製品差別化されたシュタッケルベルクモデルにおける民営化問題（3）：私企業数一般化のケース」『松山大学論集』第30巻第6号。
水野敬三・新海哲哉・石黒真吾（2002）『市場と企業の経済学』晃洋書房。
三橋規宏・内田茂男・池田吉紀（2002）『ゼミナール日本経済入門　2002年度版』日本経済新聞社。
武藤滋夫（2001）『ゲーム理論入門』日本経済新聞社。
柳川範之（2000）『契約と組織の経済学』東洋経済新報社。
山崎将太（2008）『混合寡占市場における公企業の民営化と経済厚生』三菱経済研究所。

初出一覧

第1章 「利害関係に基づく戦略型ゲームの分類と繰り返しゲームにおける協調の生成(1) —理論とその経済学的応用—」『松山大学論集』第14巻第4号，2002年10月。

第2章 「利害関係に基づく戦略型ゲームの分類と繰り返しゲームにおける協調の生成(2) —ホールド・アップ問題とチーム生産—」『松山大学論集』第14巻第5号，2002年12月。

第3章 「なぜ可愛い子には旅をさせなければならないのか(1) —背水の陣と小さな政府—」『松山大学論集』第15巻第1号，2003年4月。

第4章 「なぜ可愛い子には旅をさせなければならないのか(2) —ソフトな予算制約問題—」『松山大学論集』第15巻第2号，2003年6月。

「ゲーム理論による常識と直感との橋渡し—ドア・イン・ザ・フェースとフット・イン・ザ・ドアの事例—」『松山大学論集』第20巻第3号，2008年8月。

第5章 「戦略形ゲームと展開形ゲームの関連性(1)：チームにおける主体性発揮と選手起用法問題」『松山大学論集』第31巻第5号，2019年12月。

「戦略形ゲームと展開形ゲームの関連性(2)：告白ゲームにおける駆け引きと戦略的遅延」『松山大学論集』第31巻第6号，2020年2月。

第6章 「製品差別化されたシュタッケルベルクモデルにおける民営化問題(1)：複占のケース」『松山大学論集』第30巻第2号，2018年8月。

第7章 「ゲーム理論における不確実性の取り扱い方(1) —定和ゲームにおける混合戦略—」『松山大学論集』第16巻第3号，2004年8月。

第8章 「ビール－キッシュ・ゲームの一般化とその応用(1)：派生ケースと数値例に基づく分析」『松山大学論集』第25巻第1号，2013年4月。

「ビール－キッシュ・ゲームの一般化とその応用(2)：ウオッカ－ビール・ゲーム」『松山大学論集』第25巻第5号，2013年12月。

「コミットメントとしてのスクリーニングと人材マネジメント戦略：ザッポス社のケース」『松山大学論集』第26巻第4号，2014年10月。

第9章 「展開形ゲームとしての労使賃金交渉(1) —交互提案交渉における効率性と交渉力に要因の効果について—」『松山大学論集』第17巻第5号，2005年12月。

第10章 「展開形ゲームとしての労使賃金交渉(2) —情報の非対称下における交渉の効率性と新たな交渉力要因について—」『松山大学論集』第17巻第6号，2006年2月。

索　引

タ　行

ナ　行

ハ　行

マ　行

ヤ　行

ラ　行

ワ　行

著者略歴

1963 年　石川県金沢市生まれ
1986 年　明治大学政治経済学部卒業
1991 年　神戸大学大学院経済学研究科博士課程退学
1994～95 年　Wesleyan 大学客員研究員
1998～99 年　神戸大学研修員
2006～07 年　Simon Fraser 大学客員研究員
現　在　松山大学経済学部教授，博士（経済学）
専　攻　理論経済学

松山大学教科書 第 18 号
企業組織の経済分析
ゲーム理論の基礎と応用

2020 年 9 月 20 日　第 1 版第 1 刷発行

著　者　松　本　直　樹（まつ もと なお き）

発行者　井　村　寿　人

発行所　株式会社　勁　草　書　房（けい そう）

112-0005　東京都文京区水道 2-1-1　振替 00150-2-175253
（編集）電話 03-3815-5277／FAX 03-3814-6968
（営業）電話 03-3814-6861／FAX 03-3814-6854
理想社・松岳社

ISBN978-4-326-50474-9　　Printed in Japan

http://www.keisoshobo.co.jp